信托前沿热点问题研究

Research on the Hot Issues of Trust Frontier

中铁信托—西南财大
中国信托研究中心　◎著

中国金融出版社

责任编辑：童祎薇
责任校对：张志文
责任印制：丁淮宾

图书在版编目（CIP）数据

信托前沿热点问题研究／中铁信托—西南财大中国信托研究中心
著．—北京：中国金融出版社，2019.3
ISBN 978 - 7 - 5220 - 0016 - 9

Ⅰ. ①信…　Ⅱ. ①中…　Ⅲ. ①信托业—研究—中国　Ⅳ. ①F832.49

中国版本图书馆 CIP 数据核字（2019）第 041735 号

信托前沿热点问题研究
Xintuo Qianyan Redian Wenti Yanjiu

出版
发行　　中国金融出版社

社址　北京市丰台区益泽路 2 号
市场开发部　（010）63266347，63805472，63439533（传真）
网 上 书 店　http：//www. chinafph. com
　　　　　　　（010）63286832，63365686（传真）
读者服务部　（010）66070833，62568380
邮编　100071
经销　新华书店
印刷　北京市松源印刷有限公司
尺寸　169 毫米×239 毫米
印张　13.5
字数　210 千
版次　2019 年 3 月第 1 版
印次　2019 年 3 月第 1 次印刷
定价　45.00 元
ISBN 978 - 7 - 5220 - 0016 - 9
如出现印装错误本社负责调换　联系电话（010）63263947

序

信托业的发展历史悠久。信托制度萌生于13世纪英国的"尤斯制"，然后，美国19世纪初引入该制度后加以发展壮大，迅速奠定了现代信托制度的基础。由于信托制度的独特安排，信托业具有跨市场资源配置的天然优势，在财富管理、资产管理、资金融通、社会服务等方面的职能灵活，它的金融特性具有比较优势。现在，信托业已是各国财富管理的共同制度选择，在金融体系中处于核心地位。

我国信托业的真正发展始于改革开放，是改革开放的产物。从信托起源和发展来看，信托功能与商品经济发展水平、市场制度的完善密切相关。1979年10月，中国国际信托投资公司成立，它是我国改革开放后的第一家信托机构，标志着我国开始恢复信托制度，是我国金融改革与制度创新的产物。最近十年来，我国信托业发展进入黄金时期，迅速崛起的信托业，仅次于银行业，已然雄踞第二大金融子行业，成为我国金融业的重要支柱之一。

然而，我国信托业仍然处于初步发展阶段，时值关键的转型之际。长期以来，我国信托公司充当着"影子银行"，缺乏独立性和独特性，在"大资管""统一监管"的新时代，信托业需要重新思考自身的定位和方向。信托业，是"大资管"市场中制度较为完善、全面的行业，如何应用新技术，拓展新业务，采用新模式，寻找发展的新动力？如何以规范、专业的资产管理、财富管理有效地服务实体经济，回归信托本源，回归"受人之托、代客理财"的本源？如何提升主动管理能力，实现行业的可持续稳健发展？

对此，本书从互联网金融在信托业中的运用、信托公司在资本市场中的业务机会、房地产投资信托基金（REITs）、企业资产证券化业务等方面进行了探讨。首先，在信托业转型发展的重要时期，互联网金融的兴起提供了崭新的技术支撑和创新思路。本书中"互联网金融在信托业中的应用研究"一文，基于互联网金融和信托业的金融理论，以信托业转型、互联网金融发展为特定背景，讨论了信托业如何吸收借助互联网金融开展业务创新，实现跨越式发展。其次，信托业正处于"泛资管时代""强监管时代""主动管理时代""新生时代""智能时代""全球化资产配置时代"这"六大时代"，必然面临大变革、大转型。本书中"信托公司在资本市场中的业务机会与应对策略研究"一文，就资本市场发展给信托业带来的新机遇和新挑战、信托公司在资本市场的业务机会、美国信托公司及其参与资本市场情况等进行了剖析。再次，REITs 作为信托公司的融资渠道之一，不仅可以盘活房地产类的非标资产，也将带有间接融资特征的房地产信托转变为直接融资，拓宽了信托公司的业务范围。本书中"房地产投资信托基金（REITs）研究"一文，分析了 REITs 与房地产信托，REITs 与类 REITs，REITs 与 CMBS，境外 REITs，并探讨了信托公司发展 REITs 创新业务的优势与可行性。最后，资产证券化，是企业对一组缺乏流动性但预计可产生稳定现金流的资产进行资产重组，将重组的资产打包出售给 SPV（特殊目的信托）并实现真实出售及破产隔离的条件，施加一定的信用增级手段后，将其转化成可出售、流通的证券产品的过程。本书中"企业资产证券化业务及其融资效率研究"一文，分析了企业资产证券化的发展历程、我国企业资产证券化发展现状及外部环境、企业资产证券化参与主体及模式。

总之，在"大资管"时代，信托业面临着主动管理、回归信托本源的转型方向，资产管理统一监管新规也必然推动信托业转型发展。信托业如何充分发挥本身的制度优势，走创新化的发展道路，更好地服务实体经济发展？本书进行了方方面面的讨论，既有理论上的深入探析，又有实践领域的现实思考，为我国信托业立足信托本源、跃上新的发展台阶相关的前沿和热点问题，铺陈了理论研究新局面，并呈现了重要的对策启示。

高晋康
2018 年 10 月 22 日写于成都

目 录

房地产投资信托基金（REITs）研究

信托公司在资本市场中的业务机会与应对策略研究[*]

摘要： 在中国金融体系中，信托居于一个非常特殊的位置，是唯一可以在货币市场、资本市场、产品市场三个市场同时从事金融活动的金融机构，这可以使信托的业务很广，但也可能使信托面临许多模糊的监管边界，一旦监管收紧，信托就面临整顿，由此在"扩张—整顿—扩张—整顿"中循环。

本文的核心观点是：第一，信托业正处于"泛资管时代""强监管时代""主动管理时代""新生时代""智能时代""全球化资产配置时代"的"六大时代"，必然面临大变革、大转型，为此，信托公司必须在观念、人才、战略等方面做好一切准备。

第二，未来中国金融市场的核心是资本市场，中国资本市场已经成为全球第二大市场，因此，信托公司在这个大变革、大转型时期，应该抓住机遇，迎接挑战，充分利用资本市场在资金端、客户端和资产端的优势，结合自身能力、资源禀赋向全能型综合金融服务提供商或者专业型细分领域金融服务提供商转变。

关键词： 信托公司　资本市场　资管业务

1 信托行业总体概况

1.1 信托公司在整个金融体系中的位置

信托的本义是"受人之托，代客理财"，但在实际发展过程中，信托

---

* 课题研究单位：西南财经大学证券与期货学院；课题组负责人：李映东；课题组成员：冯用富、尹玉刚、王晓江、郭蒙、李朗、李嘉杰。

公司往往利用其"全牌照"的优势,起着"准银行"或"影子银行"的作用,但在 2018 年监管层"去通道、降杠杆"的强力监管下,信托业面临较大的冲击,未来的信托公司必然走向"全面转型"之路。

信托公司在中国的金融体系中非常特殊,是唯一可以在货币市场、资本市场、产品市场三个市场同时从事金融活动的金融机构。图 1 显示了信托公司在金融体系中的位置以及本文的主题。

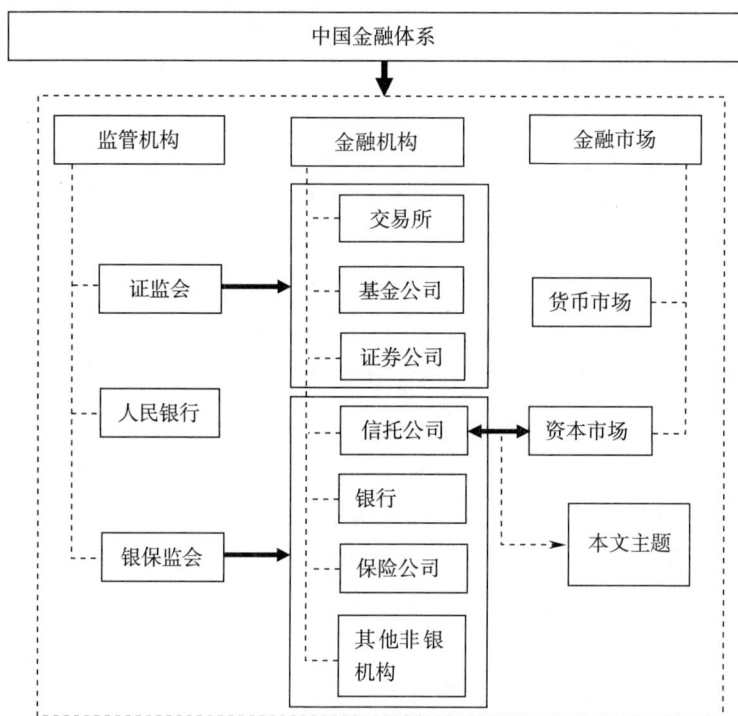

图 1 中国金融体系

1.2 信托业在中国的发展历程

信托业在新中国的历史并不长,1979 年第一家信托公司诞生,但是,在此后的 30 多年里,信托业却总是经历"扩张—整顿—扩张—整顿"的不断循环的怪圈。大体上,信托业先后经历了八次大的整顿:

第一次,1982 年,信托被银行用作突破信贷计划管理的工具,信托采取银行式经营;

第二次，1985年，信托被当作金融百货公司，存贷款、证券发行都在做；

第三次，1988年，信托委托贷款激增，导致固定资产投资剧增，实质是银行把表内转表外，信托起通道作用；

第四次，1994年，信托与银行联手违规揽储、拆借、放贷，大量参与房地产操作；1995年《商业银行法》出台，银行剥离信托公司，分业经营，分业监管，但是把信托公司当成准银行来监管，即实行"资产负债比例管理"；

第五次，1999年，由于把信托当作准银行，严厉监管，爆发信托支付危机，中银国信、中农信、中创、广东国投等中国的信托巨舰纷纷沉没，2001年《信托法》出台，改变信托公司准银行的地位，回归财产管理的本业，信托公司剥离证券公司业务，进行重新登记，数量锐减；

第六次，2007年，加强信托公司的投资以及购买信托产品的合格投资人的管理，同年3月《信托公司管理办法》《信托公司集合信托产品管理办法》出台，信托业大发展，但绝大部分是通道业务；

第七次，2015年，信托、证券、银行合作通过伞形信托等方式向股票市场投资者提供配资类高杠杆融资服务，带来了2015年上半年的牛市，也导致了监管层出手查配资、降杠杆，信托公司的配资类业务被禁止；

第八次，2018年，监管部门颁布"资管新规"，信托公司的通道业务基本被禁止。

为什么我国信托业的发展总是在"扩张—整顿"中循环呢？本文认为主要是两方面原因：

第一，监管部门对信托业本身的边界界定不清。我国金融体系中最主要的是银行，银行的业务边界很清晰，但监管部门对信托的业务边界在不同阶段却有不同的界定，这取决于监管部门降低金融风险的需要。

第二，信托公司为了利润最大化总是以金融创新的名义打政策擦边球。从表面上看，信托公司的金融牌照最多，横贯货币市场、资本市场、产品市场三大市场，能从事的金融业务也最多，但在实践中，信托公司往往更多地成为银行等金融机构逃避监管的通道，随着信托业的扩张，也就意味着金融风险在集聚，比如银行资金通过信托进入房地产市场、股票市场等，所以，当扩张到一定规模时必然引起监管部门注意，从而带来整顿。

虽然改革开放以来，我国信托业已经发展了 40 年，但信托业平稳发展、规模上大台阶是最近 10 年的事，2013 年信托资产规模第一次达到 10 万亿元人民币，到 2017 年末，全国 68 家信托公司管理的信托资产规模已经达 26.25 万亿元人民币①（见图 2），但其中绝大部分是通道类业务（2016 年主动管理项目占比只有 34%②）。

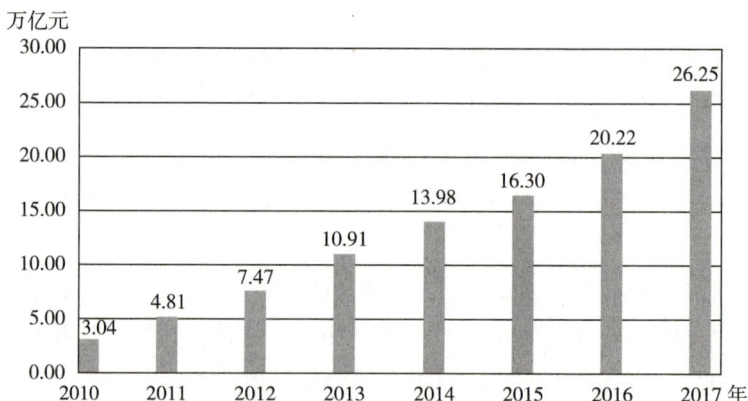

数据来源：万德（Wind）数据库、中国信托业协会。

图 2　2010—2017 年信托资产余额

2012 年，资管行业全面开放，银行、券商、保险、基金、期货等均可进入资管行业，"泛资管"时代的到来，使信托公司面临更加激烈的竞争，而 2018 年 4 月 27 日，中国人民银行、中国银行保险监督管理委员会、中国证券监督管理委员会、国家外汇管理局联合发布《关于规范金融机构资产管理业务的指导意见》（以下简称"资管新规"），要求信托公司"去通道，降杠杆"，信托业再次进入艰难的转型期，靠通道业务为支撑的外延式发展模式将成为过去。

---

① 数据来源：万德（Wind）数据库、中国信托业协会。
② 数据转引自：袁吉伟.2017："3 分钟看懂信托业的过去、现在和未来"［EB/OL］. http：//trust. jrj. com. cn/2017/10/27085723293204. shtml.

1.3 我国信托业发展现状

目前，我国信托公司共有 68 家，与银行 2000 多家（包括农商行、信用社等银行类金融机构）、证券公司 131 家、公募基金管理公司 116 家相比，信托公司的数量明显偏少。从从业人员来看，信托业的从业人员一直在平稳增加，截至 2016 年底，信托业从业人数达到 18393 人，平均每家信托公司 270 人，与银行上百万、证券公司数十万相比，信托业从业人员人数几乎可以忽略不计。事实上，信托从业人数在金融业从业人数中的占比 2016 年仅有 0.277%，虽然占比很低，但从图 3 可以看出，这个占比自 2010 年以来逐渐上升，到 2014 年到达最高点，近几年有缓慢下降，这与信托业的发展趋势基本是一致的。

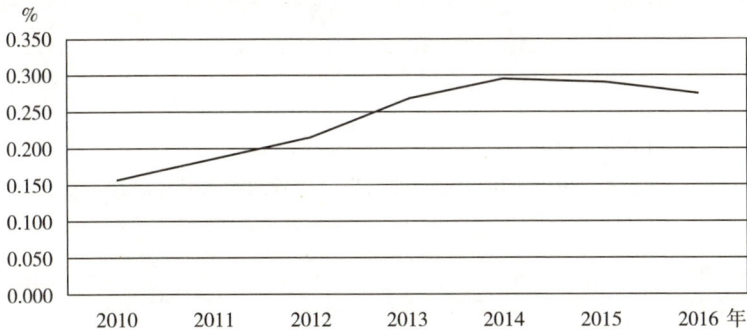

数据来源：中国信托业协会。

图 3　2010—2016 年信托从业人员人数在金融业中的占比

从营业收入来看，2017 年 68 家信托公司的营业收入合计 1190.69 亿元，而 2010 年只有 283.95 亿元，图 4 表明 2015 年信托公司的营业收入达到极值，近两年略有下降；图 5 是营业收入的构成情况，可以看出，信托业务收入占绝对优势，在 2/3 左右，而投资收益在 20% 左右，利息收入基本上低于 10%，这说明信托公司的收入结构相对比较稳定。

在信托公司中，从图 6 可以看出，营业收入最高的是平安信托，2015 年达到 250 多亿元，2016 年略有下降，达到 200 多亿元，但都远远超过其他信托公司。如果把规模最大的前十家信托公司与规模最小的十家信托公司的资产进行对比的话，会发现该比值在 2015 年高达 19 倍，而 2016 年该比值下降为 14 倍，这表明信托业里大公司与小公司之间的两极分化非常严重，但这种差距相对在缩小。

从地域分布来看（见图 7），信托公司主要还是集中在经济发达的地区。其中京沪两地共有 18 家，约占全国的 26%。

亿元

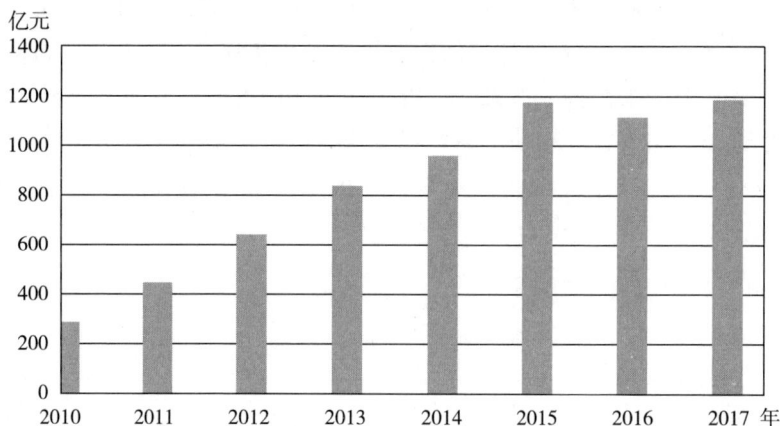

数据来源：中国信托业协会。

图 4 2010—2017 年全部信托公司营业收入变化趋势

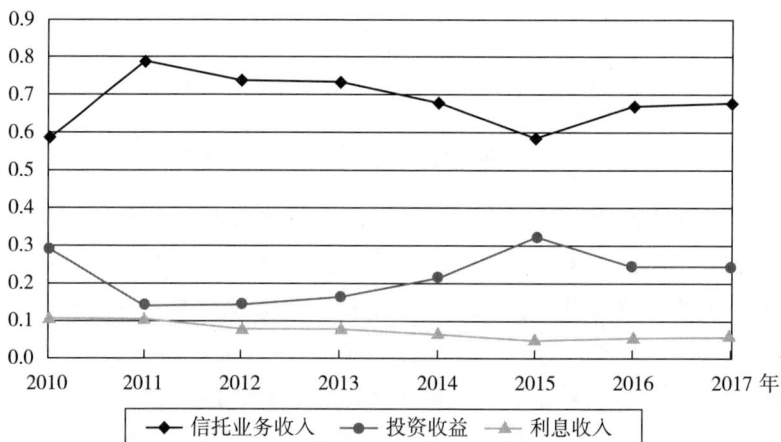

数据来源：中国信托业协会。

图 5 信托公司营业收入的构成情况

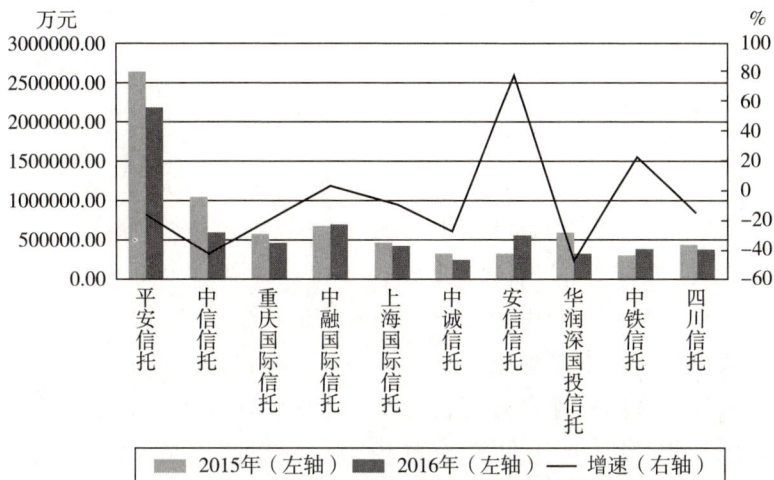

数据来源：万德（Wind）数据库、中国信托业协会。

图6 前十大信托公司经营收入规模及同比增速

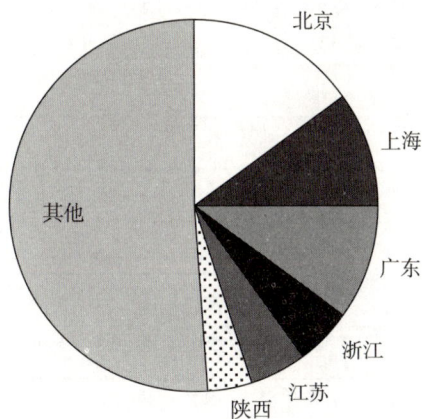

数据来源：中国信托业协会。

图7 信托公司地域分布情况

2 信托公司面临的新机遇与新挑战

2.1 经济增速下降、房地产调控给信托公司带来了挑战

2008 年美国爆发次贷危机，对全球造成了巨大冲击，中国经济增长也受到了巨大影响，中央明确提出中国经济由原来的高速增长向中速、中低速增长转换。由图 8 可以看出，我国 GDP 增速由 2011 年的 9.5% 逐渐下降到 2017 年的 6.9%，而同时期，全部 68 家信托公司营业收入的增速也由 2011 年的 55% 急剧下降到 2017 年的 6.7%，可以明显看到信托业营业收入与 GDP 增速之间存在较强的相关性。这种关联性理论上也能够得到解释：GDP 增速提高，信托业资金规模扩大，违约率降低，投资收益升高，进而导致整体的营业收入增速加快；反之，当 GDP 增速降低时，信托业资金规模下降，违约率提高，投资收益下降，营业收入增速自然降低。因此，在未来经济减速降挡的转型时期，信托业营业收入增速必然较低，信托公司面临较大的经营压力，对个别信托公司来说甚至可能导致破产或者被迫重组，这是理解信托公司未来发展趋势的大环境背景。

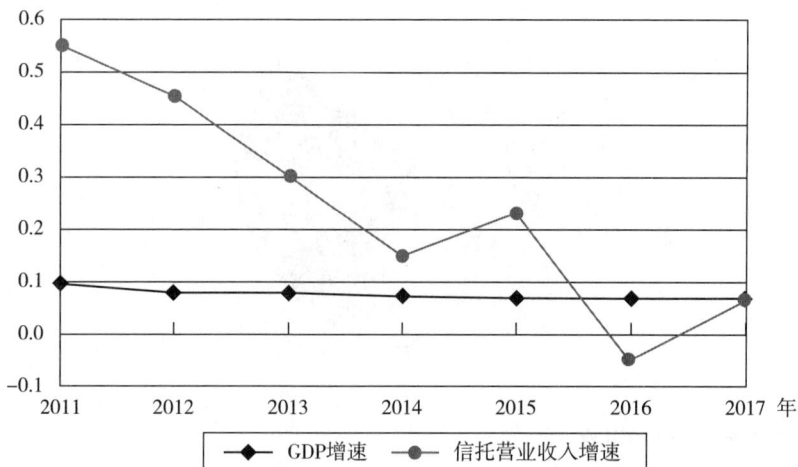

数据来源：国家统计局、中国信托业协会。

图 8　中国 GDP 增速与信托营业收入增速的比较

在中国经济体系中，房地产毫无疑问占据极其重要的地位。对信托公司来说，其无论是通过集合资金信托，还是单一资金信托，很大一部分资金都投向了房地产领域。据统计，2017 年末，资金信托余额合计21.9 万亿元，其中投向房地产的资金信托余额为 2.36 万亿元，占比为10.4%，如果加上与房地产联系紧密的建筑业，两者合计占比则达到了16%①。

图9 显示了 2010—2017 年房地产资金信托占比情况，可以看出，2010 年占比达到 14.9%，为相对最高点，之后房地产资金信托的占比逐渐下降，到 2017 年降为 10.4%，总体上看，基本稳定在 10% 左右。由此可见，对信托公司来说，房地产是一个非常重要的投资方向，房地产的发展情况对信托公司影响重大。最近几年，房地产价格上涨较快，不仅集聚了房地产泡沫，而且大幅增加了个人的生活成本和企业的经营成本，因此，国务院以及各地方政府先后出台了一系列房地产调控措施，监管层也对大量银行资金利用信托"通道"进入房地产高度重视，为此出台了一系列监管措施，所有这一切都表明信托业的"房地产红利"将逐渐减少，未来信托资金投向房地产领域的占比也将降低，所以，信托公司将面临开发新的投资方向以填补退出房地产留下的空白。问题在于，新的投资方向在哪里？

2.2 资管新规对信托公司的影响

2018 年 4 月 27 日，中国人民银行、中国银行保险监督管理委员会、中国证券监督管理委员会、国家外汇管理局联合下发《关于规范金融机构资产管理业务的指导意见》（银发〔2018〕106 号），该文件的出台表明"资管新规"的正式出台。

2.2.1 资管新规出台的背景

近年来，我国金融机构资管业务快速发展，规模不断攀升，截至 2017年末，不考虑交叉持有因素，总规模已达百万亿元。其中，银行表外理财

---

① 这里的数据是中国信托业协会官方统计，在实践中存在部分产品虽然名义上与房地产无关，但实际上真实投向是房地产，因此，真实的信托资金投向房地产的比例远高于此。数据来源于中国信托业协会，"2017 年第 4 季度末信托公司主要业务数据"，http://www.xtxh.net/xtxh/statistics/44151.htm.

%

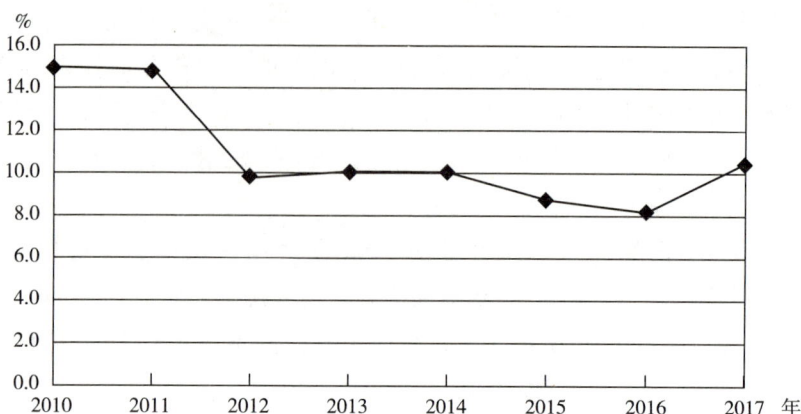

数据来源：中国信托业协会。

图9　2010—2017 年资金信托中投向房地产的占比

产品资金余额为 22.2 万亿元，信托公司受托管理的资金信托余额为 21.9
万亿元，公募基金、私募基金、证券公司资管计划、基金及其子公司资管
计划、保险资管计划余额分别为 11.6 万亿元、11.1 万亿元、16.8 万亿元、
13.9 万亿元和 2.5 万亿元①。同时，互联网企业、各类投资顾问公司等非
金融机构开展资管业务也十分活跃。

　　资管业务在满足居民财富管理需求、增强金融机构盈利能力、优化社
会融资结构、支持实体经济等方面发挥了积极作用。但由于同类资管业务
的监管规则和标准不一致，导致监管套利活动频繁，一些产品多层嵌套，
风险底数不清，资金池模式蕴含流动性风险，部分产品成为信贷出表的渠
道，刚性兑付普遍，在正规金融体系之外形成监管不足的"影子银行"，
一定程度上干扰了宏观调控，提高了社会融资成本，影响了金融服务实体
经济的质效，加剧了风险的跨行业、跨市场传递。为此，"一行两会一局"
从弥补监管短板、提高监管有效性入手，在充分立足各行业金融机构资管
业务开展情况和监管实践的基础上，制定了《关于规范金融机构资产管理
业务的指导意见》（以下简称《意见》）。

---

　　① 数据来源：新浪财经. 资管新规正式发布，央行就新规答记者问 ［EB/OL］. http：//
finance. sina. com. cn/roll/2018 - 04 - 27/doc - ifztkpip3693832. shtml，2018 - 04 - 27.

2.2.2　资管新规的核心内容

2.2.2.1　资产管理业务的边界界定

《意见》把资产管理业务界定为银行、信托、证券、基金、期货、保险资产管理机构、金融资产投资公司等金融机构接受投资者委托，对受托的投资者财产进行投资和管理的金融服务。资管业务属于表外业务，不得刚性兑付。

资管产品从资金来源端分为公募和私募产品，从资金运用端分为固定收益类产品、权益类产品、商品及金融衍生品类产品、混合类产品四大类。资管产品类别的不同将对应不同的投资者适当性要求、杠杆率上限和投资范围。

2.2.2.2　资管新规的核心内容

（1）禁止刚性兑付，产品向净值化转型。资管产品保本保收益，或在出现兑付问题时进行代偿均视为刚性兑付，经认定存在刚兑行为的将受到惩处；金融资产应坚持公允价值计量原则，鼓励使用市值计量，符合条件的金融资产可以摊余成本进行计量。

（2）规范资金池，禁止期限错配。资管产品不得开展或者参与具有滚动发行、集合运作、分离定价特征的资金池业务；封闭式资管产品期限不得低于90天，非标债权资产终止日不得晚于封闭资管产品到期日或者开放式产品的最近一次开放日。

（3）穿透式监管，消除多层嵌套和通道。对于多层嵌套产品，向上识别最终投资者，向下识别底层资产（公募基金除外），资产管理产品可以再投资一层资产管理产品（最多嵌套一层）；金融机构不得为其他金融机构的资产管理产品提供规避投资范围、杠杆约束等监管要求的通道服务。

（4）统一资管产品的杠杆率水平，对不同风险等级的产品设置了不同的杠杆上限。开放式公募、封闭式公募、分级私募和其他私募资管产品负债比例（总资产/净资产）上限分别为140%、200%、140%和200%，并禁止金融机构以受托管理的产品份额进行质押融资。

（5）提高合格投资者门槛。资管新规规定了合格投资者的门槛，相较于此前银行理财的高净值客户以及集合信托产品投资者门槛均有较大提升，具体情况可参见表1。

表1　　　　　　资管新规前后合格个人投资者门槛对比

	资管新规之前标准		资管新规之后标准
	集合信托产品合格投资者门槛	银行理财高净值客户门槛	合格个人投资者门槛
家庭金融资产	个人或家庭金融总资产≥100万元	家庭金融净资产≥100万元	家庭金融净资产≥300万元；（或）家庭金融资产≥500万元
3年平均收入	（或）个人≥20万元（或）家庭≥30万元	（或）个人≥20万元（或）家庭≥30万元	（或）个人≥40万元
投资经历	无限制	无限制	（且）2年以上
投资金额	（或）投资单只信托计划≥100万元	（或）单笔认购理财产品≥100万元；（且）三级、四级产品销售起点金额≥10万元，五级产品≥20万元	（且）单只固收产品≥30万元；混合类产品≥40万元；权益类产品、商品及金融衍生品类产品≥100万元

资料来源：转引自国泰君安资管新规专题报告，http：//www.sohu.com/a/230055837_619353。

（6）按"新老划断"原则设置过渡期。过渡期为资管新规发布之日起至2020年底，提前完成整改机构，给予适当监管激励。过渡期内，新发产品应符合资管新规规定；为接续存量产品所投资的未到期资产，金融机构可发行老产品对接，但应严控存量产品规模，并有序压缩递减。过渡期结束后，金融机构不得再发行或存续违反规定的资管产品。

简言之，资管新规的核心内容可以总结为"两去一降一化"：去嵌套、去通道、降杠杆、净值化。

2.2.3　资管新规对信托业的影响

2.2.3.1　资管新规对信托业影响较大

对银行、券商、保险等金融机构来说，表外资管业务只是其占比较小的业务，而对信托公司来说，信托业务是典型的表外资管业务，信托业务是信托公司的主要收入来源。2017年，全部信托公司的经营收入总额为1191亿元，其中信托业务收入达到805亿元，占比高达68%[①]。所以，资管新规对信托业影响较大。

---

① 数据来源：中国信托业协会"2017年第4季度末信托公司主要业务数据"。

2.2.3.2 信托业务中的通道业务将急剧缩减

信托公司的通道业务主要表现为银信合作的通道业务。银信合作主要有两种方式：

一是银信通道业务，商业银行作为委托人设立资金信托或财产权信托，信托公司仅作为通道，信托资金或信托资产的管理、运用和处分均由委托人（商业银行）决定，风险管理责任和因管理不当导致的风险损失全部由委托人承担的行为[①]。

二是银信合作中的信托主动管理业务，此时，信托计划的资金端全部或部分由银行资金来投资，实质上是银行理财或表内资金的配置过程，而资产端由信托公司进行尽调和筛选。

表2把银信合作的通道业务与信托主动管理业务进行了比较，可以看出，前者信托公司仅仅作为银行把表内资产转移到表外的通道，信托公司不承担风险同时收益率也很低，而后者要求信托公司具有较强的投资和管理能力，承担一定的风险而获得较高的收益率。本次资管新规主要影响的是银信通道业务。

表2   银信合作的通道业务与信托主动管理业务比较

银信合作业务分类	委托客户（资金来源）	项目来源方及尽调、筛选人	信托公司职责	信托计划类型	信托业务报酬率水平
银信通道业务	银行理财或银行表内资金	银行（委托人）	项目合规性考察、清算等事务性管理工作	单一资金或财产权类信托为主	较低，基于信托规模收取固定费率（0.1%~0.3%）或固定费用
信托主动管理业务	银行理财或银行表内资金，或包括部分高净值个人客户资金	信托公司（受托人）	（1）项目来源、尽调、筛选和主动监督管理项目运行；（2）设计结构化信托产品；（3）项目合规性考察、清算等事务性管理工作	集合或单一资金信托，集合为主	较高，基于信托规模收取固定费率或浮动费率

---

① 这里的定义来自2017年12月22日银监会发布的《关于规范银信类业务的通知》。

资管新规出台之前，银信合作主要表现为通道业务。银信合作规模占信托资产余额的比例由 2010 年的 55% 逐渐下降到 2017 年的 24%，而同期的信托资产余额却由 3.04 万亿元逐渐上升到 26.25 万亿元，是一个明显的上升趋势（见图 10）。这次资管新规明确提出要"穿透式监管，消除多层嵌套和通道"，因此，对银信通道业务影响很大，随着未来过渡期结束，银信通道业务将逐渐消失。

2017 年银信合作业务规模为 6.2 万亿元，从短期来看，信托公司难以用新业务来弥补银信通道业务，因此，2018 年的信托资产规模将显著下降。但是，由于通道业务的收费比率非常低，一般在 0.1% ~ 0.3%，银信合作对信托行业营业收入的影响大致在 10%①，基本上还是在可容忍的范围。

2.2.3.3 信托公司在资金端将面临较大的压力

资管新规将在以下几个方面同时影响信托公司的资金来源：

第一，由于"去通道"，银行资金受到严格监管，银信合作规模下降，导致来自银行的通道资金减少。

第二，资管新规禁止期限错配，银行表外和表内资金将收紧非标配置，导致银行的非通道资金也将减少。

第三，资管新规大幅提高了合格投资者的门槛，导致信托公司可选择的投资者范围急剧缩小。

第四，资管新规禁止刚性兑付，要求净值化管理，对投资者来说增加了不确定性，提高了投资风险，那么要让合格投资者购买信托计划也将面临较大的挑战。

第五，资管新规明确银行、信托、券商、保险、基金等金融机构都可以开拓资产管理或财富管理业务，而且纳入统一监管之中，避免监管套利，在这种"大资管"背景下，信托公司将与其他金融机构一起去争夺有限的"高净值"人士，信托公司将面临前所未有的压力。

2.2.3.4 资金信托计划的预期收益率将明显上升，资产端的选择将受影响

资管新规要求净值化管理，不允许刚性兑付，增加了投资者的风险，

---

① 2017 年银信合作规模为 6.2 万亿元，由于通道业务占银信合作的绝大部分，因此可以假定银信合作全是通道业务，那么信托公司收取的费用在 62 亿 ~ 186 亿元，而 2017 年信托业的总经营收入是 1191 亿元，因此，通道费在总收入中的占比就处于 5% ~ 15%。

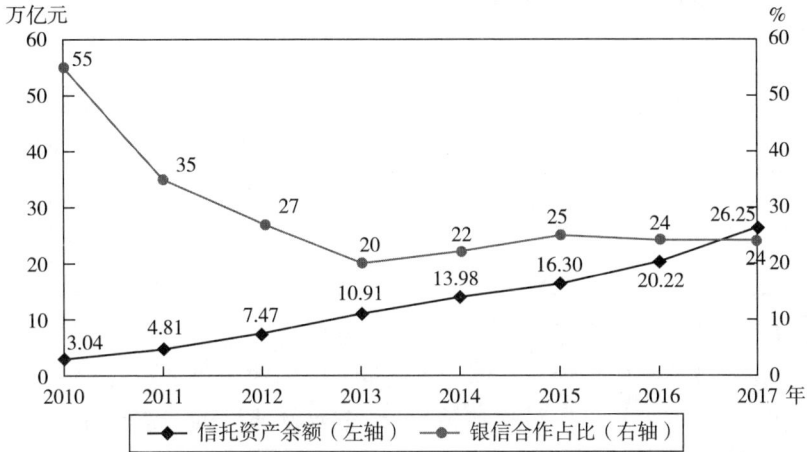

数据来源：中国信托业协会。

图 10   信托资产余额与银信合作占比

那么，投资者必然要求更高的预期回报率才会愿意继续购买信托计划，这将带动预期收益率的上升。问题是，什么样的资产才能提供更高的预期收益率呢？那必然是相比以前刚性兑付时风险更高的资产，这导致信托公司的资产端也会受到一定影响。

2.2.3.5   信托公司人才结构难以适应资管新规

传统信托公司大量的是通道业务，赚的是轻松钱，不需要过多地去研究产品、配置产品，只是提供通道而已，对人才的要求相对较低；但是，资管新规要求信托公司"去通道"，信托公司的收入来源和业务模式必将发生彻底改变，信托公司被迫进行转型，原来的人才结构难以满足转型需要，因此，信托公司将面临对原有人才进行再培训以及重新招聘新的人才等问题。

2.3   资本市场发展给信托带来的新机遇和新挑战

2.3.1   我国资本市场已经成为全球第二大市场

1990 年底上海证券交易所和深圳证券交易所的成立，标志着中国资本市场的初步形成，经过将近三十年的大发展，已经形成了由场内市场的主板、创业板和场外市场的全国中小企业股份转让系统（俗称新三板）、区域性股权交易市场（俗称四板市场）、证券公司主导的柜台市场共同组成的多层次资本市场体系（见表3）。

表3 我国多层次资本市场概况

资本市场层次		上市/挂牌企业数量（家）	市值（亿元）
场内市场	主板（上交所和深交所）	2810	506300
	创业板（深交所）	724	54500
场外市场	新三板	11382	30000
	四板市场	79185	

数据来源：Wind 资讯数据库、各交易所官网，时间截至 2018 年 4 月底。

我国资本市场的发展，不仅为企业带来巨额的股权融资（IPO、增发、配股、优先股、可转债、可交换债），为企业发展提供了资金支持，而且通过股份制改造，规范了公司治理机制，推动了企业发展壮大，进而也促进了经济增长。

由图 11 可以看出，我国股票市场募集资金的金额从 1991 年的 1 亿元，已经上升到 2017 年的 1.7 万亿元，尤其是 2006 年以来募集资金规模显著地不断增加，2016 年达到阶段性峰值 2.1 万亿元，26 年来累计募集资金高达 11.46 万亿元。

亿元

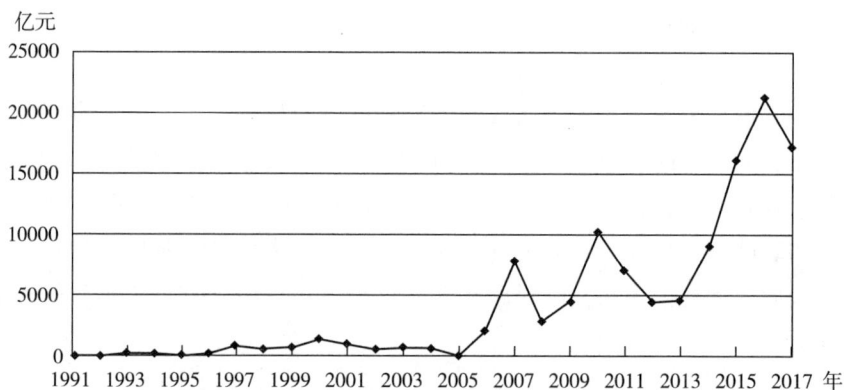

数据来源：Wind 资讯。

图 11 我国 A 股股票市场募集资金金额一览

到 2018 年 4 月底，我国资本市场的总市值大约 58 万亿元，而 2017 年我国 GDP 总量为 83 万亿元，占比为 70%。与美国股市相比，2017 年美国股市的总市值已经超过 30 万亿美元，约合 190 万亿元人民币，所以，中国股市的规模与美国还有较大差距，但纵观全球，中国股票市场的总规模已经跃升为全球第二，在此背景下，我国资本市场的大发展为信托公司带来了巨大的机遇与挑战。

2.3.2 信托投向证券市场的现状

2017年，全行业资金信托的总规模达到21.91万亿元，其中集合资金信托占45%，单一资金信托占55%。这些资金信托投向证券市场的金额为3.1万亿元，占全部资金信托的14%，其中投向股票占5%，投向基金只有1%，投向债券占8%[①]。由此可见，资金信托投向证券市场比例并不高，投向高风险的股票的比例更低，这也间接反映了大部分资金信托是风险厌恶的，更偏向于有稳定回报的投资项目，比如房地产和基础设施贷款等。从历史演进的过程来看，资金信托投向证券市场的比例稳定在10%～20%，2015年达到最高比例20%；分解到股票、基金和债券，可以发现三者之间的相对关系很稳定，投向基金最少，投向债券相对最多（见图12、图13）。

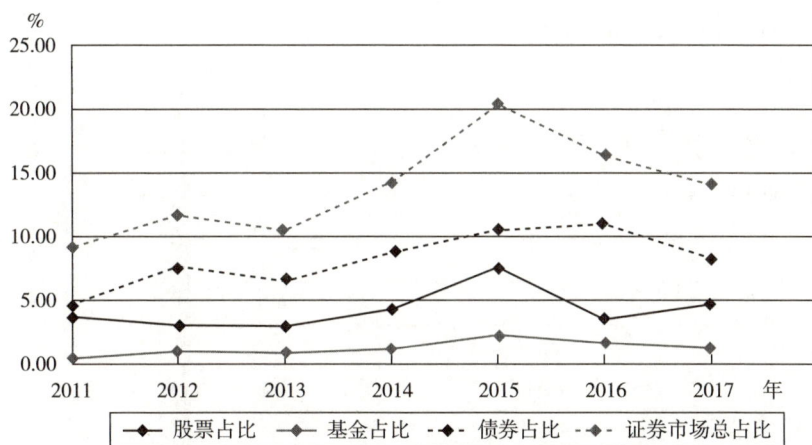

图12　资金信托投向证券市场的基本情况

单纯从证券投资信托来看，2017年证券投资信托总额为3.6万亿元，其中投向一级市场占比3.6%，二级市场占比32.4%，组合投资占比

---

① 数据来源：中国信托业协会官方网站，www.xtxh.net/xtxh/statistics/44151.htm。

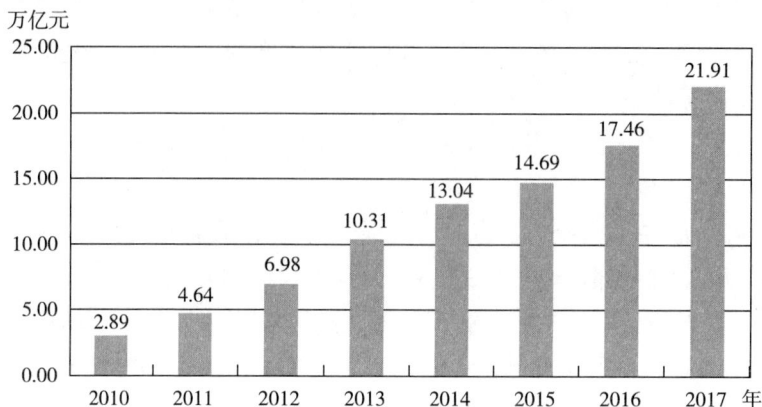

图 13　资金信托规模变化

62%。而在 2010 年，证券投资信托仅有 2536 亿元，不足 2017 年的十分之一①（见图 14、图 15），这些数据说明证券投资信托发展非常快，而且证券投资信托的资金主要做组合投资和投资于二级市场，这对信托公司的主动管理能力提出了较高要求。

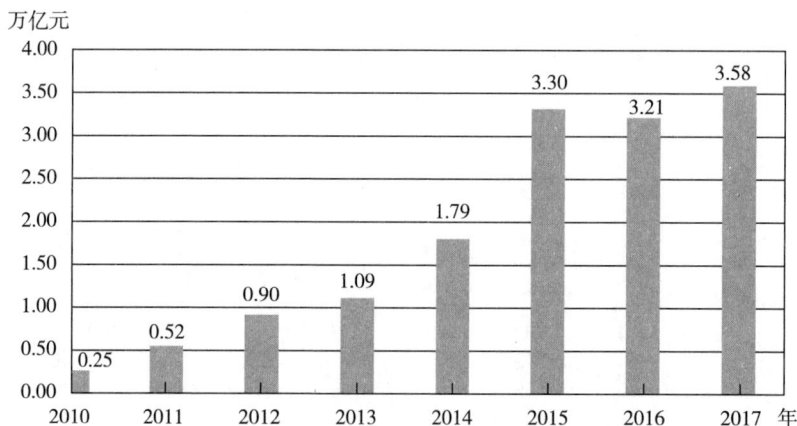

图 14　证券投资信托的规模变化

2.3.3　资本市场给信托公司带来的机遇

如果把资本市场看成是一片大海，那么信托公司就是在大海上航行的

---

①　数据来源：中国信托业协会官方网站。

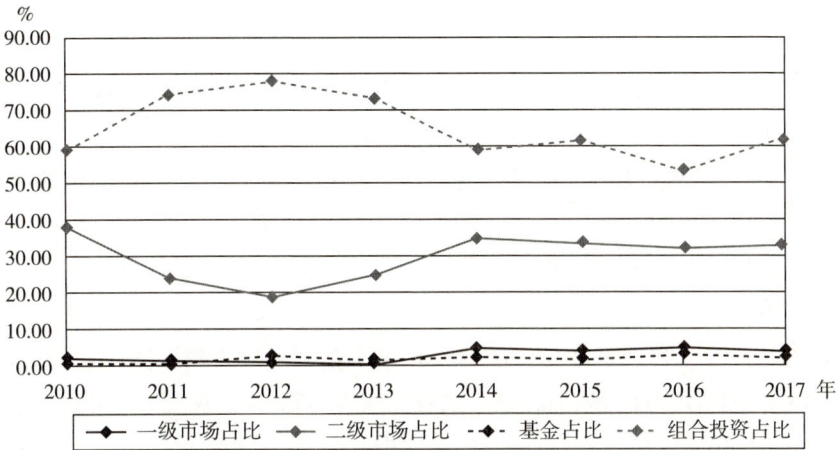

图 15   证券投资信托的结构分布

小船，所以，资本市场给信托公司提供了广阔的活动舞台，只不过由于大量的信托资金投向房地产、基础设施及其相关产业，真正投向资本市场的资金偏少。理论上讲，资本市场给信托公司带来的机遇表现为以下几点。

2.3.3.1   资金端：资本市场为信托公司提供了大量的潜在资金供给者

一方面，资本市场的参与者如上市公司、金融中介机构、投资者等本身就属于风险承受能力较强，资金较充裕者，他们是信托产品的潜在需求方；另一方面，随着资本市场的发展，这些参与者会由于股权融资、债券融资、上涨红利等因素积累更多的财富，额外多出来的资金必然要寻找保值增值的出路，他们都是信托潜在的客户。具体而言，比如，上市公司实施员工持股计划，上市公司闲置资金需要进行理财，企业家需要保证财富的安全和继承，投资者需要资产配置的多元化，成功人士需要做慈善事业，等等。这些都为信托公司提供了潜在的机会，信托公司由此可以设计相应的信托产品——如员工持股信托、家族信托、慈善信托、绿色信托等。

2.3.3.2   资产端：资本市场为信托公司提供了丰富的可配置资产

信托公司产品发行成功后需要用资金去购买匹配的资产才能获得相应的收益，以前房地产市场宽松时，大部分资金都配置到房地产市场，但随着房价处于高位以及房地产调控的深化，房地产已经不一定是最好的配置资产，那么能够容纳上万亿元资金、具有较强流动性的市场就只能是资本市场。此外，资管新规要求非标资产不能期限错配，对存量非标资产进行"压缩"，而资本市场交易的股票、债券等属于标准化资产，是监管层鼓励的方向，因此，资本市场将受到银行、信托、保险、基金等资管业务方的高度关注。具体而言，上市公司总是在不断地发展壮大，从而产生大量的资金需求，需要通过发行股票、债券等方式进行融资，信托公司借此可以发行产品购买上市公司的股票、债券（包括可转债等）；上市公司有大量的应收账款等需要激活的资产，信托公司可以发行资产证券化（ABS）产品，等等。

从私人财富管理角度，按照标准普尔家庭资产配置象限图（见图16），个人财富应该分为四份，即要花的钱（现金资产）、保命的钱（保险产品）、生钱的钱（高收益资产）和保本升值的钱（低风险资产），其配置比例分别为10%、20%、30%和40%，这其中的后两类资产都涉及资本市场（股票、基金、债券等），由此可见，个人财富的30%～70%应该配置到与资本市场相关的标准化资产上去，信托公司作为财富管理或资产管理的专业机构，必然需要研究资本市场，利用资本市场。

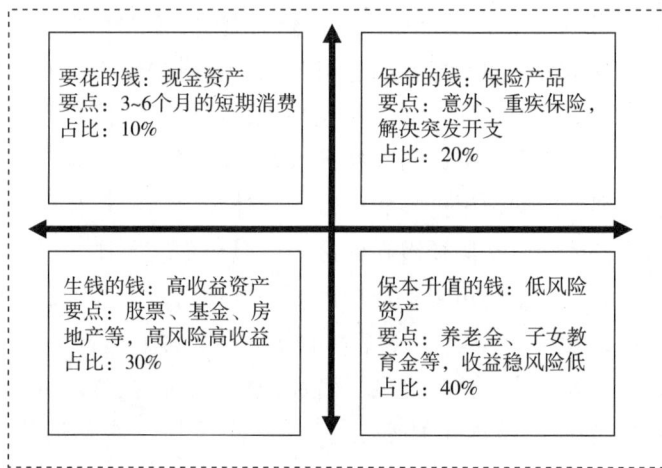

图16　标准普尔家庭资产象限

2.3.4　资本市场给信托公司带来的挑战

任何事情都有两面性，资本市场在给信托公司带来机遇的同时，也使信托公司面临一些新的挑战：

（1）人才的挑战：传统信托公司以通道业务为主，其人员主要是跟银行、融资企业打交道，不需要直接与资本市场发生联系，但资管新规之后，信托公司必然走上转型之路，必然需要主动管理型人才，需要熟悉资本市场的人才。然而，银行、证券公司、基金、保险等金融机构都在争抢优秀的资本市场人才，这对信托公司来说是一个巨大的挑战。

（2）风险管理能力的挑战：与房地产、基础设施等不同的是，资本市场产品更丰富，波动性更大，风险更大，当这些风险资产在信托资产中的比例增加时，必然要求信托公司提高风险管理能力，否则"一着不慎，满盘皆输"。

（3）竞争更加激烈的挑战：一方面，监管层整顿资管业务，加强资管业务监管，导致信托公司具有的传统"优势"（多牌照，影子银行）不复存在，信托将与银行、保险、证券、基金等在资管业务这条同一起跑线上竞争；另一方面，由于所有金融机构面临相似的监管环境和宏观经济环境，导致大家都往资本市场方向发展，这必将带来人才、产品、资金等全方位的竞争，而在这个竞争中，银行有资金优势，保险有刚需优势（保险人人都要购买），证券有人才优势，基金有投资优势，信托的优势何在呢？——牌照优势？恰恰相反，本文认为，信托公司的多牌照并不一定是其优势，它反而导致信托公司的业务不专一、不精深，往往成为其他金融机构借用信托公司牌照的一个通道，一旦把通道堵住，与其他金融机构进行公平竞争，那么信托公司既无资金优势，也无人才优势，还缺乏研究能力。因此，可以预测，未来信托公司要发展壮大必然需要与其他金融机构进行深度合作，甚至进行一体化的兼并重组。

3 信托公司在资本市场的业务机会

3.1 信托公司在股票市场上市的情况

信托公司要在资本市场发展业务，首先就是最好自身能够成功上市，利用上市平台提高自己知名度，通过增发股票等多种方式融资，增强自身实力。但是，由于信托公司主营不突出，业绩波动较大，监管层对信托公司IPO的不支持，以至于目前整个资本市场上只有3家信托公司成功进行了IPO，其中还有一家是在香港IPO，其余都是通过借壳上市、母公司上市而实现间接上市。

目前来看，信托公司上市的方式主要有三种模式：（1）信托公司直接进行 IPO 上市；（2）信托公司直接借壳上市；（3）母公司上市导致信托子公司间接上市。

3.1.1　信托公司直接进行 IPO 上市

IPO 即首次公开发行股票，信托公司通过 IPO 成功上市的企业较少，实际上只有 3 家，即陕国投、安信信托和山东国信（H 股）。

陕国投 A（000563）的全称为陕西省国际信托股份有限公司，1994 年 1 月在深交所 IPO 上市，是国内首家上市的非银行金融企业，其实际控制人是陕西省国资委，目前总股本 30.90 亿股，总市值 120 亿元。2017 年，陕国投实现营业收入 11.51 亿元，净利润 3.52 亿元，净资产收益率 4.5%。

安信信托（600816）于 1994 年在上交所 IPO 上市，其实际控制人为自然人高天国。2008 年，安信信托推出重大资产重组方案——中信信托重组安信信托进而实现中信信托借壳上市，但 2012 年该方案被证监会否决。目前，安信信托的总股本为 54.69 亿股，市值达到 500 亿元。2017 年，安信信托信托业务收入 52.8 亿元，净利润 36.68 亿元，净资产收益率 25%。

山东国信（01697，H 股）于 2017 年 12 月在香港联合交易所主板挂牌上市，成为内地信托在港上市第一股。总股本为 25.88 亿股，其市值只有 88 亿港元。2017 年，主营收入达到 16.5 亿港元，净利润 8.9 亿港元①。

3.1.2　信托公司直接借壳上市

由于信托公司难以进行 IPO 上市，所以一些急于进入资本市场的信托公司选择了借壳上市。2016 年，江苏信托成功借壳江苏舜天（600287），具体方案是江苏舜天以 8.91 元/股的价格发行 23.58 亿股，对价 210.13 亿元，购买江苏信托 81.49% 的股权以及新海发电、国信扬电等公司股权；浙商金汇信托公司（以下简称浙金信托）借壳浙江东方（600120），具体方案是浙江东方以发行股份的方式向浙江国贸购买其持有的浙金信托 56% 股份、大地期货 87% 股权及中韩人寿 50% 股权。2017 年，湖南信托 96% 的股权注入华菱钢铁（000932），实现借壳上市。

3.1.3　母公司上市导致信托子公司间接上市

这种模式是信托公司的控股母公司 IPO 上市或者与已上市壳公司进行

---

① 1 港元 = 0.81 元人民币。

重组，母公司实现借壳上市，从而其旗下的信托子公司也实现了间接上市。1993 年，爱建股份（现改名爱建集团，600643）在上交所上市，旗下有子公司爱建信托，爱建信托间接上市。2011 年，中航资本（600705）借壳北亚实业实现整体上市，现更名为中航资本，旗下有中航信托，从而使中航信托间接上市。2016 年，五矿资本（600390）借壳金瑞科技上市，五矿资本旗下的五矿信托间接上市；中油资本（000617）借壳石油济柴上市，旗下的昆仑信托间接上市（见表 4）。

表 4　　　　　　　　　　　　已上市信托公司一览

上市公司简称	上市代码	上市公司总市值（亿元）	所涉及信托公司	信托公司注册地
陕国投 A	000563	120	陕西省国际信托股份有限公司	西安市
安信信托	600816	500	安信信托股份有限公司	上海市
山东国信	01697	88（港元）	山东省国际信托股份有限公司	济南市
江苏舜天	600287	27	江苏省国际信托有限责任公司	南京市
浙江东方	600120	140	浙商金汇信托股份有限公司	杭州市
华菱钢铁	000932	250	湖南省信托有限责任公司	长沙市
爱建集团	600643	170	上海爱建信托有限责任公司	上海市
中航资本	600705	490	中航信托股份有限公司	南昌市
五矿资本	600390	360	五矿国际信托有限公司	西宁市
中油资本	000617	1190	昆仑信托有限责任公司	宁波市

注：数据来源于上市公司公告整理；总市值的时间是 2018 年 4 月底。

3.2　信托公司持股与"闪崩股"现象

3.2.1　信托公司持股比例与股票收益率

信托公司本身是一个机构投资者，其对上市公司持股比例不同股票收益率是否会有明显差距呢？

为了进一步研究信托持股与股票走势的相关性，本文将过去五年信托持股的股票按持股比例①分为两组：信托高比例持股（流通股持股比例超过 5%）和低比例持股（持股比例低于 1%），并比较两组股票当季的收益

---

　　① 这里的持股比例指占流通股的比例，由于大部分公司限售股比例都很低，因此，流通股比例与总股本比例相差不太大。

率，从而初步判断股票走势和信托持股比例的相关性。

本文以 2017 年第三季度信托持股数据来进行初步分析，其高比例持股与低比例持股的样本如表 5、表 6 所示。

表 5 　　　　　　　　**2017 年第三季度信托高比例持股组**　　　　单位:% 、元

代码	上市公司名称	持股信托公司名称	持股比例	期初价格	期末价格	涨跌幅
000420	吉林化纤	四川信托	9.50	3.06	3.51	14.33
000504	南华生物	湖南信托	25.65	21.35	19.60	−8.20
000686	东北证券	吉林信托	13.21	9.92	10.30	3.41
000728	国元证券	国元信托	15.47	12.40	14.09	13.26
000829	天音控股	北京国际信托	9.08	10.66	10.20	−5.03
002193	如意集团	中航信托	5.00	14.40	16.70	15.17
002673	西部证券	西部信托	9.79	14.09	15.59	10.65
002736	国信证券	华润深国投信托	18.68	13.24	13.69	3.56
600027	华电国际	山东国际信托	11.80	4.69	4.40	−6.32
600106	重庆路桥	重庆国际信托	14.96	5.11	5.25	1.94
600291	西水股份	中江国际信托	5.67	21.30	26.72	25.80
600740	山西焦化	华鑫国际信托	9.74	6.97	10.48	51.88

表 6 　　　　　　　　**2017 年第三季度信托低比例持股组**　　　　单位:% 、元

代码	上市公司名称	持股信托公司名称	持股比例	期初价格	期末价格	涨跌幅
603300	华铁科技	北京国际信托	0.98	11.37	11.55	1.31
300245	天玑科技	重庆国际信托	0.97	14.04	15.22	7.11
002267	陕天然气	西部信托	0.90	8.67	8.28	−4.52
000686	东北证券	华信信托	0.80	9.92	10.30	3.41
002363	隆基机械	五矿国际信托	0.78	9.40	9.83	4.02
300629	新劲刚	中国金谷国际信托	0.72	50.55	64.15	25.29
000421	南京公用	西部信托有限公司	0.69	7.23	7.02	−3.32
002444	巨星科技	安徽国元信托	0.64	15.55	15.03	15.55
002535	林州重机	云南国际信托	0.60	5.23	5.59	5.23
603169	兰石重装	光大兴陇信托	0.60	11.99	10.45	11.99
002604	ST 龙力	五矿国际信托	0.56	9.17	11.00	9.17

续表

代码	上市公司名称	持股信托公司名称	持股比例	期初价格	期末价格	涨跌幅
000750	国海证券	华信信托股份	0.54	5.48	5.88	5.48
600866	星湖科技	国通信托	0.51	5.15	5.35	5.15
600589	广东榕泰	山东国际信托	0.44	7.27	7.24	7.27
300314	戴维医疗	中江国际信托	0.43	15.88	15.65	15.88
000637	茂化实华	中信信托	0.43	6.63	6.84	6.63
000977	浪潮信息	重庆国际信托	0.41	15.96	19.19	15.96
002154	报喜鸟	中江国际信托	0.41	3.70	3.81	3.70
601777	力帆股份	西藏信托	0.41	7.97	8.89	7.97
600997	开滦股份	重庆国际信托	0.39	6.02	7.84	6.02
002145	中核钛白	云南国际信托	0.39	6.05	6.04	6.05
600063	皖维高新	华宝信托	0.35	4.15	4.47	4.15
000875	吉电股份	吉林信托	0.32	5.04	4.95	5.04
000553	沙隆达A	中江国际信托	0.32	13.26	14.00	13.26
600629	华建集团	中国对外经济贸易信托	0.20	21.63	19.90	21.63

根据表5的数据，可以计算出信托高比例持股组在2017年第三季度所持股票加权收益率为7.70%，而根据表6，则可计算出信托低比例持股组在2017年第三季度所持股票加权收益率为6.05%，两个组别的收益率并没有显著的差异性。运用相同的计算方法，分别计算出2015年第二季度到2017年第三季度的信托高比例持股组与低比例持股组的股票收益率及其差值，来看两者是否有显著差异。从表7可以看出，两者间没有明显的差异，这说明信托持股比例的差异并没有造成股票收益出现较大差异。

表7　　　　信托高比例持股组与低比例持股组的股票收益率比较　　　单位:%

季度	2015Q2	2015Q3	2015Q4	2016Q1	2016Q2
信托高比例持股组季度收益率	21.19	-39.92	52.60	-17.22	-2.25
信托低比例持股组季度收益率	22.34	-26.28	22.80	-23.47	0.72
高-低（百分点）	-1.15	-13.64	29.8	6.25	-2.97
季度	2016Q3	2016Q4	2017Q1	2017Q2	2017Q3
信托高比例持股组季度收益率	0.54	-3.02	-5.04	-3.26	7.70
信托低比例持股组季度收益率	9.19	4.30	-3.56	-11.17	6.05
高-低（百分点）	-8.65	-7.32	-1.48	7.91	1.65

从图17也可以直观看出，信托高比例持股组的股票季度收益率与低比

例持股组的股票季度收益率的差值①并没有表现出明显的规律性。

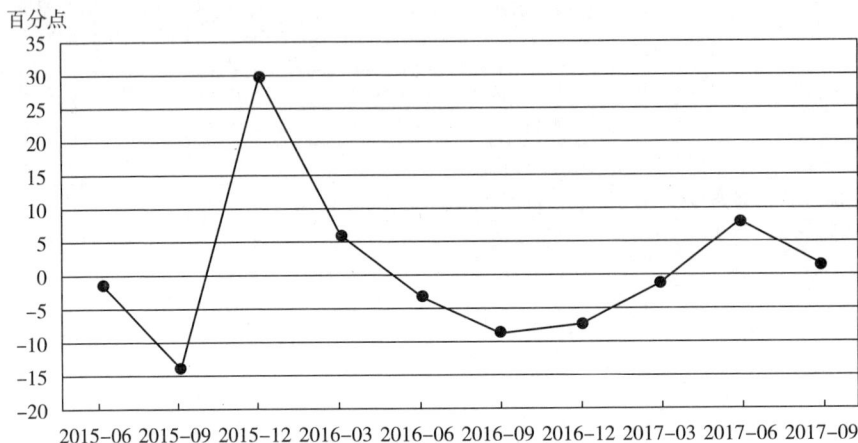

百分点

图 17　信托高比例持股组与低比例持股组股票收益率差值

3.2.2　"闪崩股"现象与信托持股

2017 年底以来，A 股市场"闪崩股"频现。这些"闪崩股"的流通股股东大多出现了资管计划、信托计划的身影，部分还存在名称类似的信托、资管计划同时存在的情形。

本文初步整理了 2017 年 12 月至 2018 年 3 月，A 股市场中出现的"闪崩股"，筛选标准为该股在较好或平稳走势下，突然跌停甚至连续跌停或三天内下跌超过 20%。以此为标准，一共有 260 只 A 股（第四季度上市的次新股因还未披露信息，因此未包含在内），其中 124 只股票前十大流通股股东中有信托公司或信托计划，另外 64 只股票有资管计划持股，21 只股票既有信托持股又有资管计划持股。可以看出，在"闪崩股"中有信托背景的股票几乎占据了半壁江山，而有信托或资管计划持股的股票合计占据了 64%。因此，"闪崩股"频现的现象，信托或资管计划应该扮演了重要角色。其背后的直接原因与资管新规加强监管，去通道、降杠杆有关。

3.3　信托参与高管、大股东增持以及员工持股

近年来，上市公司高管、大股东经常通过信托计划进行股份增持，公

---

① 这个差值即表 7 中"高—低"对应的数值。

司员工持股计划也经常通过设立信托计划的形式进行。这类信托计划称为结构化证券投资信托，通常分为优先和劣后两级，具有配资功能，能够达到以较少的资金进行购买股份、增持的目的。公司高管、大股东、员工使用自有资金或者自筹资金认购信托的劣后级，成为劣后委托人；信托计划其他认购人为优先委托人，享有较为固定的收益。目前，优先委托人认购资金与劣后委托人认购资金（杠杆）通常不能超过2:1。

3.3.1　大股东通过信托计划进行增持案例

2017年5月16日，华闻传媒发布公告称，其控股股东国广环球资产管理有限公司（以下简称国广资产）委托厦门国际信托有限公司成立"厦门国际信托有限公司—景诚嘉佑十八号集合资金信托计划"，上述资金信托计划中优先委托人的认购资金与劣后委托人的认购资金比例为2:1，国广资产为劣后委托人，其所认购资金为自筹资金。该资金信托计划根据委托人的意愿投向"四川信托·星光5号单一资金信托"（四川信托有限公司作为管理人），并通过该资金信托计划账户，以深圳证券交易所交易系统竞价方式买入公司股票。本次国广资产通过"厦门国际信托有限公司—景诚嘉佑十八号集合资金信托计划"间接增持公司股份1247.33万股，占公司总股本的0.62%。

3.3.2　高管通过信托计划进行增持案例

2016年12月15日，海立美达发布公告称，公司部分董监高及核心人员共18名通过成立的"华润信托—海立美达高管增持集合资金信托计划"和"华润信托—海立美达增持1期集合资金信托计划"在2016年11月17日至2016年12月13日累计增持公司股份499.37万股，占公司总股本的0.88%。上述两个信托计划为公司增持人委托华润深国投信托有限公司成立，两信托计划中优先委托人的认购资金与劣后委托人的认购资金比例均为1:1，公司增持人为劣后委托人，所认购资金均为自筹资金。

3.3.3　员工持股通过信托计划进行案例

2017年4月8日，东方园林发布公告称，第二期员工持股计划将募集资金总额上限为15亿元（以"份"作为认购单位，每份份额为1元），资金来源为员工合法薪酬、自筹资金以及法律法规允许的其他方式。持股计划设立后委托中海信托股份有限公司进行管理，成立"中海信托—安盈19号东方园林员工持股计划"，该集合资金信托计划按照1.5:1的杠杆比例设置优先份额和次级份额，通过二级市场购买并持有东方园林股票。员工持股计划全额认购次级份额，公司控股股东何巧女、唐凯为集合资金信托计划优先份额承担差额补足义务。

3.4 信托参与上市公司定增、并购重组

3.4.1 信托参与上市公司定增

《上市公司非公开发行股票实施细则》中规定："信托公司作为发行对象，只能以自有资金认购。"因此，信托公司如果以信托资金直接投资定向增发会存在一定的合规风险，所以信托公司一般通过有限合伙平台、基金专户或券商资产管理计划进行投资。

信托公司发行的信托计划借助有限合伙平台投资定向增发股票通常采取两种方式：一种是认购合伙企业份额，成为合伙企业的有限合伙人，再由合伙企业投资上市公司定向增发的股票；另外一种是先由有限合伙企业取得定向增发股票，再由信托公司成立信托计划受让该定向增发股票的股权收益权。

2012 年以来基金和证券新政频发、创新不断，使得定向增发信托有了新模式，即信托公司发行信托计划可以通过基金专户或券商的定向资产管理计划进行投资，信托计划加入基金专户或定向资产管理计划，由基金管理公司或证券公司按照相关的协议约定进行投资。

信托公司以自有资金参与定增案例：根据东莞控股（000828）2015 年 8 月 31 日公布的《2015 年度非公开发行 A 股股票预案》，东莞控股以锁价发行的方式向包括五矿国际信托有限公司在内的 10 名特定对象定向增发，经核查五矿国际信托有限公司的本次认购资金为自有资金。

信托公司以信托资金参与定增案例：根据中润资源（000506）2015 年 3 月 15 日公布的《非公开发行股票预案》，中润资源以锁价发行的方式向包括"中英益利—京盛资产管理计划"在内的 10 名特定对象定向增发，"中英益利—京盛资产管理计划"的委托人为中原信托有限公司（代表中原信托—中润资源定向增发集合资金信托计划）与万向信托有限公司（代表万向信托—英海证券投资集合资金信托计划）。

3.4.2 信托参与并购重组

并购重组是企业扩张的重要形式，也是企业发展到一定阶段的必由之

路。随着我国资本市场的发展，并购重组的数量和规模都有极大发展。毕威迪数据显示，2017 年 1 月至 12 月末中国并购市场共完成 5480 起并购交易，其中披露金额的有 4389 起，交易总金额约为 3680.07 亿美元（2.4 万亿元人民币左右），平均每起案例资金规模约 8386.17 万美元（5.4 亿元人民币左右）①。在并购过程中，信托公司往往可以通过多种方式发挥其作用，比如直接收购股权、提供信托贷款、财务顾问等。

3.4.2.1 股权或贷款信托

这类模式是信托计划募集资金采取现金购买股权以及现金购买资产，或以贷款方式投放资金实施并购。在不同的实施主体下，介入并购的资金信托主要表现为两种形式：信托公司主导型和信托公司参与型。信托公司主导型，即信托公司设立信托计划，以信托公司自身为主体实施并购，并负责并购项目融资、投资、增值管理、退出以及收益分配的全过程。信托公司参与型，主要是指信托公司仅参与并购实施的某个过程，从具体的案例实践来看，主要是负责并购项目的前期融资，其提供方式主要是并购贷款等形式。

3.4.2.2 特定资产收益权信托

特定资产收益权信托中的特定资产，包括债权、股权等，甚至包括信托受益权。信托公司与收购方签订《特定资产收益权转让合同》，收购方将特定资产的资产收益权转让给信托公司，信托公司发起信托计划募集资金并支付予收购方。为保证信托资金的安全收回，信托公司通常会要求收购方在转让特定资产收益权的同时将该特定资产抵押/质押给信托公司，以此作为收购方履行回购义务的担保。若收购方届时履行了回购义务，则信托公司解除对此特定资产的抵押/质押；若收购方届时不能履行回购义务，则由信托公司处置该特定资产。

特定资产收益权信托模式的并购信托主要介入并购前期的融资过程，其实质为对特定资产的质押以募集并购所需资金。通常是并购方对拟收购股票（股权）采取股票收益权转让及回购模式操作。信托公司可以在合同中约定，在并购方收购成功办理股权过户的当天，信托公司同时办理股权质押手续。此外，被收购方与并购方签署的《股权转让协议》中可约定，

---

① 数据转引自腾讯网上的文章"2017 年中国并购市场回顾"，http：//new.qq.com/omn/20180206/20180206G0HXDX.html。

"并购方支付的全部股权转让价款由双方同意且以被收购方名义设立的第三方银行专户监管",这确保了在办理股权过户手续之前,被收购方不会擅自挪用收购款,从而也确保了在办理股权质押之前信托资金的安全。

股票收益权并购信托一般会采取签署回购协议、股票质押担保、第三人连带保证担保、设置追加保证金及补充质押股票的警戒线等风控措施。在并购信托业务中以股票收益权转让及回购模式进行操作是信托公司比较熟悉的业务模式。

3.4.2.3 PE 信托

当前,PE 的运作模式主要有公司制、合伙制和信托制三种。其中,合伙制尤其是有限合伙是国内外 PE 基金的主流运作模式。比较而言,信托制既可以充分运用金融机构的优势迅速募集 PE 投资所需的大量资金,又能将信托制度与有限合伙制有机结合集二者优势于一身,还可以通过结构化等设计进行有效的风险管理,具有显著的比较优势。

目前,国内的法律、法规和规范性文件对信托财产从事股权投资业务并无禁止性规定。但《中国银监会关于支持信托公司创新发展有关问题的通知》明确规定,"信托公司以固有资产从事股权投资业务,不得控制、共同控制或重大影响被投资企业,不得参与被投资企业的日常经营"。因此,本部分涉及的信托介入并购的 PE 信托形式资金来源均为信托财产。

介入并购的 PE 信托模式,从收购主体的角度看,可以分为现有主体型和新设主体型。现有主体型是指以现有的存续公司作为收购实施主体,信托公司主要提供外部支持,信托财产的功能主要为融资,信托资金的运用方式为贷款。同前面资金信托部分提到的信托公司参与型类似,现有主体型适合收购方综合实力较强、交易方式较简单、收购对价较小的并购项目。新设主体型是由信托公司或与有限合伙企业、收购方等合作设立 SPV,由 SPV 完成并购项目。新设主体型主要适合资金量大、后期运作复杂的项目,有利于信托公司在全链条上把控并购项目。前面提到过,并购信托的运作可以分为五个阶段:融资、投资、增值管理、退出以及收益分配。与其他介入形式相比,新设主体型 PE 信托在项目资源整合、后期运营管理以及退出渠道控制等方面的把控力最强,在增值管理方面最具优势。信托介入 PE 形式的并购,其角色多为财务投资者或战略投资者,收购的目的是获得企业增值收益。因此,相对来讲,新设主体型更受青睐,平安信托旗下平安创新资本的成功便是如此。

现有主体型中的 FOT 模式（信托与有限合伙的结合——Fund of Trust）在股权投资领域已被成熟运用，即信托计划作为有限合伙人，收购方与信托公司组建的有限责任公司作为普通合伙人。新设主体型中信托公司与收购方合作成立合作方主导的 SPV 这一形式与前面提到的贷款信托变通形式类似，主要是为促进收购方进行的资源整合而进行的产业并购融资。

另外，PE 子公司以及基金子公司也可作为并购业务实施的 SPV。

早在 2011 年 6 月，银监会曾明确表示，"鉴于多家公司申请设立 PE 投资专业管理公司，银监会非银部正在拟定《信托公司设立 PE 子公司设立操作指引》，明确信托公司将通过设立 PE 子公司开展 PE 业务"。截至目前，已有多家信托公司设立自己的 PE 子公司，包括中信信托旗下的中信聚信（北京）资本管理有限公司和中信锦绣资本管理有限责任公司，杭州工商信托旗下的浙江蓝桂资产管理有限公司和摩根士丹利（中国）股权投资管理有限公司，平安信托旗下的平安创新资本投资有限公司，兴业信托旗下的兴业国信资产管理公司等。

3.4.2.4 证券投资信托

介入并购的证券投资信托是指信托公司将信托资金投资于公开发行并在交易所公开交易的证券，进而达到并购的目的，主要包括协议收购、要约收购、间接收购、反向收购等形式。

3.4.2.5 特殊形式

如 MBO、员工持股计划、委托收购等的信托模式。

3.4.2.6 财务顾问

财务顾问是指信托作为中介介入并购过程，提供方案设计、交易估值、过桥融资、协助进行资产重组等并购相关专业服务，类似银行或券商提供的财务顾问服务。

3.5 民营上市公司实际控制人的年龄分布与家族信托

通过 Wind 数据库统计沪深 A 股 1561 家（少数公司实际控制人具体信息不可查未统计）民营上市公司实际控制人的年龄，同时存在多位实际控制人的以董事长职务、持股比例最大等条件为准。统计结果如表 8 所示。

表8   民营上市公司实际控制人年龄分布

年龄分布	人数（人）	占比（%）
30 岁以下	2	0.1
30～50 岁	488	31
50～60 岁	759	49
60 岁以上	312	19.9

数据来源：根据万德（Wind）数据库整理。

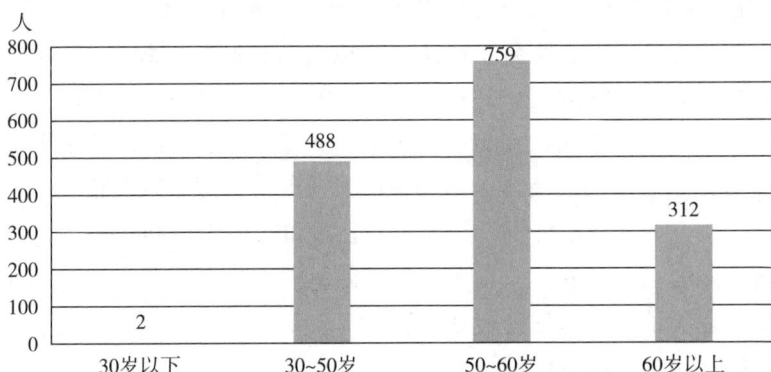

图18   民营上市公司实际控制人年龄分布

由年龄分布的柱状图（见图18）可以直观形象地分析出，目前我国A股市场民营上市公司实际控制人的年龄主要分布在 50～60 岁，60 岁以上的数目也不少，300 多人，这些公司多数存在实际控制人子女的继承问题。普华永道 2016 年公布的"2016 年全球家族企业调查报告"发现，内地与香港仅有 10% 的家族企业准备了健全的传承规划，低于全球 15% 的水平，大部分家族企业对于传承计划依旧茫然。

目前我国境内民营上市公司设立家族信托的案例非常少见，主要是因为法律和政策上的难点和不确定性，而境外上市公司设立家族信托模式和路径都已经十分成熟。通过公开信息，我们发现根据深圳英飞拓科技股份有限公司（以下简称英飞拓）发布的 2015—009 号公告（以下简称公告），英飞拓实际控制人刘肇怀先生对其持有的英飞拓公司股东 JHL INFINITE LLC 的部分股权设立了家族信托，这是我国上市公司实际控制人对其所持有股权进行家族信托安排的首例。根据公告内容，在 2015 年 2 月 6 日前，刘肇怀共持有公司 70.26% 的股份，其中直接持股

34.76%，通过其在美国 100% 持股的 JHL INFINITE LLC，间接持股 35.5%。

根据公告，刘肇怀先生将其名下持有的部分 JHL INFINITE LLC 的股权设立了家族信托，其中：刘肇怀先生将 JHL INFINITE LLC 的 10% 股权设立 JZ LIU 家族信托（#D）；将 JHL INFINITE LLC 的 20% 股权设立 JZ LIU 家族信托（#1）。设立信托后，英飞拓的持股结构变更如下（见图 19）：

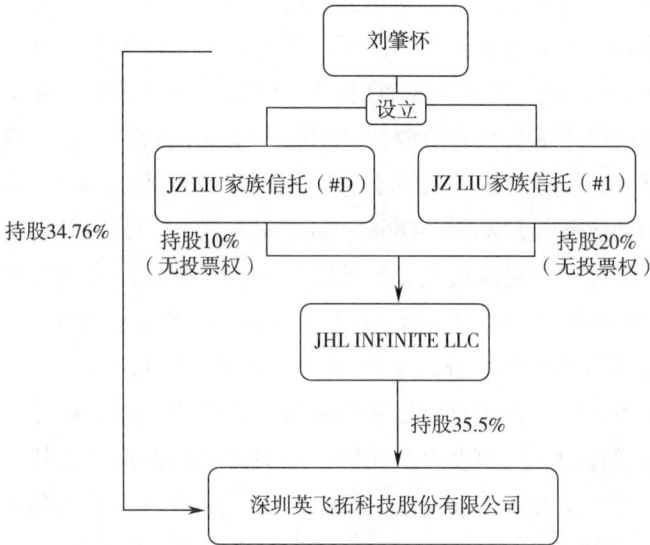

图 19　家族信托持股示意

刘肇怀先生设立两个家族信托后，作为信托财产的股权所对应的投票权并没有转移，因此刘肇怀先生虽持有 JHL INFINITE LLC 70% 的股权，但却享有 100% 的投票权，因此设立家族信托的行为并未导致英飞拓改变实际控制人。

4　美国信托公司及其参与资本市场情况

4.1　美国信托业的发展简史

美国金融信托业发展开始于 19 世纪 30 年代，纽约州率先允许保险公司兼营信托业务成为美国信托业的先导，美国纽约农业火险与放款公司

（后更名为纽约农业放款信托公司）被称为美国信托公司的鼻祖，其后宾州和俄亥俄等州相继跟进，宾州州立人寿保险公司、俄亥俄人寿保险与信托公司、纽约人寿保险与信托公司、北美信托及保险公司等先后经营信托业务，通过其不断创新快速发展，开创出了一个以公司组织形式、以营利为目的的占主导地位的商业信托模式，很快超过了信托业发源地——老牌传统的英国。

1853 年，在纽约成立了美国联邦信托公司，这是美国历史上第一家专门的信托公司，其业务比起兼营信托业务有了进一步的扩大和深化，在美国信托业发展历程中具有里程碑的意义。1865 年美国内战结束后，为了适应战后重建的经济需要，政府放宽了对信托公司的管制，一方面便利了信托公司的设立，使信托公司数量迅速增加，资产迅速壮大；另一方面扩展了信托公司的业务经营范围。1868 年罗德岛医院信托公司获准可以兼营一般银行业务，标志着美国信托业发展历程中信托公司既主营信托业务又兼营银行业务的开始。

1913 年美国国会和联邦政府批准《联邦储备银行法》，允许国民银行兼营信托业务，后来各州政府批准州银行也被准许开办信托业务。其主要的方式有通过在银行内部设立信托部、或者将银行改组成信托公司、或者银行购买信托公司股票间接控制信托公司等。到 1924 年全美信托公司达到2562 个，资产超过 132 亿美元。进入 20 世纪 30 年代，信托公司数量由于大危机和"罗斯福新政"的影响有一定减少，但是信托资产在美国金融资产中的占比却不降反升，到 1932 年，全美信托公司数量只占银行数量的6%，而信托资产总额却占金融总资产的 23%。

第二次世界大战以后，美国政府加大了国家干预调节经济的力度，随着美国经济的快速增长，信托业获得更好的发展环境和开拓空间，包括公司债券信托、职工持股信托、企业偿付性利润分配信托、退休和养老基金信托等多种新的业务、新的方式层出不穷，信托资产的规模迅速扩大。1980 年同 1970 年相比，美国商业银行的信托财产从 2885 亿美元增加到 5712 亿美元，翻了一番，占商业银行总资产的比重则分别为 41%和 57%。

到了 20 世纪 90 年代，随着对 20 世纪 30 年代中期以来建立起来的社会保障体系特别是《雇员退休收入保障法》的进一步完善，美国养老金和退休金信托获得了长足的发展。养老金占 GNP 的比例不断提高，从 1960 年的 4% 上升到 1990 年的 8.8%。1990 年私人和各级政府设立的养老基金持有资产约为 3 万亿美元，超过保险公司持有资产 2 万亿美元的规模。信托基金资产也从 1980 年的 400 多亿美元增加到 1990 年的 2149 亿美元。退休和养老基金成为美国广大企业雇员把短期收入进行长期投资的主要渠道，因此，美国社会由投资专家信托理财就像律师打官司、法官审案一样，观念已经深入人心，这也是促使美国资本市场发展的一个重要因素。

4.2 美国信托业的现状

当前，美国的信托业在保留其原有业务模式的情况下，其发展呈现出以下特点：

（1）允许信托业同时兼营银行业务，银行也可以同时兼营信托业务。美国信托业通过该种方式，实现了一个企业可以同时经营银行与信托业务，但是，对其进行监管的时候，监管体系是不同的。

（2）私人信托是美国信托业的主要组成部分，同时也兼顾法人信托。

（3）美国信托业的财产集中化趋势显著。美国信托业基本上已被本国大商业银行所设立的信托部所垄断，社会信托财产大都集中在大银行手中。

随着时代的发展，美国的信托业创新发展环境在发生着深刻的变革，信托业务正在向更专业、覆盖面更广以及专业化程度更高的方向发展。其发展趋势可以概括为图 20。

从图 20 中可以发现，随着人均财富的增加以及互联网的发展，美国的信托业也朝着更广阔的方向发展。信托地位的提升、职能的多元化，需要相关法律基础的变革加以配合。财富的日益增长，引致了对信托产品多样化需求的增加。随着互联网以及电子化交易的不断发展，信托业务已经向着国际化、专业化以及商业化的角度发展。而养老金信托的发展使整体的信托业更加健全，资金也更多。在"大资管"的时代背景下，美国信托业的产品更加丰富，和其他金融行业的联系也愈加紧密，信托业通过不断借鉴其他金融行业的发展模式以扩充自身的业务规模和业务种类。

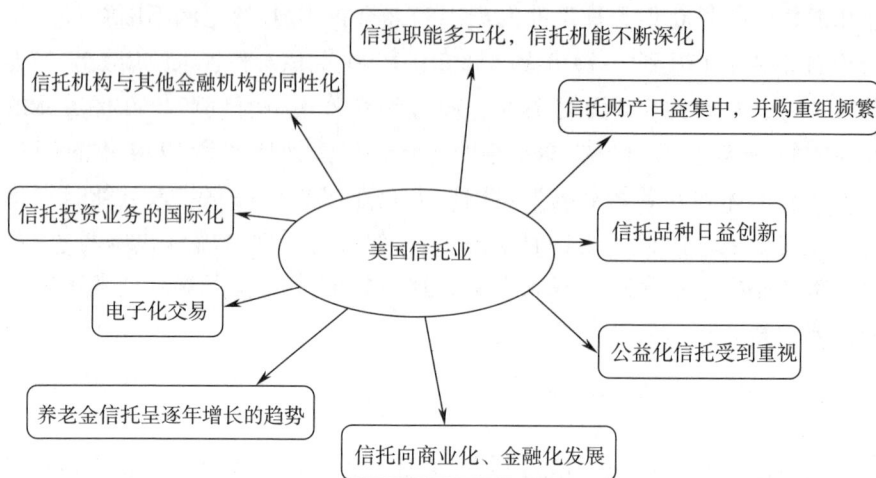

图 20 美国信托业的发展趋势

4.3 美国信托资产状况

4.3.1 美国信托业规模

4.3.1.1 美国信托机构规模

截至 2016 年末，美国经营信托业务的机构数量为 1343 家（不包括非储蓄性信托公司），其中商业银行有 1236 家、储贷机构有 107 家。如图 21 所示，美国信托机构中商业银行占绝对主导地位，经营信托业务的储贷机构稳定在 120 家以下。总体上，美国信托机构数量呈缓慢下降的趋势。

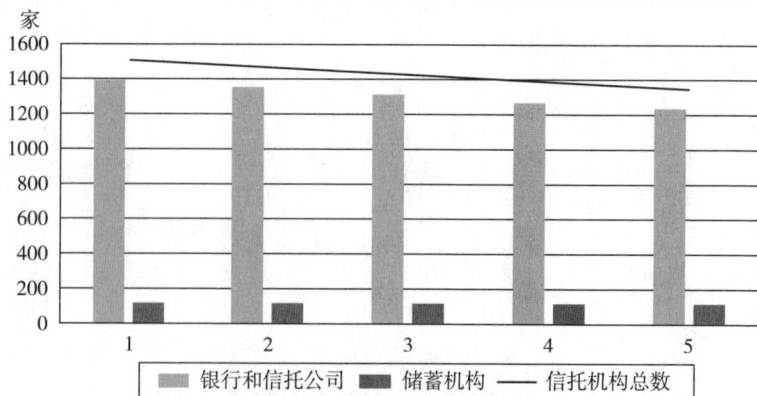

资料来源：FDIC Quarterly。

图 21 2012—2015 年美国信托机构数量变化

4.3.1.2 美国信托资产规模

如图 22 所示，截至 2017 年第三季度末，美国信托机构管理的信托资产约为 19.7 万亿美元。分季度来看，美国信托资金规模波动较大，2014年第一季度达到近几年资金规模最高点，此后信托资产急剧减少。从 2017年开始，信托资产规模重新出现明显的增长，第三季度信托资产环比增长6.25%，同比增长 11.61%。

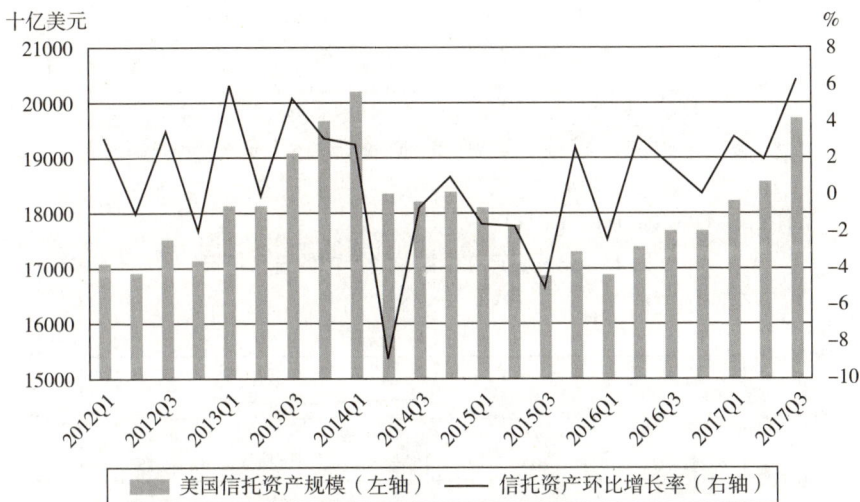

资料来源：FDIC Quarterly。

图 22　美国信托资产规模（2013—2017 年）

从金融业整体角度来看，近年来美国信托资产占金融业总资产比例在19%~24%间波动（见图 23），2014 年第一季度以前，信托资产的增长速度高于金融业总资产增长速度，提升了其在金融领域的比重，此后几年由于信托资产的骤减以及金融总资产的平稳增长，信托资产占比下降并逐渐稳定在约 20% 的水平。

美国信托资产分为主动管理型信托资产和非主动管理信托资产，非管理型信托资产远远多于管理型信托资产。如图 24 所示，2016 年美国信托业主动管理型资产占信托资产的 22.4%，从长期来看，这一比重有缓慢上升的趋势。

4.3.2 美国信托资产结构

4.3.2.1 信托资金来源

从资产来源来看，美国信托资产分为五个账户，分别是个人信托账

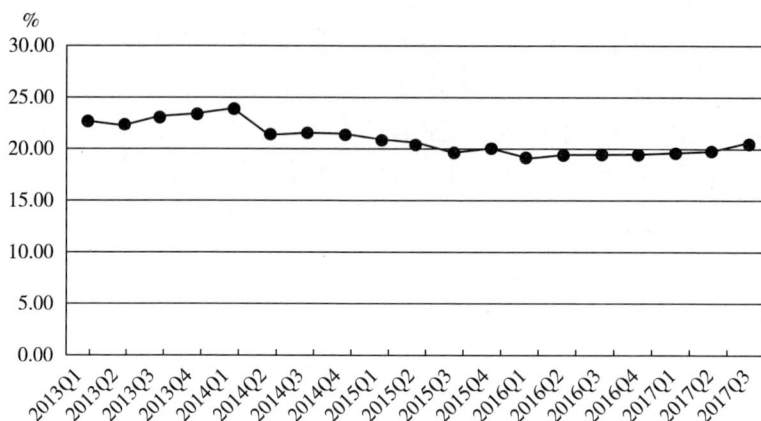

资料来源：FDIC Quarterly，the Fed。

图23 信托资产在金融总资产中的占比情况

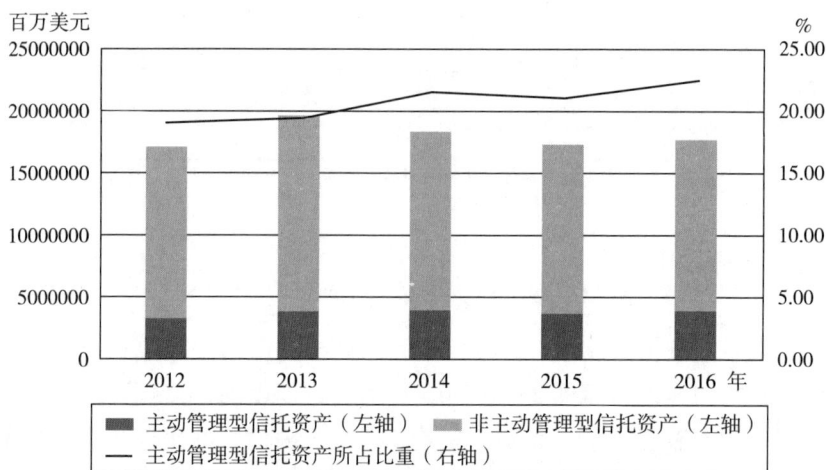

资料来源：FDIC Quarterly。

图24 主动管理与非主动管理的信托资产

户、养老金账户、公司信托账户、投资机构账户和其他账户。图25显示，机构客户资金是信托资产的主要来源，其中养老金资产长期占据主要地位，虽然从2014年开始比重下降，但所占份额仍然超过50%。投资机构信托账户与其他账户所占比重有所上升，但并不明显。从整体结构上看，各类信托账户占比变化不大，总体结构趋于平稳化发展。

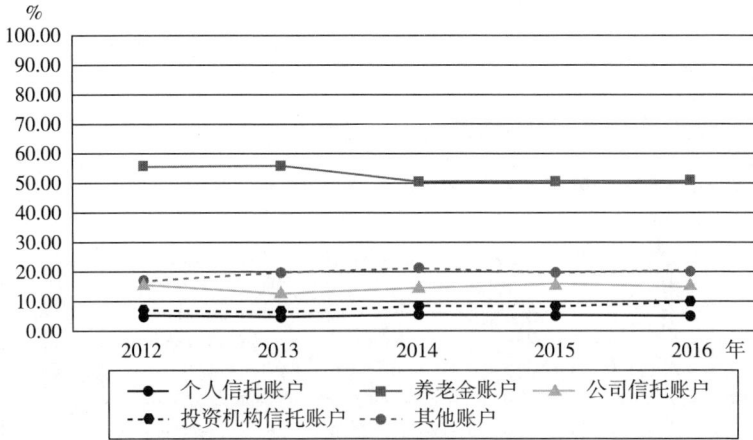

资料来源：FDIC Quarterly。

图 25　信托资产来源变化趋势

从图 26 可以看出，2016 年，美国信托机构管理的信托资产约 17.6 万亿美元，单一账户的养老金资产占信托资产的 50.72%，包括固定缴款账户养老金、固定收益账户养老以及其他养老金三类。在信托公司主动管理的信托资产中，养老金资产也占据较大规模。2016 年美国信托公司进行主动管理的信托资产约为 4 万亿美元，其中以单一账户存在的养老金规模为 1.4 万亿美元。

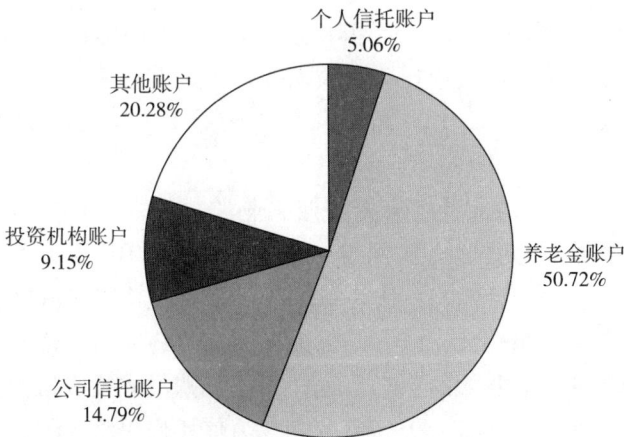

资料来源：FDIC Quarterly。

图 26　美国信托资产来源结构

4.3.2.2 信托资金配置

在信托机构主动管理的信托资产中,有价证券是主要投向,特别是股票投资占比超过70%,而债券投资在剩余信托资产中也占据较大比重。总体上看,近几年信托机构主动管理的信托资产配置结构稳定,并无明显变化(见图27)。

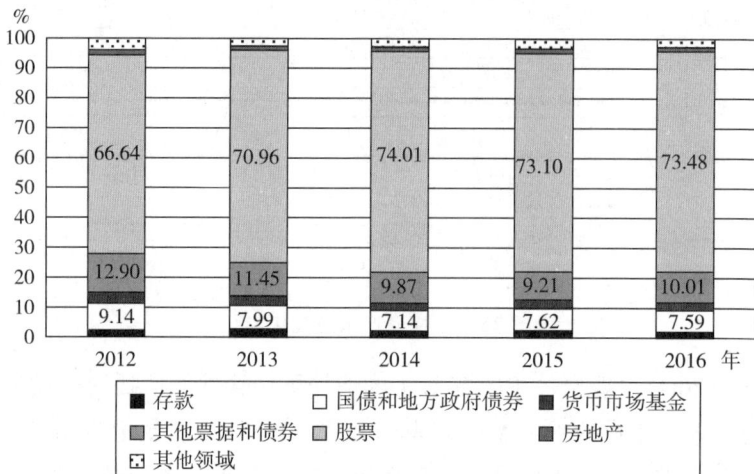

资料来源:FDIC Quarterly。

图27 美国主动管理型信托资产投向

4.3.3 信托及相关业务收入

从图28可以看出,2008年国际金融危机对美国信托业务收入与利润都造成不小的冲击,随后信托业务收入保持稳定的增速逐步升高,但信托业务利润却逐年下降,2012—2015年处于较低水平,直到2016年才开始出现增长的趋势。

从图29收入结构来看,信托及相关业务收入主要来自信托托管手续费,投资机构账户也占较大比例。如图29所示,2016年美国信托及相关业务收入中,托管资产账户占比为40.1%,投资机构账户占比23.3%。虽然托管资产收入比重较大,但信托机构托管资产约为信托资产的5倍,带来的收入仅为业务总收入的40%。而个人信托账户和投资机构账户在信托资产中分别占比为5.06%、9.15%,却成为信托账户收入的主要来源。特别是投资机构账户,其在收入中的比重增长相对明显,从2012年的18.7%上升到2016年的23.3%(见图30)。

百万美元

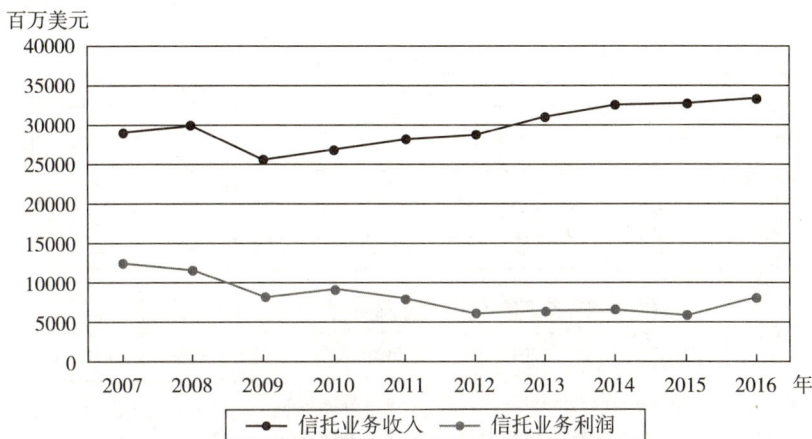

资料来源：FDIC Quarterly。

图 28　美国信托及相关业务收入情况

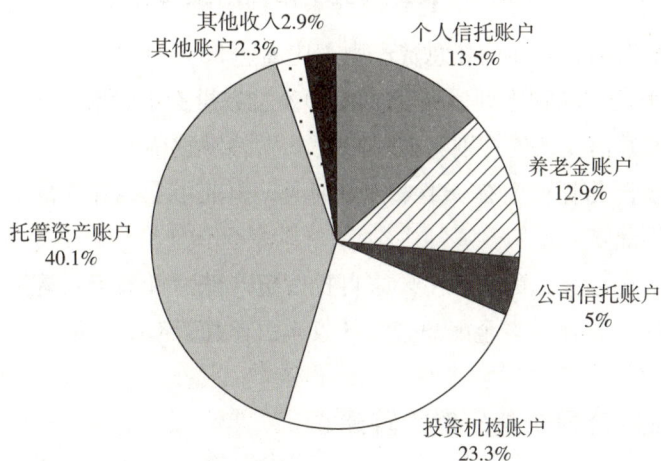

资料来源：FDIC Quarterly。

图 29　美国信托业务收入结构

4.4　美国信托业发展的几点结论

（1）美国信托与商业银行是混业经营，通常是商业银行的信托部在做信托业务。

（2）美国信托资产占全部金融资产的 20% 左右，其中非主动管理型信

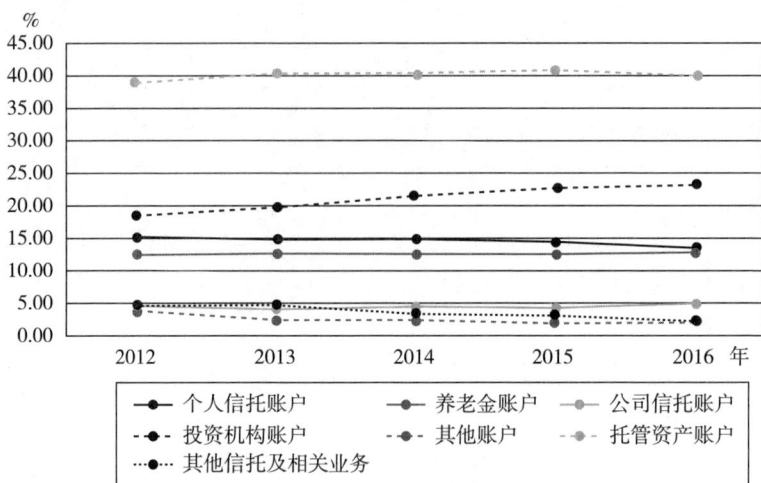

资料来源：FDIC Quarterly。

图30 美国信托收入结构变化趋势

托资产占绝大部分，在信托总资产中占比高达80%左右。

（3）美国主动管理型信托资金的70%左右投资于股票市场，股票市场对主动管理型信托来说特别重要。

（4）美国信托资金有一半来自养老金，由此可见，养老金对美国信托业来说至关重要。

（5）美国信托业的收入主要来自托管资产账户和投资机构账户，两者合计超过60%，而养老金账户带来的收入占比却只有13%。

5 信托公司未来应对策略建议

5.1 彻底转变观念，深刻认识信托业面临的大变革、大转型

2018年，是信托业大变革、大转型的元年，任何信托行业的从业者都必须对此有充分深刻的认识。具体而言，推动信托业变革和转型的因素是资管业务进入了"六大时代"：

第一，资管新规的出台表明资管业务真正进入了"泛资管""大资管"时代。信托、银行、保险、基金在资管业务上进入了统一监管、各有优势

的全面竞争时代。

第二，去嵌套、降杠杆、穿透式，资管业务进入了强监管时代。以前那种打政策擦边球，躺着都可以赚钱的时代一去不复返，能否在强监管时代生存下来是信托公司面临的真正考验。

第三，去通道、净值化，资管业务进入了主动管理时代，传统的被动式、通道式盈利模式将难以维持，信托公司必须对资金、投资、风险等进行主动配置、主动管理。

第四，高净值客户结构发生剧变，2009年70%是企业家一代，而2017年该比例降到40%，"富二代""职业金领"比例大幅上升，资管业务进入了新生时代，其特点就是面临的客户群更年轻、更挑剔、更偏好管理财富（而不是创造财富），这对信托公司的客户开发、维护、管理提出了更高要求。

第五，互联网和AI技术大发展，资管业务进入了智能时代，智能投顾、智能理财、程序化交易、大数据都已经对金融业产生了巨大影响，信托公司必须学习、跟上、利用这些新兴技术，否则就可能被时代抛弃。

第六，随着A股正式"入摩"（纳入MSCI新兴市场指数），这标志着中国资本市场进入了真正与国际接轨的时代，资产管理也应该具有更大的国际化、全球化的视野，因此，资管业务进入了全球化资产配置时代。

5.2 信托公司要大力培养、引进适应"六大时代"的人才

毫无疑问，信托公司要在大变革、大转型的时代生存下来，而且还要进一步发展壮大，那么，最重要的实质性要素就是优秀人才，即使是"人工智能"，也必须是先有人再有智能！

基于数据的可获得性，本文选择渤海信托、重庆信托、国元信托、昆仑信托、陕国投和百瑞信托六家信托公司数据来分析其现有的人才结构。平均来看，每家信托公司的员工人数是226人，30岁以下人员占比为30%，30~40岁的人员占比为43%，40岁以上的占比为27%，从年龄结构来看基本符合正态分布，大部分人员分布在30~40岁；从学历结构来看，硕士占51%，本科占41%，博士只有3%，专科及其他占4.5%，大部分都是本科和硕士生，两者合计超过90%。总体来看，信托业的员工偏年轻，平均学历较高，这有利于他们吸收新知识，但由于"六大时代"给

信托业带来的影响太大，因此，仍然必须加强对员工的再培训，同时引进一些领军人物，这样就能使信托公司能够更快地进行变革和转型。

5.3 信托公司应根据自己的能力、资源禀赋选择适合自己的转型之路

随着通道业务的衰落，信托公司既面临着寻找资金、寻找客户的压力，也面临着投资管理、风险控制的压力，显然，不是每个信托公司都只有一条路，事实上，我们认为未来信托公司的业务方向无非三个：一是财富管理；二是资产管理；三是私募投行。信托公司也会逐渐分化为两类：一类是全能型综合金融服务提供商，财富管理、资产管理、私募投行的业务都可以做得很好，并且可以把三块业务整合起来为客户提供综合性的金融服务；另一类是专业型细分领域金融服务提供商，即专注于某一个方向、某一类群体、某一两个细分行业，针对特定客户提供某个细分领域的专业服务。

5.4 信托公司要充分研究好、利用好资本市场

未来中国金融市场的核心肯定是资本市场。对信托公司来说，一方面，资本市场提供了大量的客户资源：企业家、职业金领、富二代、投资者等高净值人群有极强的财富传承、管理需求，上市公司定增、并购、重组、股权激励等需要信托服务；另一方面，资本市场提供了投资所需的产品和风险管理工具：股票、债券、可转债、可交换债券、股权质押、基金、期货、期权等流动性强的产品，程序化交易、对冲交易等多样化的投资策略，跨市场、全球化的资产配置。为此，信托公司可以在符合监管新规的前提下继续做好合规的信托产品，也可根据资本市场特点开发一些新的信托计划，比如员工持股信托、家族信托、慈善信托、绿色信托、增持信托计划、定增信托计划、并购信托计划、全球化配置信托计划等。

参考文献

[1] 陈众，李爽. 泛资产管理框架下信托公司介入并购的模式研究 [J]. 现代管理科学，2015（11）：36-38.

［2］陈思翀. 中国信托业：特征、风险与监管［J］. 国际经济评论，2013（3）：103 - 111.

［3］顾海峰，刘丹丹. 中国信托公司风险运营效率评级体系及实证研究——来自信托业 68 家机构的经验证据［J］. 当代经济科学，2015（2）：27 - 36.

［4］韩良. 离岸股权信托的设立与治理［J］. 清华金融评论，2015（5）：103 - 106.

［5］李宇. 商业信托委托人的法律地位［J］. 法学论坛，2012（5）：121 - 127.

［6］刘博研，韩立岩. 信托公司股权投资业务现状及发展方向［J］. 债券，2015（7）：39 - 42.

［7］吕长江，严明珠，郑慧莲，许静静. 为什么上市公司选择股权激励计划？［J］. 会计研究，2011（1）：68 - 75.

［8］王玉国. 新经济与信托业转型：新常态下的转型方向及建议［J］. 当代金融家，2016（1）：76 - 78.

［9］王涌. 论信托法与物权法的关系——信托法在民法法系中的问题［J］. 北京大学学报（哲学社会科学版），2008（6）：93 - 101.

［10］王建军，燕翀，张时飞. 慈善信托法律制度运行机理及其在我国发展的障碍［J］. 全球法律评论，2011（4）：108 - 117.

［11］袁吉伟. 信托项目风险成因与处置方法研究——基于 26 个信托风险事件［J］. 金融发展研究，2013（9）：53 - 59.

［12］张楠，许学军. 我国信托业的发展现状与转型问题研究［J］. 金融经济，2013（18）：86 - 89.

［13］张淳. 信托财产独立性的法理［J］. 社会科学，2011（3）：102 - 111.

［14］赵磊. 信托受托人的角色定位及其制度实现［J］. 中国法学，2013（4）：74 - 86.

［15］朱圆. 论信托的性质与我国信托法的属性定位［J］. 中外法学，2015（5）：1215 - 1232.

［16］谭军. "大资管"时代信托业创新发展的国际比较研究［D］. 长春：东北师范大学博士学位论文，2015.

［17］Ambrose, B. , and Linneman, P. REIT Organizational Structure and Operating Characteristics ［J］. Journal of Real Estate Research, 2001 （21）: 141 – 162.

［18］ Bell, J. A Study in the Early Methods of Taxation of Trust Companies ［J］. Steel Research International, 2015 （14）: 199 – 206.

［19］ Bertolis, D., and Hayes, M. An Investigation into South African General Equity Unit Trust Performance during Different Economic Periods ［J］. South African Actuarial Journal, 2014 （14）: 73 – 100.

［20］ Chourou, L., Abaoubb, E., Saadi, S. The Economic Determinants of CEO Stock Option Compensation ［J］. Journal of Multinational Financial Management, 2008 （18）: 61 – 77.

［21］ Fletcher, J., and Marshall, A. Evaluating U. K. Investment Trust Performance Using No Arbitrage Bounds ［J］. Advances in Investment Analysis and Portfolio Management, 2016 （7）: 9 – 41.

［22］ Hardin III, W., and Wu, Z. Banking Relationships and REIT Capital Structure ［J］. Real Estate Economics, 2010 （38）: 257 – 284.

［23］ Low, S., and Anwar, J. Risk – Adjusted Performance of Malaysian Real Estate Investment Trust Funds ［J］. Jurnal Pengurusan, 2014 （41）: 3 – 11.

［24］ Masahiko, E., and Kaoru, H. Securitization, Asset Risk, and Capital Market Valuation: Evidence from Japanese Real Estate Investment Trusts. REITI Discussion Paper Series, 2016.

［25］ Radcliffe, R., Brueggeman, W., and Ennis, D. Abstract—The Risk – Return Performance of Real Estate Investment Trusts ［J］. The Journal of Financial and Quantitative Analysis, 1974, 9 （5）: 769 – 769.

［26］ Rogers, P., and Ribeiro, K. Real Estate Investment Trusts Performance: Brazil versus United States ［J］. Business and Management Review, 2015 （6）: 439 – 453.

［27］ Tzioumis, K. Why do Firms Adopt CEO Stock Options? Evidence from the United States ［J］. Journal of Economic Behavior and Organization, 2008 （68）: 100 – 111.

互联网金融在信托业中的应用研究[*]

摘要： 财富管理是所有传统金融机构转型发展的方向，经过十多年的发展，已成为整个金融体系中各类金融机构和金融市场转型的重点。2012年以来，我国推出券商、保险、基金等行业的资产管理新政，形成了自上而下的行业放松管制和自下而上的探索突破相结合的发展态势，金融市场的发展进入了进一步的竞争、创新以及混业经营的"大资管"时代。

信托作为一种行之有效的融资渠道和收益较高的投资产品，越来越受到关注，投资的人群也越来越广泛。近年来，我国信托业发展迅猛，在金融子行业中已位居第二，仅次于银行业。然而，我国信托公司实际上很少开展信托本源业务，并且业务结构呈现产品趋同性，大多数仅仅开展几个特定领域的信托业务，出现明显的"创新惰性"，缺乏核心竞争优势。与此同时，我国经济发展和监管思路正在发生深刻的变化，信托业应回归本源，面临着诸多挑战和转型要求。相比之下，在"大资管"时代，竞争、创新、混业经营的特征更加明显，许多过去由信托业独享的领域，将面临其他金融机构的激烈竞争，其转型升级挑战要远远大于其他金融行业。在信托业转型发展的重要时刻，互联网金融的兴起提供了崭新的技术支撑和创新思路。

本文基于互联网金融和信托业的金融理论，从理论分析着手，以信托业转型、互联网金融发展为特定背景，研究信托业如何吸收借助互联网金融开展业务创新，实现跨越式发展。为此，我们对信托行业相关的金融理论进行了较为系统的梳理和归纳，同时，考察了中国信托业的互联网金融实践，分析了中国互联网金融与传统信托的共生关系，结合2014年第一季度至2017年第三季度的相关数据，在 Logistic 增长模型的框架下，分别选取代表性的互联网金融与传统信托业作为样本，对互联网金融与传统信托

---

* 课题研究单位：西南财经大学中国金融研究中心；课题组负责人：程均丽；课题组成员：张成、王爽、丁浩、梁丰、冯晓菲、刘枭。

的共生性进行了实证检验，由此发现，我国信托业与互联网金融具有较强的共生性。此外，我们以对互联网金融平台、互补及生态三大属性的分析为基础，探讨了信托业借鉴吸收互联网金融创新业务模式和产品升级，优化业务流程和内部管理，并指出，信托业在加强应用互联网金融的同时应注重防范系统性金融风险。

具体来看，本文的主要内容包括：

（1）信托行业应用互联网金融，需要信托金融理论研究的支撑和强化。互联网金融与信托业在经营管理模式、投融资对象规模、基础资产构成、风险及控制等各方面，存在相当程度的差异。信托公司作为传统的金融中介机构，需要大力应用信息技术进步和互联网金融发展的最新成果，降低交易成本和信息不对称，推进金融产品和服务的创新，为客户降低参与成本，实现价值创造，以进一步强化金融中介的职能，提升其作为金融中介在整个金融体系中的地位。

（2）互联网金融具有平台、互补和生态三大属性。互联网金融平台，其海量的客户与信息，是进行产品与服务创新的基础，也是在信息、数据、产品、服务、渠道等方面对接多种金融业务的通道、手段和工具，这便是互联网金融的平台属性。互联网金融并未改变金融本质，虽带来冲击但不会整体取代传统金融，两者各有相对优势，是互补促进关系。互联网金融的生态属性指各类金融要素在不同平台上繁衍成互为依存的生态，与法律、政策、法规以及宏观经济、产业基础共同构成的互联网金融运行的生态环境。

（3）实证分析表明，当前我国互联网金融与传统信托业之间处于非对称正向共生模式，尚未达到最优的对称性共生模式。由于互联网金融已成为我国金融体系的重要组成部分，互联网金融与传统信托呈现互补与竞争并存的关系，未来可从共生环境、共生单元及共生模式三个方面，进一步做好我国互联网金融与传统信托的共生发展。

（4）近年来，信托公司主要通过互联网消费信托、基于互联网理财平台的信托受益权质押融资和信托拆分等模式对信托模式进行改进创新，最大化地利用互联网"流量为王"的特性，既有信托公司自建初具形态的互联网金融平台，也有依托丰富交易场景和特殊交易结构设计规避合规风险的消费信托平台，或与第三方理财平台开展信托受益权质押方式而流转存量信托。

（5）信托公司利用互联网金融手段也加大了现有品种的改进以及创新业务品种的探索力度。借助互联网金融对现有产品进行升级，实现线上线下互动；开展中小企业及供应链信托和土地流转信托，以"理财＋消费"模式运作的养老消费信托，生鲜消费信托、公益类信托；信托公司与P2P平台进行合作，由P2P平台提供融资担保融资模式，或代销信托产品；借助消费众筹，切入信托的众筹模式。与传统金融高昂的投资者门槛相比，互联网金融实现了小额化、分散化的投资路径，为普惠金融创造更大的可能性，信托公司依托于互联网金融，也将实现更多可能的业务创新。

（6）互联网金融的发展在技术上为信托公司创新解决了大量的难题，如对创新设计中的营销、风控、运营等的考核，以及在实际运营过程中的管控，均可以通过大数据、精准营销、流程管控等多种方式加以实施，而且互联网金融本身带来了信托业务常规运营模式的转变，这些都为信托公司的创新提供了技术支持。可见，互联网金融为信托公司迎来了历史性的发展机遇。

需要指出的是，从实践来看，各类产品、业务和平台创新有成有败。信托拆分是备受合规争议的互联网信托业务，容易触及法律红线。由于监管趋严，信托产品模式创新在信托法律和风控制度下具有较大的困难。在信托的类私募性质下，有一些政策上的红线始终难以突破，互联网消费信托产品由于市场接受度、合规性、业务逻辑和盈利能力等多方面的先天缺陷，尚未能形成持续、成熟的商业模式。由于信托的私募属性天然与互联网的开放性相悖，同时受制于现有监管体系，目前除了互联网直销，其他形式的互联网信托均表现为"点"状的创新，尚未形成大面积推广的业务模式。信托门槛高、期限长、流动性较弱的特点与普惠金融的发展趋势似乎相悖，因此信托业借鉴互联网金融，将是未来信托行业变革的重要方向，但始终需要坚持合格投资人标准，注意和防范风险。

本文主要的可能创新在于：

（1）互联网金融模式下的信息处理，通过组织和标准化，最终形成时间连续、动态变化的信息序列，这使得运用理论上新近研发的资产配置工具和理念成为可能。本文归纳、总结和提炼信托业与互联网融合发展的最新理论与实践进展，为信托业利用和发展互联网金融提供了较为前沿的理论和实务参考。

（2）互联网金融的本质是去中介化。本文从现实出发，在操作意义上，将互联网金融划分为三重属性：平台、互补和生态，它们从初级到高级，从简单到复杂，层层递进，并从这三重属性展开对互联网金融在信托业应用的详细深入分析，提供较为明确的操作建议。

（3）对我国互联网金融与传统信托业的共生关系进行了实证检验，发现它们当前处于非对称正向共生模式，尚未达到最优的对称性共生模式。因此，未来可从共生环境、共生单元及共生模式三个方面，进一步做好我国互联网金融与传统信托业的共生发展。

关键词：信托资产管理　互联网金融　互联网信托共生关系

1　绪论

自 1991 年中国出现第一只公募基金产品、2004 年推出首只银行理财产品以来，资产管理业务快速发展，规模不断攀升，对促进直接融资市场发展、拓宽居民投资渠道、改进金融机构经营模式、支持实体经济融资需求发挥了积极作用。2012 年下半年以来，证券、基金、期货、保险等机构的资产管理业务快速发展，各类机构之间的跨行业资产管理合作日益密切，中国步入"大资管"时代。可以说，资产管理业务有效连通了投资与融资，其迅速发展是居民、企业、金融机构的共同需求。

2017 年 7 月 25 日，中国人民银行发布《中国金融稳定报告（2017）》，以专题的形式对资产管理行业的业务类型、主要合作模式、存在问题，以及未来规范发展的方向作了详细论述。根据该报告，资产管理业务"是指机构接受投资者委托，对受托的投资者财产进行投资和管理的金融服务，资产管理机构为委托人利益履行勤勉尽责义务并收取相应的管理费用，委托人自担投资风险并获得收益"。就信托公司而言，它们接受委托人的委托，发行信托计划，为受益人的利益或特定目的，管理和经营委托货币资金，其业务类型主要包括单一信托、集合信托和伞形信托。

互联网金融的实践始于 1995 年美国"安全第一网络银行"的成立，随后相关的理论研究逐渐展开，而近年来，银行、证券等传统金融实践领域如火如荼，它在理论上业已成为一个重要的研究方向。

1.1 选题背景及研究意义

1.1.1 选题背景

1.1.1.1 "大资管"与"统一监管"新时代

财富管理是所有传统金融机构转型发展的方向。财富管理业务经过十多年发展，已不仅是单纯的金融业务或中间业务，而是整个金融体系中各类金融机构和金融市场转型的方向或功能重新定位的要点。

信托作为一种行之有效的融资渠道和收益较高的投资产品，越来越受到关注，投资的人群也越来越广泛。2016 年 11 月 7 日，在"《财经》年会2017：预测与战略"上，证监会副主席李超指出，截至 2016 年 6 月底，各大类资管产品总规模已超 88 万亿元，即便剔除实际运作中各金融机构部分资管产品互相借用"通道"、产品互相嵌套、交叉持有等导致的重复计算因素，我国资管业务规模约为 60 万亿元，大体接近上年度 GDP 总量，其中信托计划以 15.3 万亿元的规模名列第三，仅次于银行理财和基金专户。未来信托业，随着经营范围的不断扩大，中国高净值人群投资的日益多元化，会更加蓬勃地发展。随着中国高净值人士的持续增加，个性化、定制化、综合化的金融服务需求增多，依赖于传统产品的项目导向模式显然已经不适应投资者的需求，这为信托公司创新提供了强大动力。

"大资管"时代来临也为信托公司创新提出更高的要求，同时也促使信托公司加快创新以应对激烈的跨行业竞争。自 2012 年以来，我国推出券商、保险、基金等行业的资产管理新政，形成了自上而下的行业放松管制和自下而上的探索突破相结合的发展态势，金融市场的发展进入了进一步的竞争、创新以及混业经营的"大资管"时代。在"大资管"时代，监管政策放松，资管行业相关限制减少、投资范围扩大、投资门槛降低，竞争、创新、混业经营的特征更加明显。券商的资管业务迅速崛起，基金公司正在全面"信托化"，保险公司正式进军第三方资产管理，银行理财业务投行化等，许多过去信托独享的领域，将面临着其他金融机构的激烈竞争。信托业面临的转型升级挑战要远远大于其他行业。

同样重要的是，我国经济发展和监管思路正在发生深刻变化，信托业面临诸多挑战和转型。当前，我国经济转型发展迈入关键时期，迫切需要金融业引导社会资金流向实体经济，更好地支持经济结构调整和转型升级。为此，2017 年 11 月，中国人民银行、中国银监会等联合发布了《关于规范金融机构资产管理业务的指导意见》，在 2018 年 3 月召开的中央全面深化改革委员会第一次会议上，该"资管新规"获得通过，旨在立足整个资产管理行业，规范金融机构资产管理业务，对资产管理产品类型实行统一监管标准，以最大限度地消除产品多层嵌套的监管套利空间，促进资产管理业务规范发展。因此，过去长时间以来信托机构开展的依托银行而存在的影子银行业务，会回归本源，回归"受人之托，代客理财"的本源，难以再依靠监管套利等方式粗放发展，而以规范、专业的资产管理、财富管理来有效地服务实体经济。

1.1.1.2 互联网金融快速发展

互联网金融被认为是继传统金融中介和资本市场之后的第三种金融模式。谢平和邹传伟（2012）在国内首先研究了互联网金融模式的基础理论。他们提出了互联网金融模式的概念，认为以互联网为代表的现代信息科技，特别是移动支付、社交网络、搜索引擎和云计算等，将对人类金融模式产生颠覆性影响，由此可能出现既不同于商业银行间接融资，也不同于资本市场直接融资的第三种金融融资模式，即"互联网直接融资市场"或"互联网金融模式"。这种新金融模式具有三大支柱：支付、信息处理和资源配置。

近年来，随着互联网"跨界革命"的风潮席卷各大传统领域，金融业也不可避免地被卷入了变革的大潮之中，各类金融科技创新公司加速诞生，中国互联网金融业迎来了巨大的发展机遇。2011 年到 2015 年，我国互联网金融交易规模增长迅猛，增速在 2013 年达到了峰值 223%。截至 2015 年底，中国互联网金融总交易规模超过 12 万亿元，接近 GDP 总量的 20%，互联网金融用户人数超过 5 亿人，居世界第一。

互联网金融，是传统金融行业与互联网技术相结合的新兴领域，将成为信托业转型发展最重要的依托。互联网金融这种新金融模式的出现意味着巨大的机遇，在行业转型的重要时刻，互联网金融的发展理应为信托公司的转型和创新业务的发展提供绝佳的思路和技术支撑。

1.1.2 研究目的和意义

互联网的发展，特别是移动互联网的发展，正在深刻地改变着社会结构、生产经营方式和人们的日常生活，作为第三产业的金融业正经历着与互联网融合加速的趋势。

本文结合信托业务创新，着力于通过对信托业的金融理论及互联网金融的平台、互补和生态三大属性的研究，促进信托创新技术环境的优化，带动信托业务创新，加速创新进程，加快信托公司转型升级的步伐。

信托业是传统金融的一个重要分支，然而，关于该领域与互联网金融相关的独立研究寥寥无几。互联网金融实践的兴起，为信托业的创新、转型带来了巨大的机会。近年来包括信托在内的金融机构纷纷加大了互联网布局。尽管如此，在我国，互联网金融仍然处于起步探索阶段，尤其是信托公司，如何借鉴、融合、发展互联网金融，尚是一个较新的课题。

互联网金融下的信托业务创新不仅是信托公司转型升级的重要抓手，也决定着信托业未来发展的方向和成就，因此，本文无论是对信托公司的经营管理，还是对信托监管政策的出台都有着重要的意义，同时也希望为信托公司业务创新发展提供具体的操作指南。

信托业及互联网金融涉及哪些金融理论，互联网金融的三大属性，信托业如何在业务模式、业务流程及产品创新等方面借鉴融合互联网金融？本文拟对互联网金融与信托业密切相关的这些基础理论和实践问题进行深入研究，以便为"大资管"时代我国信托业的战略性转型升级提供较为全面系统的理论启示和实践参考，具有十分重要的现实意义。

1.2　研究框架与思路

1.2.1　研究框架

本文共分七章，基本结构如下：

第1章，绪论。主要介绍了选题背景、研究目的和意义、整体框架与思路，提出在当前互联网金融发展背景下，我国信托业发展面临的机遇和挑战，并对采用的研究方法和可能的创新进行了阐述。

第2章，文献综述与理论基础。对资产管理理论、当前我国信托业发展现状、信托业借鉴融合互联网金融所涉及的基础理论，以及互联网金融及其在信托业中的应用研究相关的国内外文献进行了梳理、分析及评述，指出互联网金融及其在信托业发展与创新方面研究的不足，信托公司如何应用、发展互联网金融，尚是一个全新的课题。

第3章，我国信托业的发展现状及互联网金融应用实践。在简要分析我国信托业发展现状的基础上，系统地介绍了信托业对互联网金融的应用，将现有实践归纳为三个方面：一是业务模式的改进，具体包括消费依托、第三方互联网理财平台和信托受益权质押；二是现有业务品种的升级，包括现金类产品和证券类产品；三是创新业务品种的探索和实践，包括公益类信托品，土地流转信托和信托的 P2P 模式。

第 4 章，互联网金融的含义、特点与属性。重点阐述了互联网金融的属性，包括平台属性、互补属性和生态属性。其中，互联网金融的平台属性衍生于关系、平台和市场构成的互联网属性。互补属性指传统金融与互联网金融之间存在既竞争又互补的关系。生态属性指互联网的延伸效应使各种金融产品和增值服务可以在平台上自然生长，用户基于一个平台、一个入口可以选择多种产品和配套服务。与此同时，支付、理财、融资、投资这些基础的金融要素，在不同平台上繁衍成互为依存的生态，与法律、政策、法规以及宏观经济、产业基础共同构成互联网金融运行的生态环境。

第 5 章，互联网金融与传统信托业的共生关系。分析了互联网金融与传统信托业的共生关系，并对我国互联网金融与传统信托的共生关系进行了实证检验。

第 6 章，信托业对互联网金融的进一步借鉴与融合。分析了信托业如何对互联网金融进一步借鉴与融合，具体包括三个方面：一是通过信息化创新管理营销方式提升业务创新水平、借鉴互联网平台属性促进转型并构建以信托为核心的互联网金融子生态圈三种渠道转变营销模式提升服务能力；二是通过整合线上线下资源、融合互联网金融互补属性和革新信托产品设计三种渠道来创新业务模式与业务品种；三是通过借鉴互联网金融风险管理模式等途径以创新风险管理模式。

第 7 章，结论和建议。概括总结本文的主要结论，并提出相关建议（见图 1）。

1.2.2 研究思路

本文首先对资产管理、信托及互联网金融等相关理论进行了梳理，并在此基础上阐述了互联网金融的三大属性，同时基于中国信托业的互联网实践分析中国互联网金融与传统信托的共生关系，对互联网金融与传统信托的共生性进行实证分析，探索我国信托业与互联网金融的共生性。根据

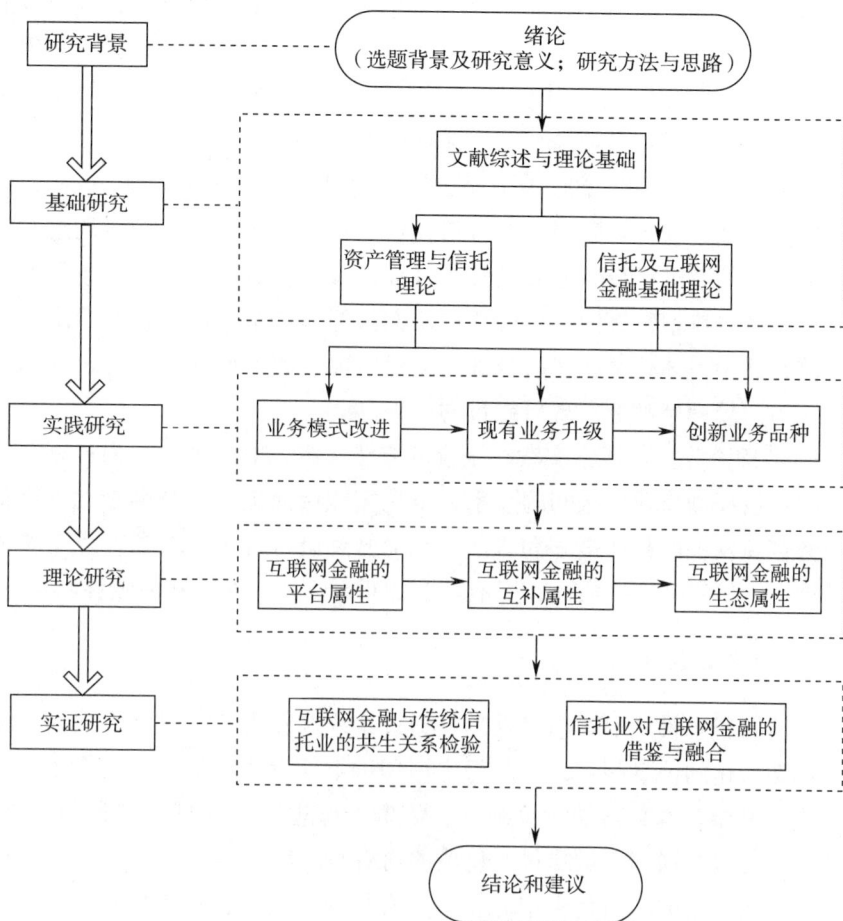

```
┌──────────┐            ╭──────────────────────────────────────────╮
│ 研究背景  │-----------→│              绪论                          │
└──────────┘            │ （选题背景及研究意义；研究方法与思路）      │
    │                   ╰──────────────────────────────────────────╯
    ↓                              │
┌──────────┐            ┌─────────────────────────────────┐
│ 基础研究  │-----------→│        文献综述与理论基础        │
└──────────┘            │         ↓              ↓         │
    │                   │ ┌────────────┐  ┌────────────┐   │
    │                   │ │资产管理与信托│  │信托及互联网 │   │
    │                   │ │   理论      │  │金融基础理论 │   │
    │                   │ └────────────┘  └────────────┘   │
    ↓                   └─────────────────────────────────┘
┌──────────┐            ┌─────────────────────────────────┐
│ 实践研究  │-----------→│ ┌────────┐→┌────────┐→┌────────┐│
└──────────┘            │ │业务模式 │ │现有业务 │ │创新业务 ││
    │                   │ │  改进  │ │  升级  │ │  品种  ││
    │                   │ └────────┘ └────────┘ └────────┘│
    ↓                   └─────────────────────────────────┘
┌──────────┐            ┌─────────────────────────────────┐
│ 理论研究  │-----------→│ ┌────────┐→┌────────┐→┌────────┐│
└──────────┘            │ │互联网金融│ │互联网金融│ │互联网金融││
    │                   │ │的平台属性│ │的互补属性│ │的生态属性││
    │                   │ └────────┘ └────────┘ └────────┘│
    ↓                   └─────────────────────────────────┘
┌──────────┐            ┌─────────────────────────────────┐
│ 实证研究  │-----------→│ ┌──────────┐  ┌──────────┐       │
└──────────┘            │ │互联网金融与│  │信托业对互联││
                        │ │传统信托业的│  │网金融的借鉴││
                        │ │共生关系检验│  │与融合      ││
                        │ └──────────┘  └──────────┘       │
                        └─────────────────────────────────┘
                                   ↓
                        ╭──────────────────────╮
                        │    结论和建议        │
                        ╰──────────────────────╯
```

图 1　研究框架

我国信托业发展现状及面临的创新惰性问题，以及信托业利用互联网金融的应用实践分析其成功与不足，提出信托业借鉴融合互联网金融创新业务模式和产品升级，优化业务流程和内部管理。在强化支持信托业发展利用互联网金融的同时注重防范系统性金融风险，为监管层加强对信托创新业务的监管提供参考和建议。

1.3　研究方法

为了更好地完成研究，本文采用了理论与实践相结合的方法，基于理论研究、案例分析以及理论分析与实践探索相结合的方法展开：

（1）理论研究。基于已有的研究成果，梳理了信托业及互联网金融的主要相关研究，对信托业借鉴融合互联网金融，从金融中介职能、共生理论、双边市场理论以及信息技术对金融创新的影响等方面进行了理论分析，并阐述了互联网金融的平台、互补和生态属性。

（2）案例分析。本文较为全面地收集整理了几年来国内信托机构或者互联网金融企业利用互联网金融对信托业进行创新实践的案例，通过对现有业务模式的改进、现有业务品种的升级以及创新业务品种的探索和实践三个方面诸多典型案例的剖析解读，研究信托业借鉴利用互联网金融的实践思路，从用户体验、法律监管等方面对得失成败的原因进行分析和归纳总结，力图较为精准地实现研究目的。

（3）理论分析与探索实践相结合的方法。本文既从理论层面探索互联网金融与信托创新业务之间的联系，也从实践层面提出互联网金融促进信托业务创新发展的具体措施和方法，从而做到既有理论的视角，也有实践的落地，使研究严谨、实用，具有较强的指导性、针对性和前瞻性。

1.4　主要创新

互联网金融模式下的信息处理，通过组织和标准化，最终形成时间连续、动态变化的信息序列，这使得运用理论上新近研发的资产配置工具和理念成为可能。本文归纳、总结和提炼资产管理与信托理论的最新进展，为信托业发展互联网金融提供有价值的前沿理论参考。

互联网金融的本质是去中介化。本文从现实出发，在操作意义上，将互联网金融划分为三重属性：平台、互补和生态，它们从初级到高级，从简单到复杂，层层递进，并从这三重属性展开对互联网金融在信托业应用的详细深入分析，提供具体的操作建议。

互联网金融与传统信托之间是互补与竞争并存的关系。本文对我国互联网金融与传统信托业的共生关系进行了实证检验，发现它们当前处于非对称正向共生模式，尚未达到最优的对称性共生模式。因此，未来可从共生环境、共生单元及共生模式三个方面，进一步做好我国互联网金融与传统信托业的共生发展。

2 文献综述与理论基础

互联网金融利用现代计算机及通信技术，实现资金融通。信托公司作为传统金融机构开展资产管理业务。互联网金融与传统信托业在投资理财、融资、交易中介等功能上具有高度的关联性和重叠性，在基础金融理论上具有共通性。

2.1 资产管理理论新进展

把握资产管理理论的最新动态，有助于信托业区分自己的竞争对手，形成专业特色，这是互联网金融在信托业中应用的理论基础。

资产管理起源于马科维茨（1952）投资组合选择的均值—方差理论，以及单期的均值—方差有效边界模型。Brinson 等（1986）论证了投资回报的主要贡献来自投资决策，此后，一些研究专注于动态均值—方差的投资组合选择问题。

资产管理包括定向资产管理、集合资产管理和专项资产管理理论等。财富管理者应该使用当代资产配置模型和配置策略。David Schröder（2013）的实证研究发现，虽然财富顾问意识到传统投资概念的局限性，如静态均值—方差分析，但他们并没有广泛应用新的动态资产配置模型，部分原因可能是动态模型固有的复杂性。另外，财富管理者可能还没有充分认识理论上最近开发的用以改善私人投资者的资产配置工具和理念，他们大多关注的是客户的投资组合暴露于标准的市场风险因素，如股市风险和利率风险。

2.1.1 私人的资产负债管理

长期以来，资产管理研究忽视了私人投资者的需求和目标，通过假定完全市场、无限的时间范围和没有借贷约束条件，而得到的金融理论的标准结果不适合私人投资者日常资产配置决策。金融经济学家在 20 世纪 70 年代初期重新发现了罗伯特·默顿的开创性著作，他们开发出的模式可以将私人投资者面临的投资限制纳入传统的资产配置模型。私人资产配置应当是基于动态的资产配置模型（Merton，Samuelson）。除此以外，与一般的资产配置模型不同，私人的资产配置还应考虑一些其他因素。Merton

（1993）提出私人投资者从职业收入中获得了很大一部分财富，虽然这种财富的贡献方面是不能交易的，但它应该被看作一种资产，并反映在投资者组合中。同时，投资者有限的生命因素也应当纳入资产负债管理的框架之内，同样应该被考虑的还有投资者未来的支出，大多数私人投资者的目标不是积累财富，而是资助一些未来的支出，如购房或投资于子女教育。我们应该明确地将个人负债作为资产配置决策的一部分（Amenc 等，2007）。

过去十年来，对家庭金融的研究再次引起了关注。Kitces（2013）、Trout（2013）运用对变化收益率和税率的假设，所得出的结论主要是最优的资产定价决策取决于有关收益率和税率的假设，而 Montenegro（2017）指出线性建模不一定正确，其中也衍生出了很多对于投资组合的风险问题的研究，Chiu 和 Wong（2014）使用 Wishart 过程和推导的条件，得出了 MV 组合问题存在稳定的解决方案，Shen 等（2014）首先将 CEV 模型的 MV 资产组合选择应用于一个单一的金融市场风险资产；另外一些研究则选择研究考虑一个广义的金融市场，其中一个重要的主题是资产负债管理问题。郭琪（2016）关于资产管理市场对货币市场和信贷市场影响的研究发现，资产管理市场作为第三方市场，可以通过吸收货币与信贷市场的冗余并出清两个市场的风险，促进市场化进程，因此，资产管理不仅可以达到均衡配置的作用，还可以帮助市场出清，完善市场化。Jian Pan 等（2017）研究了投资者在流动性约束和随机利率下最大化终端资产负债率预期效用的最优投资问题。通过运用随机控制变量技术，他们推导了最优投资策略和最优终端资产负债率的闭型解，其中投资者分别具有常数相对风险厌恶（CRRA）效用和常数绝对风险厌恶（CARA）效用函数。

虽然这些理论为私人财富管理提供了有力支持，但是学者研究发现实际中财富顾问并没有选择对这些方法进行应用。David Schröder（2013）调查结果显示财富顾问虽然意识到传统投资理念的局限性，如静态均值—方差分析，但并未广泛运用新的动态资产配置模型为客户进行私人财富配置。

2.1.2 私人财富管理

在资产管理的基础上，随着国民越来越富有，逐渐衍生出了对财富管理的要求。私人财富管理不同于资产管理，资产管理侧重于对投资组合中的多类资产进行管理，是私人财富管理中的一个重要方面。然而私人财富管理不仅仅局限于资产管理，它是一种全盘的理财规划，除了为客户提供高投资收益外，更重要的是为客户提供个性化的定制服务，帮助其实现投资目标和人生梦想。这些目标可以是债务重新调整，可以是子女教育经费，可以是购买汽车或房屋，还可以是退休以后的生活保障等。对于财富管理，主要可以分为对机构养老金、企业年金的管理和对高净值个人的定制化私人财富管理。对于养老金和年金，如美国的 401（k）和 IRAs，由此衍生出了精算等方法来帮助其进行资产组合选择，比如 Thiago（2017）提出了一种多级随机线性规划（MSP）模型对 ALM 开放私人养老的计划问题下偿付能力以风险为基础的监管约束，此模型主要目标是确定最优配置资产和破产风险测量。针对私人财富管理的特点，Modigliani 提出了生命周期理论，主要观点为个人在相当长的时间内计划消费储蓄，以在整个生命周期内实现消费的最佳配置，最大化个人整体效用。而 Modigliani 和 Blumberg（1954）进一步采用跨期分配的观点来解释个人在生命的不同周期内随着时间的变化消费的不断变化。Bodie 等（1992）构造了一个跨期消费的投资组合模型，研究表明个人金融资产投资在股票上的最优比例在正常情况下随年龄增加而递减。此后有更多的研究人员丰富了生命周期理论，加入了更多影响变量以完善生命周期理论，其中包括资产定位、税收等。徐佳（2016）研究了在中国地区的家庭金融资产配置与其家庭财富水平变化之间的动态调整关系，并通过理论推导和实证检验指出财富水平与家庭金融资产配置行为高度相关，随着财富的增长，家庭优先通过基金、理财、衍生品等间接持股的方式参与风险市场，当财富增长到一定水平时，家庭开始更多地提高股票市场直接参与比例，随着财富增长到较高水平，家庭对股市的直接参与和间接参与都显著提高。

2.1.3 营销行为与资产管理

Bolton R. N.（2002）等以顾客为中心，提出了能使金融机构全面评估客户资产的概念化的综合框架即 CUSAMS（服务的客户资产管理）。这个框架的基础是对关键客户的行为组成进行仔细说明，包括持续时间、使用情况、交叉购买和客户口碑。Bolton R. N. 认为运用 CUSAMS 框架可以了解营销手段如何影响客户行为进而影响客户资产价值。在前面研究的基础上，Bolton R. N.（2004）在另一篇论文中提供两个经验实例展示如何使用 CUSAMS 框架来对营销组合的投资回报进行财务分析，说明营销手段会以不同的方式影响客户价值的不同方面。

Berger P. D.（2002）等人开放了描述营销行为如何影响客户价值的总体框架。这个框架描述了金融企业采取不同的四项关键行动即数据库创建、市场细分、预测客户购买行为和资源分配，客户相对的处理方式也不同，从而使客户资产价值发生动态变化。他们也进一步说明金融企业可通过合适的营销行为将客户视为资产并系统管理从而维护和增强客户资产。

Alvarez F.（2012）在假设投资者面临观察资产价值的成本的前提下，研究了投资者如何管理他们的金融资产、流动性和消费，并对假设进行了定量分析。在假设所有观测都是昂贵的前提下，使用投资者观察其金融投资价值的频率以及在金融资产和耐用品交易中的频率作为测试模型预测的数据，通过对观察成本相关性进行量化评估以及模型预测资产交易和耐用品交易之间关系测试，结果表明投资者行为与交易模型产生的行为相比基本没有变化。

2.1.4 资产管理的因子配置方法

因子配置开辟了资产配置的新视角，该方法是一个较为新颖的领域，近年来备受市场关注，已经成为资产管理领域非常重要的理念之一。

一般来讲，因子可分为可获得补偿和未获得补偿两类。因子投资就是将因子敞口决策统一到组合构建过程的框架，选取能够获得溢价补偿的因子构建组合。在传统配置方法中，基底由股票、债券等资产构成，而在因子配置方法下，基底由价值、成长、波动等因子组合构成，前者是显性的风险收益表现形式，后者是内在风险收益驱动因素。因子配置方法主要包括：基于收益目标，如最大化组合收益，最大化夏普比率；基于风险目标，如最小方差、目标风险、风险预算、风险平价等；基于分散化目标，如基于 Herfindahl 指数、Gini 指数与 Shannon 熵分散度的方法；基于动态配置，如基于市场择时的轮动策略和基于因子估值水平的轮动策略等。赵永刚（2017）认为因子投资的演进与发展，主要是源于系统性风险的补偿、市场"异象"的挖掘、系统性偏差的崛起及风险溢价的驱动。Asness 等（2015）提出可以从风险因子获取溢价时是否采用杠杆、卖空和衍生品来作为划分因子投资的维度。

尤其重要的是，因子配置能够引入前瞻性的宏观视角。仅从因子出发可分为两类：一是宏观因子，主要是跨资产类别的收益驱动力，是长期具有正向预期收益的不可分散的风险；二是风格因子，主要是资产类别内的收益驱动力，通常展现出长期的风险溢价，能够捕捉特定的风险溢价、行为异象以及结构性的市场溢价。通常，宏观因子决定收益水平，风格因子决定收益的分散化。2008 年国际金融危机之后，投资者认识到量化模型和宏观视角结合的必要性。单纯依赖历史数据的推论可能会导致灾难性的后果，而量化模型常常忽略当前的市场状态。因子投资可以将宏观经济视角转化为资产类别的预期风险和回报，实现组合分散化。同时，因子配置能够进行动态跟踪和调整，尽量减少与目标资产配置的偏差，对尾部风险管理也会有所考量。

2.2 信托及互联网金融基础理论

在金融体系中，由于信托制度的独特安排，其财产管理、资金融通、社会服务等职能的灵活运用，与其他金融业相比，信托业在满足实体经济活动对金融服务的多样性需求上，其代表的金融特性具有比较优势。

2.2.1 金融中介理论

传统的金融中介理论是以交易成本和信息不对称为基础的。金融中介的价值源于市场上存在交易成本和信息不对称，金融中介可利用借贷中规模经济的好处，以远低于个人贷款者的单位成本进行初级证券投资和管理。金融中介除了作为信用中介促进储蓄与投资之间的转化外，也是一个独立的市场主体，能够创造金融产品，提供金融服务，为客户增加价值。

随着技术进步和金融产品的创新，交易成本和信息不对称性在不断下降，各种金融创新工具的涌现使交易成本不断降低，技术的创新与开发更好地实现了规模经济和范围经济，使金融中介能够获得信息储存与共享的协同效应。

随着信息技术的发展和金融市场监管的放松，金融中介不仅仅提供支付、投融资的中介职能，而且能开发出更为复杂的金融产品，提供风险管理功能。有效的风险管理可以使金融中介创造具有稳定投资回报的产品，从而为客户降低参与成本。因此，价值创造、降低参与成本和风险管理功能，随着信息技术的广泛运用和金融创新产品的不断出现，会显得越发明显和重要，进一步加深了投资者对于金融中介的依赖，提升了金融中介在整个金融体系中的地位。

2.2.2 双边市场理论

双边市场是区分于传统单边市场的概念，一般所指的市场主要是单边市场，即供需双方直接进行交易的市场。从参与主体的角度来看，双边市场区分于单边市场的关键在于平台企业的介入，平台企业提供平台服务，以协调双边交易的有效达成，并内部化双边的交叉网络外部性。

双边市场平台企业往往采取价格竞争、横向差异化竞争等策略，同时根据双边用户对于产品差异化要求的程度不一致所带来的单归属和多归属选择，相应地采取间接补贴买方的竞争策略，采取实施排他性合同的竞争策略。总体而言，平台企业的差异化竞争策略，更多的是强调平台自身的差异化以及产品和服务的差异化。

2.2.3 信息技术对金融创新的影响

以信息技术为代表的技术进步改变了金融机构的生产方式和服务模式，提高了金融机构的生产效率。金融服务业是对高新技术设备装配程度最高的行业。

科技进步可以从多方面促进金融机构创新。以降低交易成本为目标的科技进步是推动金融机构进行金融工具和服务创新的驱动力之一，科技进步通过降低交易成本，最终促进金融机构的创新。科技进步会模糊金融机构之间的界限进而加剧竞争，促进金融创新的发展。随着金融业务的不断扩张和发展，科技的不断进步，金融行业内部竞争日益激烈，金融机构职能向业务多元化、复合化方向发展。科技进步对金融创新的促进作用并不限于产品和服务创新，也会不断促使金融机构的组织形式为适应更多的竞争而发生变化。

现阶段信息技术对信托行业金融创新的影响，更多地表现在信托行业对信息技术的应用以及对互联网的借鉴和融合方面。以互联网技术为代表的信息技术推动的信托业金融创新也必然进一步加强。互联网金融的发展提供了技术可能。互联网金融的发展在技术上为信托公司创新解决了大量的难题，如对创新设计中的营销、风控、运营等的考核，以及在实际运营过程中的管控，均可以通过大数据、精准营销、流程管控等多种方式加以实施，而且互联网金融本身带来了信托业务常规运营模式的转变，这些都为信托公司的创新提供了技术支持。

2.2.4 互联网金融与传统金融

互联网金融不是互联网和金融业的简单结合，而是在实现安全、移动等网络技术水平的基础上，被用户熟悉接受后，自然而然为适应新的需求而产生的新模式和新业务，是传统金融行业与互联网相结合的新兴领域。互联网金融的实践始于 1995 年美国"安全第一网络银行"的成立，随后相关的理论研究逐渐展开，而近年来，实践领域如火如荼，它在理论上也已成为一个重要的研究方向。在早期关于互联网金融的形成与发展的研究中，很多学者，如 Banks（2001），Allen 等（2002），Fight（2002）等认为，信息革命将驱动金融业向基于全面互联网化方向发展，互联网是实现金融服务与交易的一种新方式，电子银行应成为银行迎接网络挑战的突破口。近年来，一些研究开始聚焦互联网对传统金融组织、运行方式的冲击，如 Shahrokhi（2008）提出，互联网金融是继传统金融中介和资本市场之后的第三种金融模式。

谢平和邹传伟（2012）首先研究了互联网金融模式的基础理论。他们提出了互联网金融模式的概念，认为以互联网为代表的现代信息科技，特别是移动支付、社交网络、搜索引擎和云计算等，将对人类金融模式产生颠覆性影响，由此可能出现既不同于商业银行间接融资，也不同于资本市场直接融资的第三种金融融资模式，即"互联网直接融资市场"或"互联网金融模式"。这种新金融模式具有三大支柱：支付、信息处理和资源配置。

另外一些研究从多角度对互联网金融与传统金融的关系进行了分析。刘澜飚、沈鑫和郭步超（2013）从金融机构的角度梳理国际上对互联网金融的研究显示，互联网金融对传统金融中介的替代作用较小，两者之间并不仅是竞争关系，它们存在较大的融合空间。程鑫（2015）提出，互联网金融并没有改变金融的本质，只是从技术手段上对金融服务的效率和质量进行了优化和提升，其发展的基础仍然是传统金融。互联网金融与传统金融之间并不是"非此即彼"的替代、颠覆关系，而是互补、相互促进的关系。张军红（2016）从金融生态角度对"互联网＋金融"进行了分析。蒋伟、杨彬和胡啸兵（2015）从平台经济学视角探讨互联网金融。他们对典型互联网金融平台企业发展演化过程的研究发现，互联网金融平台的形成沿着两条相向而行的路径产生和发展：一条是网络金融化路径，即由纯网络平台开始，沿着网购产业链或社交服务链不断进行趋向支付、理财、信贷等金融服务领域衍生和裂变；另一条是金融网络化路径，即由传统支付、信贷等金融服务平台沿着关联产业链向网络金融服务领域进行跨行业横向衍生或专业化纵向裂变。

2.2.5 互联网金融与信托业

2.2.5.1 互联网金融与信托业的共生理论

根据 19 世纪末德国生物学家德贝里提出的共生理论，互联网金融与信托业之间由于彼此的影响和协作而产生了互相依赖、相互依存、协作发展的共生关系。共生关系的要素包括共生单元、共生模式和共生环境。互联网金融与信托业的共生关系既体现在传统信托机构和互联网金融机构之间，也体现在信托行业内部传统信托业务和依托互联网金融的创新业务之间信息、能量和物质的交换，而这种信息、能量和物质的交换可能表现为替代、协作依存、互补的共生关系。

非对称的互惠共生关系，没有达到最优的共生模式，既有竞争也有合作，是系统内的共生单元，可以实现良性互动。共生行为模式有四种，包括寄生关系、偏利共生关系、非对称互惠共生关系和对称互惠共生关系。金融共生模式会随着金融共生单元性质和共生环境的变动而动态变化，形成点共生、间歇共生、连续共生和一体化共生四种共生组织模式。信托机构发展利用互联网金融所需的各种外部政治、经济、文化等因素形成的有机整体则构成了传统信托机构与互联网金融的共生环境。

2.2.5.2 互联网金融与信托业的差异

（1）投资者构成比较。由于《信托公司集合资金信托计划管理办法》对合格投资者的界定要求，我国信托业实际上具有私募性质，在合格投资者门槛较高的前提下必然选择以机构及高净值人群作为客户基础。信托业通过与私人银行合作、自建财富中心等方式已积累了大量的机构及高净值客户储备。

我国互联网金融主要以低门槛的小额信贷、众筹融资、互联网理财产品为主，根据《2016 年中国网络借贷行业年报》，2016 年单月单个平台投资金额介于 0 ~ 1 万元的投资人数最多，占比高达 50.31%；其次投资金额为 1 万 ~ 10 万元，占比高达 35.23%。单月单个平台投资金额在 100 万元以上的投资人数占比为 1.29%。我国互联网金融在存在金融抑制的环境下，主要是为"普惠金融"提供了实施的渠道，因此目前客户群体的数量构成上中小投资者比重较大。

（2）营销模式差别较大。信托公司采取私募形式，通过财富中心直销以及银行、证券等金融机构代销来拓展客户，物理网点及客户经理团队的影响较大，出于监管政策及营销成本考量，更为重视高净值客户的营销。而互联网金融通过建立金融交易平台，可以突破客户的地域限制，能提供更为便捷、低成本的交易方式，客户的覆盖层面理论上更为广泛。

（3）基础资产比较。从 2017 年第二季度我国信托资金的投向看，第一大领域为工商企业，占比 26.24%；第二大领域为基础产业，占比 15.82%；第三大领域为金融机构，占比 19.71%；第四大领域为证券市场，占比 14.32%；第五大领域为房地产，占比 9.02%；其他占比 14.89%。

考虑到工商企业中最终资金投向很大比重也是投资于基础产业及房地产，因此信托产品基础资产基本以基础产业、房地产、证券市场投融资为主。信托产品投融资对象主要以大型交易对手为主。而我国互联网金融基础资产以小型借款人及筹资人为主，与信托产品投融资对象动辄上亿元的交易规模差别较大，两者的基础资产构成差别较大，相应的投资管理模式也有较大的区别。

（4）风险管理比较。目前信托业的风险管理模式以风险控制为主，风险管理的重点是信用风险、流动性风险和市场风险。信托业作为重要的金融行业，已经建立了较为完整的内外部风险管理体系。信托业主流的内部管理模式是前、中、后台分设，分别对应业务流程中各环节的风险管理，体现了信托业务的流程管理与灵活决策相结合的行业特色。从近年来信托业爆发的项目风险来看，信托项目类型主要集中于房地产领域，大部分风险项目都进行了刚性兑付。

互联网金融是互联网及信息技术与金融的结合，除与信托业一样需要关注信用风险、流动性风险和市场风险外，还面临系统性的技术风险、法律法规滞后导致的法律风险等。互联网金融依赖于互联网技术开展业务，而系统的安全性风险管理、互联网金融技术的迭代更新、技术路径的选择等都是互联网金融风险管理的重点。我国互联网金融的法律法规相对滞后，目前在开展互联网金融业务时面临的交易主体互相间的权利义务关系不明确等容易带来法律风险。

2.2.5.3　互联网金融对信托业的作用及意义

互联网金融为信托公司的业务创新和转型提供了环境和技术支撑。陈赤（2015）提出，信托公司可积极推进"信托＋互联网"，首先，借助互联网进行品牌传播，组织精准营销以及运用互联网提升客户服务水平、改善客户体验，并可以运用大数据服务提高风险管理水平；其次，可与互联网公司开展战略合作，构建信托子公司。理财需求的多元化已经为信托公司打开了全新的业务空间，信托公司可从多角度渗透互联网金融。曲晓燕和王和俊（2015）分析发现，在理财领域，互联网金融已经呈现了多种形式，如利用互联网进行金融产品销售，搭建围绕客户的网络平台，创设互联网金融产品，投资互联网金融企业等。

综上所述，在"大资管"及"统一监管"时代，信托业面临更加复杂的竞争环境，迫切需要借助互联网金融创新思维和理念实现转型升级。由于互联网金融实践纷繁复杂，迄今为止，大多数研究主要关注互联网金融与传统金融的关系、互联网金融的运行模式等方面，信托业虽然在应用互联网金融方面进行了一些探索，但是借鉴融合互联网金融的实践尚未形成大面积的突破。信托业是金融的一个重要分支，然而，关于该领域与互联网金融相关的独立研究寥寥无几。互联网金融实践的兴起，为信托业的创新、转型带来了巨大的机会。2014 年、2015 年，包括信托在内的金融机构纷纷加大了互联网布局。尽管如此，在我国，互联网金融仍然处于起步的探索阶段，尤其是信托公司，如何应用、发展互联网金融，尚是一个全新的课题。

3　我国信托业的发展现状及互联网金融应用实践

自 2014 年信托产品代销受限，信托公司普遍自建财富管理渠道之后，信托的特质就凸显为在资产端优势明显、资金端距离客户较远。信托公司希望通过互联网的方式拉近与普通投资者的距离。为实现这一目的，不同的信托公司从资金端和产品端两个角度入手。资金端方面，以中融信托、平安信托为代表，搭建互联网金融平台；产品端方面，消费信托与 P2P 合作小额贷款信托是主要方向。

3.1 我国信托业发展现状

1991年中国出现第一只公募基金产品，2004年推出首只银行理财产品，此后，资产管理业务快速发展，规模不断攀升，对促进直接融资市场发展、拓宽居民投资渠道、改进金融机构经营模式、满足实体经济融资需求发挥了积极作用。2012年下半年以来，证券、基金、期货、保险等机构的资产管理业务快速发展，各类机构之间的跨行业资产管理合作日益密切，中国步入"大资管"时代。可以说，资产管理业务有效连通了投资与融资，其迅速发展是居民、企业、金融机构的共同需求。

3.1.1 主动管理、回归信托本源的转型方向

在资产管理的新时期，如何充分发挥信托本源制度优势，培育核心竞争力成为我国信托业面临的重要课题。信托业拥有几百年发展的悠久历史，现在已是各国财富管理的共同制度选择，在金融体系中处于核心地位。近年来，我国信托业资产规模持续增长，截至2016年末，信托公司受托管理的资金信托余额为17.5万亿元，2017年第三季度末信托资产余额增至24.41万亿元，仅次于银行业，雄踞第二大金融子行业。然而，长时间以来，我国信托公司主要依靠监管套利等方式粗放发展扩张，很少开展信托本源业务，并且业务结构呈现出产品趋同性，大多数仅仅开展几个特定领域的信托业务。

具体来讲，在2008—2013年，尤其是2008—2010年，由于国际金融危机后，四万亿元财政刺激计划带来了大量新增贷款需求，但银行表内信贷业务难以满足超额的贷款需求，因此投资限制少、可以发放贷款的信托公司成为银行首选的合作通道，银行发行理财产品募资、信贷出表，银信合作规模在这一阶段爆发式增长。但是，2011年以后，随着"大资管"时代到来，银信合作单一通道向银银、银证等多通道合作模式转化，信托业开展的影子银行业务即粗放的银信理财合作业务受到限制而被削弱，需要向主动管理转型，行业增长的主动力演变为以高端机构客户为主导的"非银信理财合作单一资金信托"、以低端银行理财客户为主导的"银信理财合作单一资金信托"和以中端个人合格投资者为主导的"集合资金信托"的"三足鼎立"的发展模式。

正如中国信托业协会（2016）所指出，信托业出现了明显的"创新惰性"。长期以来，房地产、基建等传统领域为信托公司提供了众多盈利性和安全性都较好的优质项目，因此它们对体现资产管理能力以及事务管理能力的信托本源业务品种却鲜有涉及，业务创新乏力。谭军（2015）建议，中国信托业要创新发展，首先，应促进信托受益权资产证券化，增强产品的流动性；其次，应加强信托产品市场建设，使信托产品的供给从数量上、质量上都更好地贴合投资者的需求，同时建立和完善二级市场，为信托产品的流通提供良好、稳定的平台；最后，应加强网络布局，借助网络进行自身业务活动。

3.1.2 资产管理统一监管的新规将推动信托业转型升级

资产管理业务是指银行、信托、证券、基金、期货、保险资产管理机构等金融机构接受投资者委托，对受托的投资者财产进行投资和管理的金融服务。

资管行业过度繁荣而导致影子银行盛行。近年来，我国资产管理业务快速发展，在满足居民和企业的投融资需求、改善社会融资结构等方面发挥了积极作用，但也存在部分业务发展不规范、多层嵌套、刚性兑付、规避金融监管和宏观调控等问题。2017年11月，"一行三会"等部门起草了《关于规范金融机构资产管理业务的指导意见（征求意见稿）》，提出了统一、明确的监管要求。资产管理新规主要目的在于统一产品标准、消除监管套利、规范业务发展，以防范系统性金融风险，引导社会资金流向实体经济，更好地支持经济结构调整和转型升级。

资管新规重塑行业格局，将对资产管理行业重要参与主体之一的信托业产生重大影响。在资管新规下，"大资管"迎来规范发展的新时期，对信托业资产管理能力、业务转型升级要求更高。新规遏制资管规模无序扩张，引导资管行业回归受人之托、代人理财的本源，有利于资源配置到更有效的领域，因而会促进资管机构更好地服务实体经济发展，回归本源。对于信托而言，通道业务（通常，用事务管理类信托规模来观察通道）支撑了信托的资产规模。未来信托公司通道业务的规模将面临一定压力，来自券商和银行的通道需求会缩减。信托公司应努力提升资产管理和财富管理能力，在资产运用方式上，加大股权投资、证券投资等投资类业务的比重，切实提升投资管理水平；在新增产品类型上，不断提升主动管理能力，创新推出各种主动管理信托产品；在配置领域上，利用信托制度优势，聚焦特色领域，不断提升资产管理的专业化水平。

3.2 业务模式的改进

3.2.1 消费信托

消费信托是指信托公司以"分享、共享"为核心理念，从消费者需求出发，接受消费者的委托，通过甄选消费产品，向产业方进行集中采购，同时利用沉淀资金集中投资所获的超额收益，弥补产品运营成本，分担消费者的消费成本，从而让消费者获得高性价比的消费权益。其间，通过对产品和资金运用的监管，以达到保护消费者权益，实现消费权益增值的一种信托模式。消费信托的目的，可以理解为"团购＋理财"，投资人获得产品或服务方面的折扣和尚未消费的资金对应的收益，商家通过销售折扣的方式获得销售收入，信托公司收取管理费。

3.2.1.1 百发有戏

百发有戏是"百度金融"消费金融业务与电影文化产业相结合推出的系列产品，由百度金融中心与中信信托、中影股份、德恒律师事务所于2014年9月合作推出，其运作模式见图2。百度消费权益信托为财产权信托，在"百发有戏"平台，消费者获得相关消费权益后，将消费权益注入百度消费权益信托项目，由中信信托对消费权益进行集中管理。中信信托作为独立第三方，将发挥信托财产独立性和破产隔离方面的独特功能，为消费众筹项目增信，同时进行监督管理，确保资金的专项运用，间接实现了对上端消费权益的保障性监控。"百发有戏"平台首期产品为"黄金时代"，于2014年9月22日10点在"百度金融中心"及百度理财APP正式发售。产品期限180天，核心是消费、娱乐和消费者的权益保护，具有"消费＋金融"的双重属性，任何人都可以凭身份证参加，最低起购金额为10元。但雷声响亮的百发有戏一路唱衰，直到2015年度仍未赚到众筹这块金。究其原因，在于百发有戏没有弄清楚电影众筹的核心。百发有戏，一是没有流量引入机制，招徕不了投资人；二是没有粉丝情怀，促成不了"投资—观众"的转化；三是没有衍生品开发，无法持续地利用众筹。

3.2.1.2 乐买宝

乐买宝是2016年由聚划算、蚂蚁金服、中信信托合作推出的单一资金

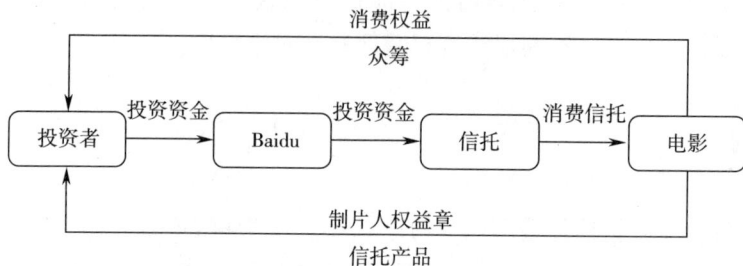

图 2　百发有戏运作模式

信托产品，前 11 期的起买金额均为 1000 元，自第 12 期开始降为 100 元，超过部分以 100 元的整数倍递增，单期产品投资上限为 5 万元，资金用途主要投资于银行存款、信托产品（包括集合信托计划、单一信托产品等）、央行票据，其交易结构见图 3。产品持有期间，不可变现、购物支付，也不可转让或提前退回。产品到期后 3 个工作日内，本金及预期年化收益会一次性回款，自动转入支付宝账户余额或余额宝。

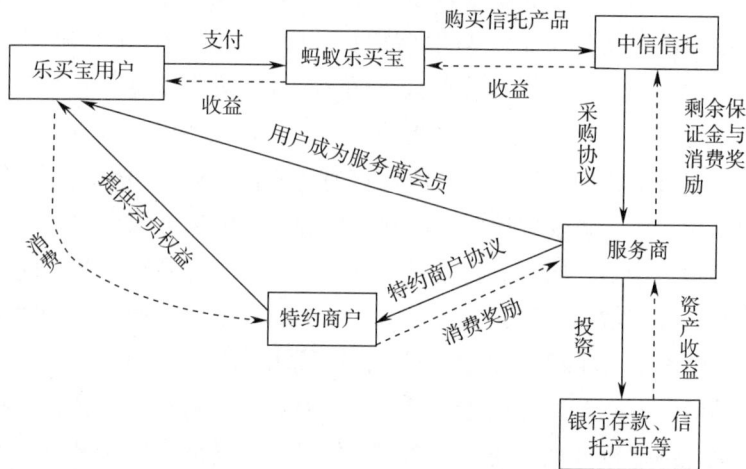

图 3　乐买宝交易结构

乐买宝系列产品并未涉及信托产品的拆分销售，投资门槛的降低缘于业务模式与交易结构的独特设计。业务模式上，产品为单一资金信托，因此不受合格投资者规定的限制；交易结构上，设立 SPV（服务商）以实现对资金的集中运作，规避产品被视为集合资金信托的风险。

在乐买宝模式中，投资者通过购买信托产品享受基础投资收益的同时，会获得一个虚拟会员卡，进而取得享受消费返利的资格；服务商对接的特约商户大多为聚划算平台上的优质商家，投资者只有实际购买商品或者服务之后才可以获得返利，消费返利有保障。总体而言，用户消费场景得到了丰富，特约商户的产品可以获得更多的关注，并借助消费奖励提前锁定有潜在消费需求的客户，降低了营销成本。

服务商作为平台企业对买方与卖方资源进行整合，最大的功能在于规避产品被视为集合资金信托的风险。乐买宝系列产品虽然名为单一资金信托，但单期委托人多达数万。若资金直接在信托公司层面进行沉淀与集中管理，产品到期后投资者可以获得现金回报。依据《信托公司集合资金信托计划管理办法》第五十二条："两个以上（含两个）单一资金信托用于同一项目的，委托人应当符合本办法规定的合格投资者"，乐买宝系列产品极有可能被视为集合资金信托计划，进而需满足合格投资者的相关要求，投资门槛低至百元明显违规。服务商可以在一定程度上规避上述风险。资金虽然在中信信托处归集，但并未在此层面进行投资管理，信托公司只起到一个通道的作用。信托专户项下，每个委托人都有一个虚拟账户，信托资金单独核算。中信信托基于委托人的指令，将该笔资金支付给服务商，并对资金的运用行使监督权。在服务商层面，每个委托人都有对应的虚拟保证金账户，同样实行单独核算。表面上看，虽然资金实际上经由信托专户划转到保证金账户，但委托人虚拟账户之间是一对一的，似乎并没有混同，这无疑有助于规避产品被视为集合资金信托的风险。

乐买宝系列产品，可以归类为单一事务管理类信托，此类业务中信托公司并不承担主动管理的角色，也不是风险承担的主体。因此，信托公司偿付压力相对较小。在监管趋严、市场风险偏好相对下降的情况下，事务管理类信托业务具有一定的竞争优势。乐买宝系列产品，可以看作中信信托在该类业务中的又一次尝试。但由于在该款产品中，信托公司直接面向公众吸收资金，且在保证金运作过程中，各期产品募集的资金投向相同。因此，产品可能违反集合资金信托以及非法集资相关的监管规定，存在较大法律风险。原有交易结构中，借助服务商规避法律风险的做法，由于中信信托向服务商支付的信托资金得不到合理的解释，可能无法达到预期效果。但这并不意味着乐买宝整个交易模式都要被否定，若以预付款代替保证金，或者引入公募基金以及保险公司的方式来优化乐买宝的交易设计，产品本身的合规性风险有望进一步降低，进而更好地服务投资者以及其他交易主体。

乐买宝产品总体定位是消费金融产品，虽然它的主要功能是为了降低用户的消费成本。但作为一款信托理财产品，它还具有一定的金融属性。消费信托产品的推出，对于乐买宝平台，丰富了蚂蚁聚宝这一金融理财超市的商品类型，满足了投资者多样的投资需求，增加聚划算平台用户流量。乐买宝还能为聚划算平台导流，增加平台的成交额。然而，因其金融属性和消费属性不明确，用户的消费让利和投资获益均十分不明显或回报周期过长，导致消费体验和投资体验较差，难以聚集更多的人气，乐买宝运营一段时间后下架了，但其作为一种有益的消费信托尝试其创新的思路和精神值得鼓励和借鉴。

3.2.1.3 中信宝

2014 年 11 月，中信信托对外公布了其消费信托平台"中信宝"，覆盖养老、旅游、家电、酒店等多个领域。随后，在中信信托微信号"中信消费信托"上，以旅游、黄金消费等为主题的消费信托产品相继发售。经济形势的不明朗，同时受到法律与社会环境的限制，中信宝目前也已下线。

3.2.1.4 融华精选

2017 年 3 月，华融信托推出消费信托产品"融华精选"，通过其微信公众号发售，初期是通过互联网渠道销售有机蔬菜、鸡蛋等生鲜产品。信托公司开展的这一业务是基于互联网的事务管理信托，消费者的资金放在特定的账户中，按次向商家结算。消费信托账户余额部分，信托公司可以进行低风险理财，为客户提供"消费＋理财"的双重服务，让投资者在购买信托产品获得消费权益、达到保护消费者权益的同时，还可以实现消费权益增值的目的。

3.2.1.5 快消品消费信托

借助互联网金融的快消品信托将得到快速的发展。中铁信托加大了对这方面业务的实践探索，针对白酒特别是基酒的市场低迷、茶叶市场的无序发展、药材等市场的规模化要求，发起产业基金，运用互联网金融工具，从具体的产品营销、产品设计、后续管理上体现出互联网思维，这既是对传统消费品行业的互联网改造，也为信托公司业务创新提供了一条发展之路。

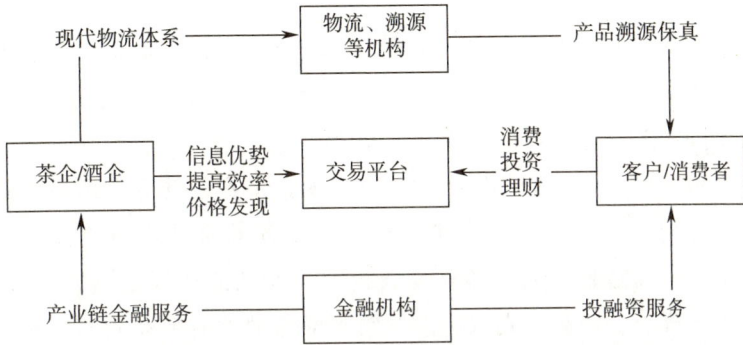

图4 茶酒基金的"互联网＋产业＋金融＋现代物流"运作方式

借助"互联网＋产业＋金融＋现代物流"的运作方式，茶酒基金将打造O2O的交易模式，充分利用互联网技术链接茶企/酒企、物流企业、金融机构，省去层层的中间商，实现企业和消费者的无缝对接，使消费者获得更优惠的产品及更优质的服务，其运作方式见图4。我国拥有超过13亿人口，巨大、稳定而又持久的消费市场将提供无可比拟的经济动力，消费已经成为我国中长期发展和转型的重要抓手。对于信托公司而言，消费信托是信托公司在互联网金融领域创新突破的方向之一，借助产业基金，信托公司可提供相应的产业链金融服务及消费金融服务，这对于调整信托公司的业务结构具有创新性和开拓性的意义。

3.2.1.6 养老消费信托

随着中国老龄化的加剧，养老市场潜力巨大，但养老产品的提供仍处于初期阶段，部分信托公司借助互联网金融，大力发展养老消费信托，实现产业链上的养老产品和服务的整合。

中信信托于2013年11月推出第一批消费信托产品，认购者可在五年内享有"嘉丽泽国际健康岛"旅游度假等相关服务。中信信托正在逐步推进消费信托，主要目的就是在保护消费者权益方面探索金融机构能够发挥的作用。2014年12月18日，中信信托推出医养系列消费信托第一期产品——"中信和信居家养老消费信托"。同时，中信消费信托互联网平台"中信宝"也正式上线。在信托存续期内，银卡、金卡及白金卡委托人可以分别以9.5折、9.25折和9折的折扣享受市场价值为105元、

324元及438元的居家养老基础服务、健康管理服务、特色服务及社区医养服务。

北京信托与北京汇晨养老机构管理有限公司（以下简称汇晨养老）合作推出"养老消费信托"，首期产品已于2015年2月4日成立，探索以产融结合支持养老事业发展的新模式。

在产品结构上，信托单位份额依据老人拟选择入住养老床位的规格而定，并享有相应的一系列养老消费权益。投资者通过认购"养老消费信托"产品后，可选择"货币收益"或实现"养老消费权益"，可提前锁定未来养老消费的价格及优先权益，从而获得金融理财与养老消费相结合的综合性金融服务。

在产品存续期间，投资者拥有对汇晨养老旗下养老公寓的优先入住权，可避免未来"一床难求"的风险。此外，养老消费信托产品相关权益可转让、可继承，具备投资价值。

3.2.2 第三方互联网理财平台

3.2.2.1 高搜易

高搜易隶属于深圳市高搜易信息技术有限公司，于2013年11月19日成立，目前已成为信托理财行业极具知名度和影响力的互联网公司。高搜易主要是三大板块，高搜易科技、高搜易财富和高搜易资本。

2014年11月，高搜易正式推出信托宝产品。高搜易重塑金融生态，通过解决金融产品流转痛点，坚持创新，致力为用户提供"更高效、更安全"的互联网金融产品及服务。由高搜易与合作机构联合推出信托互联网化产品——"信托宝"，以低门槛、高收益、分散风险的独有优势，成功解决信托产品受益权流转痛点，成为高搜易金融产品创新的试水之作。

截至2017年1月末，高搜易平台已有70多万用户，其中活跃投资用户5万多，人均投资额在3万~4万元，期限以3个月到1年居多。获客成本方面，高搜易获取一位投资客户的成本大概1000元，与市场平均水平一致。

2016年之前，信托产品收益率在10%左右，而2017年新发行的信托产品收益率普遍下降到6%~7%。因此，存量信托的持有人除非急需流动性，不会愿意将信托收益权转让。二手信托转让量的下降不可避免。市场变化也促使平台加快转型升级，在降低资产端门槛的同时扩大资产端范围。

3.2.2.2　信托100

2014年4月，信托100作为信托界的"余额宝"被推出。信托100网称投资者最低以100元/份的起点，即可分享"白富美"收益。在这种模式中，信托投资者的起步资金门槛不仅降到100元，并且还可以根据自身风险承受能力，选择不同的信托产品，通过分散投资降低投资风险。

2014年5月，信托业协会发表官方声明，"信托100"网站违反《中华人民共和国信托法》《信托公司集合资金信托计划管理办法》的相关规定，并提示投资者对各类信托产品宣传信息保持高度警惕，增强风险防范意识，远离非法信托活动。参与非法信托活动受到的损失，由参与者自行承担。

2016年10月，为求合规，信托100官方网站发布《关于终止"百元信托"，专注管理信托投资母基金的公告》（以下简称《公告》）。《公告》称，为响应日前国务院联合多部委下发的《互联网金融风险专项整治工作实施方案》多个文件的指导，且公司银行托管业务一再搁置，加之近日微信支付方面关闭支付接口，至此，公司决定，自2016年10月20日15时起，终止信托100旗下"微理财""如意存""随心转"（统称"百元信托"业务）。

同时，信托100指出，今后将专注进行信托产品售卖等业务。信托100想要走下去，首先它必须符合法律法规，但现行的法律法规很多都是滞后的，如果能像余额宝一样倒逼改革，那它就能推动信托业向前迈进一大步。

3.2.2.3　51信托

51信托是由成都端点星网络科技有限公司运维的四川首家互联网信托平台。于2015年4月25日正式上线，截至7月18日，短短3个月时间交易额已突破1亿元。

51信托以互联网为平台，通过拆解存量信托产品，使大众投资人能够以较低的门槛和较好的灵活性参与其中。目前，51信托投资方式包括推荐产品、转让市场和定制专享三种类型。其中，转让市场是为实现投资者自由转让的交易市场，从几百元到几千元的各种产品在这里均已成功售出。由于对接的是优质的存量信托产品，其产品的平均收益率（6%～10%）在整个互联网金融行业处于中等水平，比较适合稳健型的投资者。51信托的"门槛"低，1000 元就可起投，同时，通过资金第三方托管、资产公证、项目审查等方式，杜绝可能存在的各种风险，确保投资人的资金安全。

截至 2015 年 7 月末，51 信托平台已有注册用户 4 万余名，其中投资用户达 2.7 万余名，占比约 70%。综观业内 2015 年投资数据以及用户体验反馈，51 信托凭借独有的资产优势和低风险的优势成为行业标杆。截至 2016 年 3 月末，51 信托平台积累了近 10 万个用户，累计投资总额已经超过 4 亿元。

3.2.2.4 互联网理财平台的信托拆分

信托拆分是备受合规争议的互联网信托业务，因其与 2007 年 1 月证监会发布的《信托公司集合资金信托计划管理办法》中关于信托受益权拆分转让的规定相悖。在 2014 年和 2015 年的互联网金融热潮中，出现了多家涉足信托受益权拆分转让业务的第三方互联网理财平台，这些平台在合规的压力下纷纷转型。但在实务中，仍然存在以信托"收益权"拆分及转让为名开展业务的互联网理财平台，如多盈理财。

3.2.3 信托受益权质押

根据《物权法》第二百二十三条第（七）项"法律、行政法规规定可以出质的其他财产权利"可以出质以及《中华人民共和国信托法》第四十七条、第四十八条"受益人不能清偿到期债务的，其信托受益权可以用于清偿债务，但法律、行政法规以及信托文件有限制性规定的除外""受益人的信托受益权可以依法转让和继承，但信托文件有限制性规定的除外"之规定，为信托受益权质押提供了法律依据。

在 2014 年及 2015 年的互联网金融热潮中，出现过多家从事信托受益权质押融资业务的 P2P 平台。在 2016 年的互联网金融风险专项整治之后，由于监管趋严，开展该业务的平台已经为数不多。目前开展信托受益权质押融资的平台主要有两种：信托公司自建互联网理财平台，为本公司的存量信托客户提供信托受益权质押融资（中融信托旗下中融金服和平安信托推出的"平安财富宝 APP"）以及第三方理财平台提供的信托受益权质押融资业务。

3.2.3.1 平安信托"平安财富宝 APP"

平安财富宝是中国平安集团旗下为客户打造的财富管理移动服务平

台，于 2014 年 11 月推出。它集种类丰富的投融资产品和富有前瞻性的投资分析服务于一体，提供专享的投资理财、融资贷款、财经分析、金融社交和 VIP 增值等在线服务和信息，实现专业、安全、便捷的私人财富管家服务。

随着中国平安互联网金融战略布局的逐步清晰，平安信托旗下面向"高富帅"的理财利器——平安财富宝在上线不到一年时间内突飞猛进。截至 2015 年 8 月末，线上业务累计管理资产规模成功突破百亿元，累计交易规模超出 500 亿元，成为引领互联网金融向上及纵深发展的范本。

2015 年 7 月，平安财富宝 2.0 版全新上线。新版财富宝在全功能账户体系、投融资直通交易、大额支付通路、系统性能、客户体验等方面进行了全面创新与优化，围绕中高端客户全方位的金融需求，成功实现集"现金管理、投资理财、融资贷款、支付消费"为一体的线上财富管理平台，后续将整合公司线上、空中、线下资源全力打造高价值客户的财富管理生态圈。

截至 2017 年 7 月末，平安财富宝注册用户已超过 750 万，通过平台达成的人均投资资产达 42 万元，位居线上财富管理平台前列；累计高净值客户超过 8.3 万人，高净值客户人群活跃度为 60%，可观的活跃度反映了平安财富宝的创新财富管理模式（OTO 模式）已取得一定成效。

2017 年 8 月，平安财富宝凭借其"线上（互联网）+远程+线下"的创新财富管理模式（OTO 模式），成功入选"2017 最具潜力商业模式"榜单。

3.2.3.2 中融信托旗下中融金服

中融金服是中融信托旗下的互联网金融平台，控股方为北京中融鼎新投资管理有限公司，是中融信托旗下从事股权投资的全资子公司。中融金服于 2015 年 6 月上线，曾开创金融产品增信融资模式，并与南京金交中心和粤股交合作，可在平台上认购股交所的理财计划。该平台也是信托公司官方与互联网金融合作的首个案例。

金融产品增信项目是中融金服推出的个人投融资服务产品，借款人均为合法购买信托机构发行的集合资金信托计划产品的高净值客户（自然人或机构），并以其持有的信托计划受益权作为增信措施进行融资。中融金服平台上理账项目的年化收益在 6%～9%，这些融资产品背后，都有金融产品作为增信措施。在上线之初，中融金服将解决高净值客户一直以来纠结的问题——购买银行理财、券商资管、基金、信托等各种金融产品，获得高收益却无法兼顾流动性。同时，互联网金融投资者也能在该平台上轻松找到安全边际更高的理财产品。

然而运营不到两年，该平台即宣告关闭。2016年11月4日，中融金服全面停止理财产品转让交易。中融金服的失败原因：首先，作为信托公司的孙公司，内部没有授权，监管风向在 e 租宝事件后趋严，产品模式创新在信托的风控制度下难以进行，获取除信托之外的其他资产面临困难；其次，互联网金融的尝试与信托公司的财富管理条线之间，联结较少，营销和资金获取的内部支持不多。另外，互联网金融板块长期亏损，也是一个关键。

3.3　现有业务品种的升级

3.3.1　现金类产品

通过互联网金融，让"小资金"也可以做信托，这是一种思路，不过需要把握好法律界限。对于投资者来说，虽然通过这类互联网平台可以实现"小资金、高收益"，但其中的风险不容小觑。投资者除了要关注信托项目本身的风险之外，还要关注该销售平台的道德风险。《关于促进互联网金融健康发展的指导意见》指出互联网信托依然要坚持合格投资人标准，注意和防范风险。

小额资金对接货币基金是一种风险低、透明公开的方式，也是标准化产品的形式。如陆金所推出"陆金宝 T + 0"为投资者、金融机构（包括但不限于保险公司、银行、基金公司、证券公司等）、第三方支付公司提供交易辅助服务。投资者将资金转入"陆金宝 T + 0"，开通余额自动转入"陆金宝 T + 0"功能后，即可通过使用"陆金宝 T + 0"服务申购平安大华基金管理有限公司提供的平安大华日增利货币基金。同时"陆金宝 T + 0"内的资金还能用于投资支付，灵活赎回。

3.3.2　证券类产品

证券类产品的创新来源于以下几个方面。

3.3.2.1　TOT 产品的升级

TOT（Trust of Trusts）主要投资于阳光私募证券投资信托计划的信托

产品，可以帮助投资人选择合适的阳光私募基金，构建投资组合，并适时调整，以求获得中长期超额收益。私募的募集通过信托公司进行，资金由信托公司监管，从而消除了君子协议式的信用风险。

目前国内 TOT 的普遍操作模式为某机构募资，在信托平台成立母信托产品，由母信托产品选择已成立的阳光私募信托计划进行投资配置，形成一个母信托产品投资多个子信托的信托组合产品。管理机构大部分为信托公司、银行、券商等，也出现了一些第三方的研究机构作为管理人的 TOT 产品。

在互联网金融技术的推动下，原先跨平台的 TOT 产品的技术障碍已经被破除，TOT 产品的优势将得以进一步发挥。而借助于目前互联网技术的 TOT 产品可以实现线上线下互动，以"去哪儿 + 大众点评"的方式运行。互联网理财平台可以为用户做主动资产组合配置，通过持续跟踪管理，在不断释放风险后，保证收益的安全性。具体而言，平台将金融机构理财产品通过打包，做成理财产品组合，用户购买的就是组合的收益权。理财平台的模式相当于"理财产品团购 + 产品组合 + 动态优化"三个过程。

产品的风控主要在信托公司。平台会对组合进行持续的跟踪优化。所以，TOT 信托计划类似于一个"TOT 信托的开放式基金"。加入的人越多，组合越分散。用户加入购买一份计划，实际上是购买了互联网理财平台提供的一份理财产品配置组合，组合标的包括但不限于信托、资管、银行理财、基金等金融产品；融合主动管理，用户最终获得高安全的投资收益。

3.3.2.2 信贷资产证券化等证券化产品

依照《信贷资产证券化试点管理办法》第三条，资产支持证券由特定目的信托受托机构发行，代表特定目的信托的信托受益权份额。因此，在银保监会主导的信贷资产证券化中，信托公司可作为受托人和发行人参与，但需先申请特定目的信托受托人资格。

3.3.2.3 中小企业及供应链信托

长期以来，融资难、融资贵成为制约中小企业发展的"瓶颈"。由于正规金融机构的参与力度不够，大量非金融机构涉足中小企业的资金供给，在促进中小企业发展的同时，各种不规范操作甚至违法违规事件频发，极大地影响了社会的稳定和谐。

借助互联网金融，信托公司在中小企业资金支持方面大有可为。外贸信托在小微金融方面探索出了自己的发展模式，从 2007 年开始做小微金融，经历了三个阶段，并向超过 500 万名个人及小微企业发放贷款。根据小微金融批量放款的特点，外贸信托绑定中金支付、银联等支付机构实现批量付款，实现了贷款发放的电子化签约。

供应链信托也是一个重要的业务模式，通过寻找大型集团，并以大型集团为核心企业，在整合上、中、下游的基础上，借助大数据分析及线上申报、放款、管控的方式，为中小企业提供供应链信托，实现融资的闭环管理，极大地降低了信托资金的风险。

3.4 创新业务品种的探索和实践

3.4.1 公益类信托品

公益信托源于英国，是指为了公共利益的目的，使整个社会或社会公众的一个显著重要的部分受益而设立的信托。受制于各种条件的制约，最具备受托人资格的信托公司长期被排除在公益慈善之外。汶川地震之后，"西安信托 5·12 抗震救灾公益信托计划"以公益信托方式推进灾区的教育事业，被视为真正意义上的公益信托在我国的尝试。

在实践中存在不少公益信托的雏形：如在一些基金会内部设立公益基金，此外我国存在大量的公益基金，例如教育基金、扶贫基金、助残基金、劳保基金、医疗保险基金、养老基金等，各大院校所设立的各种奖学金、助学金、科研基金等，以及在特定情况下筹款设立的特定账号。

2014 年 4 月 25 日，阿里巴巴的两位创始人马云和蔡崇信宣布，将会成立个人公益信托基金。该基金来源于他们在阿里巴巴集团拥有的期权，但是各类"公益基金"无不存在管理和运营上的问题。《信托法》中规定了公益信托的原则和一般规则，但是却没有明确相关事项，导致法律规定缺乏可操作性而难以适用，但是不可否认的是，公益信托制度值得在实践中进行尝试和推广。信托公司自身的制度设计和管理流程有着很好的基础，通过互联网金融，可以聚沙成塔，借助于慈善信托立法，加速推进公益类信托产品的发展。一方面，可以做纯公益信托，募集资金投资于公益事业；另一方面，也可以实现公益信托与客户服务的结合，如设立湿地保护公益信托，在保护自然环境的同时，让客户可以实地探访湿地。公益信托因自身没有金额的限制，通过线上发起、线上支付、全程监控，可以推动多种公益事业的发展。

3.4.2 土地流转信托

2013 年 10 月，中信信托与安徽省宿州市埇桥区政府合作，正式成立国内第一单农村土地信托计划——"中信·农村土地承包经营权集合信托计划 1301 期"。据不完全统计，在随后的一年多时间里，中信信托、北京信托、兴业信托、中建投信托等信托公司共成立了 13 单农村土地信托项目，涉及农村土地达数十万亩。其中，北京信托在江苏无锡发行的"北京信托·无锡阳山镇桃园村农村土地承包经营权集合信托计划"采取"土地合作社"和"专业合作社"的"双合作社"模式，是和"中信·安徽宿州项目"具有不同特色的土地信托模式，其他信托项目大多在这两种模式基础上改造而成。

"北京信托·无锡阳山镇桃园村项目"信托期限不短于 15 年，信托结构采取"双合作社"模式，即首先由农民自愿将土地承包经营权入股当地农村土地股份合作社，由该合作社作为委托人将土地承包经营权委托给北京信托，签订信托合同。同时桃园村成立由种植能手组成的水蜜桃种植专业合作社，北京信托将受托的土地租赁给合作社，让合作社的村民自己经营土地。从信托计划可以看出，委托人为农村土地服务合作社，受益人分 A 类、B 类和 C 类。A 类受益人为信托成立时登记为无锡市惠山区阳山镇桃园村户籍的自然人，B 类受益人为桃园村村民委员会，C 类受益人为委托人（包括财产委托人以及资金委托人）。A 类为优先级受益人，B 类和 C 类为劣后级受益人。受托人为北京信托。信托财产为土地承包经营权。信托利益包括租金收益和其他经营收益，前 7 年中仅村民能够享有 1700 元/亩·年的租金收益，其他受益人不参与分配，从第 7 年开始，村民、村委会、土地合作社按照专业合作社年经营净收益 20% 、4% 和 1% 的比例获得浮动收益。

利用互联网及大数据原理，以金融机构的金融服务能力和资源整合能力为核心，把碎片化的土地通过资本连结起来，将流转土地、生产资料的提供商、市场需求商等整合在一个平台之上，不仅可以形成巨大的集中采购优势、市场规模优势，也有利于金融机构打通产业链的前端金融需求和后端消费需求，实现农业生产及交易的紧密衔接和互动，构造全新的农业生产关系。

农业一直是国家重点关注的行业，每年的中央 1 号文件基本上都是针对"三农"问题的，而介入农业也将成为信托体现社会责任的一种方式，借助土地流转信托以及互联网金融可以带动农业信托的大力发展。然而农村土地流转信托也面临着信托财产难以真正转移给受托人、委托人与受益人的设计不利于农民权益保护、信托流转土地用途存在非粮化倾向等诸多问题，有待进一步优化完善。

3.4.3 信托的P2P模式

信托公司与P2P平台进行合作的模式除了由P2P平台提供融资担保融资模式还包括代销信托产品模式。2011年3月，中航信托与宜信首次合作发行"中航—宜信小额贷款集合资金信托计划"系列产品，该系列信托计划由中航信托从合格投资者处募集资金成立信托计划，通过合作银行及第三方支付机构向经宜信审核推荐的借款人批量发放小额贷款，中航信托委托宜信公司做此类信托计划的信用管理顾问。该小额信贷集合信托发布以来，不仅为小微借款人提供了新的服务模式和新的资金来源，同时也为投资者提供了风险低、期限灵活、收益稳健的信托产品。甚至引入保险公司，在系列集合信托计划原本良好的风控基础上再加上保险增信，间接保障了优先级委托人的资金安全。

在代销情况下，信托公司往往通过实力雄厚、会员众多、销售能力极强的P2P平台销售自己的信托产品，为募资困难的信托产品获得销售资金。

3.4.4 信托的众筹模式

信托的众筹模式以消费众筹为主，消费众筹业务在国内尚属新兴事物，但发展迅速。其核心在于，充分利用投资人"爱屋及乌"的情感属性，将其对于某类消费品的强烈偏好，通过投资该项目获得消费权益而充分放大，实现消费、投资与情感偏好的有效统一。2014年9月，中信信托、百度金融、中影股份及德恒律所联合启动"百发有戏"电影消费互联网平台，以"消费众筹+电影+信托"模式，完成电影"黄金时代"票房及消费权益的对接，开启信托机构参与消费众筹的序幕。

百度消费权益信托为财产权信托，在"百发有戏"平台之中，消费者将消费券项下的消费权益向北京百度移讯科技有限公司设立民事信托，消费者为该民事信托委托人/受益人，北京百度移讯科技有限公司为该民事信托的受托人；北京百度移讯科技有限公司将消费权益进一步向中信信托设立消费权益信托。北京百度移讯科技有限公司为该财产权信托的委托人/受益人，中信信托信托作为财产权信托的受托人；中信信托负有协助维权责任。

当前，许多创新业务本身并非信托行业的"专属领域"，一旦一种业务形成其成熟的模式，被其他金融行业"借鉴"在所难免。鉴于信托行业的特殊性，信托业的"互联网＋"并不容易，问题的关键在于，在信托的类私募性质下，有一些政策上的红线没办法突破，比如集合信托方面100万名的合格投资者门槛。时至今日，多家公司密集展开对互联网的研究与布局，不过，卓有成效的联姻案例仍不多见。

4　互联网金融的含义、特点与属性

互联网金融是互联网技术和金融功能的有机结合，依托大数据和云计算在开放的互联网平台上形成的功能化金融业态及服务体系，包括基于网络平台的金融市场体系、金融服务体系、金融组织体系、金融产品体系以及互联网金融监管体系等，并具有普惠金融、平台金融、信息金融和碎片金融等相异于传统金融的金融模式。

4.1　互联网金融的含义、特点

4.1.1　互联网金融的含义

互联网金融是传统金融机构与互联网企业（以下统称从业机构）利用互联网技术和信息通信技术实现资金融通、支付、投资和信息中介服务的新型金融业务模式。互联网与金融深度融合是大势所趋，将对金融产品、业务、组织和服务等方面产生更加深刻的影响。互联网金融对促进小微企业发展和扩大就业发挥了现有金融机构难以替代的积极作用，为大众创业、万众创新打开了大门。促进互联网金融健康发展，有利于提升金融服务质量和效率，深化金融改革，促进金融创新发展，扩大金融业对内对外开放，构建多层次金融体系。作为新生事物，互联网金融既需要市场驱动，鼓励创新，也需要政策助力，促进发展。

互联网金融有以下特点：

首先，互联网金融的本质是去中介化。传统金融的核心是利用信息不对称使金融中介出现并一直存在。而互联网精神的核心就是去中介化。互联网金融发挥资源配置的作用，是通过资金供求信息直接在网上发布和匹配，供求双方直接联系和交易，不经过银行、券商或者交易所等中介，因此，它可以使金融的资金供求双方直接交易、脱媒及去中介化，它也是普惠化、民主化的。

其次，互联网本身就是一个市场。互联网是一个市场，这个市场已经不是一个物理概念的市场。在这个市场中，需求者和供应者通过互联网可以进行多项直接交易，它可以使无穷的数据和风险定价、时间、数量配对，而且跨时间、跨区域地交易。

最后，互联网金融创新体现金融的民主性、普惠性、简单化。传统金融创新的主要特点是改变金融的现金流、风险特征、收益特征，体现新的风险管理和价格发现功能。而互联网的金融创新，是基于互联网技术和精神的，对金融组织和交易的影响，主要体现在交易的可能性边界趋向无穷，支付货币存款投资一体化。在互联网金融中，金融的使用效率大幅提高，这也是现在银证保没法办到的。

中国互联网金融发展历程要远短于美欧等发达经济体。截至目前，中国互联网金融大致可以分为三个发展阶段：第一个阶段是 20 世纪 90 年代—2005 年的传统金融行业互联网化阶段；第二个阶段是 2005—2011 年的第三方支付蓬勃发展阶段；而第三个阶段是 2011 年至今的互联网实质性金融业务发展阶段。在互联网金融发展的过程中，国内互联网金融呈现出多种多样的业务模式和运行机制。

4.1.2　互联网金融的特点

（1）成本低。在互联网金融模式下，资金供求双方可以通过网络平台自行完成信息甄别、匹配、定价和交易，无传统中介、无交易成本、无垄断利润。一方面，金融机构可以避免开设营业网点的资金投入和运营成本；另一方面，消费者可以在开放透明的平台上快速找到适合自己的金融产品，削弱了信息不对称程度，更省时省力。

（2）效率高。互联网金融业务主要由计算机处理，操作流程完全标准化，客户不需要排队等候，业务处理速度更快，用户体验更好。如阿里小贷依托电商积累的信用数据库，经过数据挖掘和分析，引入风险分析和资信调查模型，商户从申请贷款到发放只需要几秒钟，日均可以完成贷款 1

万笔，成为真正的"信贷工厂"。

（3）覆盖广。在互联网金融模式下，客户能够突破时间和地域的约束，在互联网上寻找需要的金融资源，金融服务更直接，客户基础更广泛。此外，互联网金融的客户以小微企业为主，覆盖了部分传统金融业的金融服务盲区，有利于提升资源配置效率，促进实体经济发展。

（4）发展快。依托于大数据和电子商务的发展，互联网金融得到了快速增长。以余额宝为例，余额宝上线 18 天，累计用户数达到 250 多万户，累计转入资金达到 66 亿元。据报道，余额宝规模 500 亿元，成为规模最大的公募基金。

（5）管理弱。互联网金融还没有接入人民银行征信系统，也不存在信用信息共享机制，不具备类似银行的风控、合规和清收机制，容易发生各类风险问题，已有众贷网、网赢天下等 P2P 网贷平台宣布破产或停止服务。此外，互联网金融在中国处于起步阶段，还没有监管和法律约束，缺乏准入门槛和行业规范，整个行业面临诸多政策和法律风险。

（6）风险大。现阶段中国信用体系尚不完善，互联网金融的相关法律还有待配套，互联网金融违约成本较低，容易诱发恶意骗贷、卷款跑路等风险问题。特别是 P2P 网贷平台由于准入门槛低和缺乏监管，成为不法分子从事非法集资和诈骗等犯罪活动的温床。2017 年以来，淘金贷、优易网、安泰卓越等 P2P 网贷平台先后曝出"跑路"事件。此外，中国互联网安全问题突出，网络金融犯罪问题不容忽视。一旦遭遇黑客攻击，互联网金融的正常运作会受到影响，危及消费者的资金安全和个人信息安全。

4.2 互联网金融的平台属性

4.2.1 互联网金融平台的产生

互联网金融的平台属性衍生于关系、平台和市场构成的互联网属性。互联网金融的参与主体通过 PC 或移动终端形成基于链接的关系，而互联网金融平台基于这种链接的关系，进一步，互联网金融市场则基于平台所具有的互联网金融模式、生态圈或者生态系统。

随着关系数量和维度的增加，关系演变成了特定的关系组合、形成新组织结构，并发挥着特定的功能。发挥特定功能的关系便形成平台，从而可以承载特定的功能。互联网金融平台通过制定规则来规范关系，以便更好地实现功能。关系越多，平台的影响力就越大，产生的社会和商业价值就越大。

当平台累积的功能足够多，便产生功能之间相互沟通的需求，于是产生了金融产品、服务与信息的需求。互联网金融平台上海量的客户与信息进行产品与服务创新，并在信息、数据、产品、服务、渠道等方面对接多种金融业务，构成互联网金融的平台属性。

4.2.2 互联网金融平台的意义

互联网金融平台可以分为交易中介、支付工具、网贷平台等，平台作为互联网金融发展的媒介，为互联网金融的发展提供了渠道，同时它作为互联网金融机构提供和销售产品、服务的载体，以及对外沟通交流的窗口，在互联网金融的发展中起着举足轻重的作用。

（1）利用网络外部性实现客户数量的增加和业务范围的扩张。由于平台自身具有的特殊性质，即网络外部性，使得平台在互联网金融发展中一直体现着强大的号召力，为其黏附了巨大规模的客户。直接或间接连接在一起的节点形成网络，网络节点之间具有互补性，从而引发网络外部性，使得处于平台一端的用户的规模对处于另一端的用户使用该平台的价值和效用产生显著的影响。对于互联网金融来说，网络外部性尤其是平台成员的外部性和平台用途的外部性，无时无刻不在发挥着重要作用。使用平台的用户数量可以影响平台对于另一类用户的价值，平台消费者的交易数量及其对产品、服务的使用量影响着该平台的价值。

（2）发挥双边（多边）市场效应提升核心竞争力。互联网金融平台及其业务本身就具有双边（多边）市场特性。平台对于市场一边用户的吸引力一定程度上取决于能吸引到的另一边用户的规模，在平台用户规模达到一定水平时，平台双边市场用户的增加存在着互补共促的关系，从而形成了一种正向反馈。因此，众多互联网金融企业都对自身的双边（多边）市场效应进行了挖掘，在平台成立初期，以双边（多边）用户召集为主，首先大量吸引市场一边的客户，免费甚至付费让用户使用平台的产品和服务，增强用户参与平台的积极性，率先将一边用户规模做大，以此来吸引市场另一边的用户，达到双边用户召集的目的，抢占市场份额。在解决了用户召集的问题之后，平台发展到成熟阶段，对于互联网金融平台，这个阶段需要维持用户规模，此前严重倾向于市场某一方的定价结构，会导致一方的效用明显低于另一方。为防止用户流失，处于成熟时期的互联网金融平台在发挥双边（多边）市场效应的基础上，努力寻找双边客户的利益平衡，制定出属于自己的合理价格结构。在尝试和摸索中发掘双边（多边）市场效应，建立合理的定价结构，维持了客户规模的稳定，为开拓其他新型产品和服务奠定了坚实的基础。

4.3 互联网金融的互补属性

传统金融与互联网金融之间存在既竞争又互补的关系。刘澜飚、沈鑫和郭步超（2013）从金融机构的角度梳理国际上对互联网金融的研究显示，互联网金融对传统金融中介的替代作用较小，两者之间并不仅是竞争关系，它们存在较大的融合空间。互联网金融并没有改变金融的本质，只是从技术手段上对金融服务的效率和质量进行了优化和提升，其发展的基础仍然是传统金融。互联网金融与传统金融之间并不是"非此即彼"的替代、颠覆关系，而是互补、相互促进的关系。

4.3.1 传统金融与互联网金融之间的竞争关系

（1）金融产品的部分替代以及金融功能的部分替代，导致银行活期存款流失，成本提高，而银行借款需求提高，因此推高同业拆借利率，推高理财产品高收益，这反过来又造成存款的进一步流失，使银行陷入这种恶性循环之中。

（2）第三方支付等金融创新有可能隔绝银行和客户的直接联系，从而使银行完全后台化，沦为互联网金融企业的工具。

（3）负债端流动性缺口和风险敞口增大。互联网金融特别是互联网第三方理财和P2P造成的银行负债端流动性良好而稳定的存款较少，从而加剧银行间市场的利率波动，并且难以通过资产端的期限匹配对冲负债端的利率波动，从而增大风险敞口和流动性敞口。

信托行业融入互联网时代新的金融生态中已然是大势所趋。虽然互联网企业掀起了渠道、数据和技术的革命，并推动了互联网金融的发展，但这并不意味着互联网企业在开发综合化、专业性金融产品上有很大优势。事实上，信托机构在对金融产品的理解、风险管理和控制能力、资本实力、商业信誉、客户关系等方面，都很难被互联网企业轻易取代。

4.3.2 传统金融与互联网金融之间的互补关系

传统金融与互联网金融在竞争的同时存在强烈的互补关系，从成本角度考虑有两个原因：第一，从边际上看，传统金融机构资金实力雄厚，从业者素质高，风险控制经验丰富，在提供数额较大和期限较长贷款方面具有优势，而互联网金融操作简单方便，客户体验较好，应用场景丰富、灵活、方便快捷，批量规模处理及在信息搜集和处理方面的独特优势，使其更长于提供小额贷款。因此，在一定的风险范围内，互联网金融的边际成本会低于传统金融机构。第二，从信息成本角度来看，互联网金融和传统金融二者在所处理信息的来源、范围、性质和方式上都存在送定差异，而也由此决定互联网金融和传统金融在信息处理方面有着各自的比较优势。

信托行业作为传统金融行业与互联网金融属于系统内的共生单元。从共生理论角度来看，如果互联网金融与传统金融能够相互借鉴则可产生强大的共生效应。众所周知，我国金融市场长期存在金融抑制，供需结构性不平衡，金融体系很不完善。互联网金融的产生正是针对传统金融的短板，对传统金融形成功能上的填补。

互联网金融并未改变金融本质，虽带来冲击但不会整体取代传统金融，两者各有相对优势，是互补促进关系。传统金融应从互联网金融发展过程中汲取经验，转变观念，加快自身创新。

4.4 互联网金融的生态属性

4.4.1 互联网金融生态圈的构成

4.4.1.1 互联网金融生态圈

金融生态，是指各种金融组织为了生存和发展，与其生存环境之间及内部金融组织相互之间在长期的密切联系和相互作用过程中，通过分工、合作所形成的具有一定结构特征，执行一定功能作用的动态平衡系统。在互联网时代，互联网企业基于自身的平台优势在金融价值链条上从事相关金融业务，吸引更多的种群（包括银行、基金、保险、券商、信托、认证机构、广告公司、用户等）进入平台，不断进行资金流、信息流交换以实现价值增值，同时，又和外界环境相互作用（包括经济政策环境、产业政策环境、科学技术水平等），由此形成由不同的关系链、数据链和利益链组合成的自组织互联网金融生态圈（详见图5）。

健康的互联网金融生态圈或生态系统通常需要拥有以下要点。首先，包括云计算、大数据、支付与征信体系等基础设施的搭建。其次，在底层

银行、信托、券商、保险、基金等金融机构以及其他合作银行

丰富的金融产品和服务

理财用户
金融机构
投资人
风险承担者
等

资金借出方

信用体系
支付体系
信息平台

资金需求方

中小企业
网店商家
个体经营者
消费者
等

资金流　信息流数据流

云计算平台、大数据引擎

经济环境、产业政策、技术发展水平等外部环境

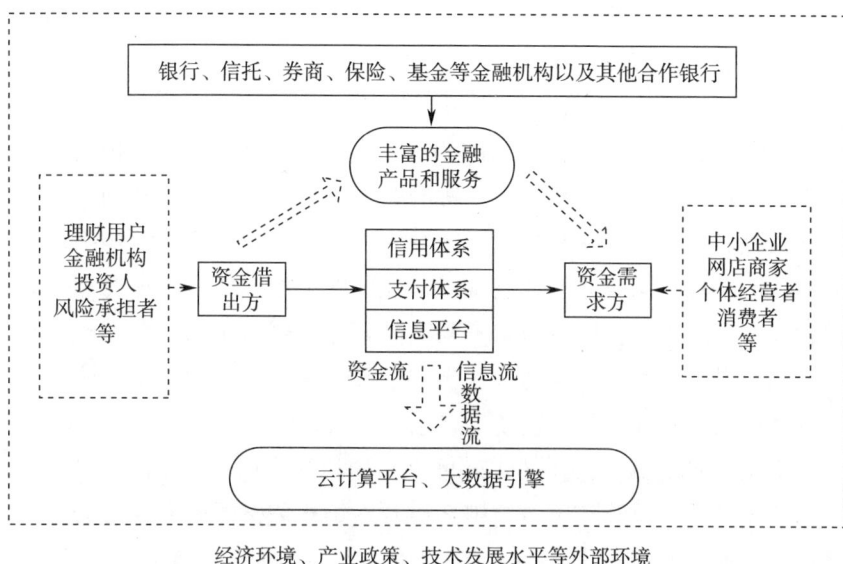

图5　互联网金融生态圈结构

平台基础上，创造众多生活消费场景，提供多样化的金融产品服务，开展互联网理财、网贷、众筹、第三方支付、互联网证券等各种经营业态；连接多样化的种群，包括连接资产端的个人借款者，企业借款者，银行、保险、基金等传统金融机构，小贷公司、保理公司、融资租赁公司、典当行等类金融机构，以及投资端的个人投资者、机构投资者诸多种群。最后，基于存储海量与消费信息相关的云平台，对数据进行处理、分析和挖掘、提取有效信息服务整个金融生态。由此形成以云计算、大数据为底层，信用体系为基础，支撑包括支付、投融资、理财、保险、银行等在内的多种业务的"平台＋金融＋数据"的互联网金融生态圈，在资源整合与共享中创造价值、实现共赢。

4.4.1.2　互联网金融生态环境

互联网金融生态环境包括外部环境和内部环境。外部环境包括宏观经济环境、货币财政政策、产业政策等。内部环境是指对互联网生态圈中的金融服务或者交易活动起到基础支撑作用的各种因素，如蚂蚁金服的业务体系中，理财、融资、保险等金融业务板块仅是浮出水面的一小部分，而水面部分核心是支付体系，真正支撑这些业务的则是水面之下的云计算、

大数据和信用体系等底层平台。

4.4.2 互联网金融生态机制与平衡

4.4.2.1 互联网金融生态的作用机制

（1）互联网金融生态主体之间相互竞争与融合共生。除了传统金融由于创新活力较为不足面临互联网金融的竞争和冲击以外，互联网金融内部也存在激烈竞争。在互联网金融快速发展过程中，各个细分领域出现了大量同质化的平台，同业竞争日益激烈，互联网金融主体之间相互竞争，激烈的行业竞争在一定程度上抑制了互联网金融的野蛮生长，有助于促进优质互联网金融企业发展，推动行业规范发展。另外，不同类型互联网金融生态主体的功能相互补足，也使生态系统更为健全。

（2）互联网金融生态主体与环境之间的相互作用。互联网金融生态环境包括法制环境、监管环境、信用环境及系统环境，前两者主要起到规范互联网金融业务开展、维护消费者权益、促进生态系统健康发展的作用，良好的信用环境能降低市场风险，信息技术不断升级为互联网金融平台弥补技术漏洞、维护资金和信息安全，降低风险产生的可能性。

互联网金融发展在很大程度上促进了传统金融行业转型，实质性地改造了金融市场环境，互联网金融创新速度较快，但互联网金融生态环境建设处于相对滞后状态，法制建设、监管体系的预见性不足，互联网金融生态主体的发展困境是推动生态环境优化的动力。总体而言，互联网金融生态主体与环境之间互相影响，主体活动促进外部环境更新，外部环境更新进一步影响主体发展。

4.4.2.2 互联网金融生态的平衡

互联网金融生态圈由主体、交易行为和生态环境共同组成，在互联网核心业务驱动下，交易主体与交易行为协同运行，最终使互联网金融生态圈有效运转。互联网金融生态系统的最终平衡是以服务实体经济为终极目标的。因此，互联网金融生态必须在强化产品和业务创新的同时加强风险管理，维护良好的金融生态平衡。

4.5 走向金融科技的互联网金融

4.5.1 互联网金融面临深度调整

尽管在"互联网＋"时代，互联网金融获得了快速发展，但是在快速发展的过程中同样出现了一些问题。平台跑路、收益难以保障、虚假信息等问题对互联网金融的发展造成了消极影响，也导致了监管机构对互联网金融行业更加严格的监管。互联网金融市场监管的加剧让整个市场陷入了一种前所未有的低迷之中，有关互联网金融未来的发展走向有过很多讨论。从政策监管开始之际的恐慌、忧虑到后来的审慎、稳健，互联网金融在自我发展与政策协调之间实现了"双轨"发展。互联网巨头们纷纷将以互联网金融为主体的业务进行重新包装和梳理，试图通过将新的技术与金融行业发生联系，从而找到更多的结合点。

受监管趋严的影响，近年来互联网金融发展较为平缓，网贷逐步萎缩转型，众筹增速逐渐回落，移动支付洗牌加剧，传统金融机构的技术类基础设施愈加完善，互联网金融业务整体规模不断扩张，互联网已经成为各家金融机构的标配而不再是创新的手段。未来随着互联网金融的深度调整，在新的市场条件下，互联网金融或许将会呈现出新的发展状态。

4.5.2　金融科技是互联网金融的高级阶段

4.5.2.1　区块链和人工智能或成影响互联网金融发展的两大主要技术

2016 年以来，以大数据、云计算、区块链、人工智能等为代表的金融科技（FinTech）逐渐成为金融行业的热门话题，金融创新迎来新的发展起点。无论是传统金融机构，还是新兴金融机构，都纷纷推进科技创新，以技术为核心驱动力，提高运营效率，降低运营成本，提升用户体验。随着新兴互联网科技产业的高速发展，金融科技或将在以下几个方面取得突破：一是快速吸收信息、将信息转化为知识的能力将大幅提升；二是在领域建模和大数据分析基础上预测未来的能力得到加强；三是具备在确定规则下优化博弈策略的能力。这其中，区块链技术和人工智能技术将是影响未来互联网金融发展的各项新兴技术中最主要的两项。区块链是互联网金融的底层技术架构，互联网金融的成熟在一定程度上依赖区块链技术的成熟，而人工智能发展正在从概念化上升到标准化，互联网金融在人工智能的改造下将从"互联网＋金融"逐步向"互联网＋金融＋大数据＋人工智能"转变。

4.5.2.2　监管、成本与技术将共同推动互联网金融发展进入金融科技时代

随着互联网各巨头的竞争格局基本稳定，互联网逐步演变成为一种基

础设施，用户流量原本具有的势能正在一步步减弱，而流量成本越来越大，以互联网方式改变传统的服务模式和客户获取方式已渐露疲态。借助新的技术，从最高的层阶介入其中以带来更加长远的改变成为越来越多传统金融机构或者新兴金融机构的全新选择，以大数据、云计算、区块链、人工智能等为代表的金融科技逐渐成为金融行业的热门话题，金融创新迎来新的发展起点。

未来互联网金融等发展更加聚焦于金融科技的突破与应用，并将更加关注技术的普遍应用带来的信息安全问题与监管政策随之调整的问题。互联网金融业务也将出现相应的以金融科技为基础的业务创新，包括智能投顾、消费金融、供应链金融等依托大数据、云计算与人工智能技术的投融资领域创新和以此为诉求带来的支付、征信、风险管理等业务的升级。互联网金融发展更加聚焦于金融科技的突破与应用，并将更加关注技术的普遍应用带来的信息安全问题与监管政策随之调整的问题。在监管、成本与技术的共同推动下，互联网金融的发展必将进入金融科技时代。

5 互联网金融与传统信托业的共生关系

在行业转型的重要时刻，互联网金融的发展为信托公司的转型和创新业务的发展提供了崭新的技术支撑和创新思路。本部分以金融共生理论为切入点，首先对金融共生的基本要素及共生关系的判定标准进行了介绍，随后在 Logistic 增长模型的框架下，分别选取代表性的互联网金融与传统信托业作为样本，对互联网金融与传统信托的共生性进行实证分析。

5.1 理论分析

共生理论最早由德国生物学家德贝里于1879 年提出，他认为生物体的生存必然需要相互间的影响和协作，进而产生依赖生存、协作发展的共生关系，共生单元、共生模式和共生环境组成了这种共生关系的三要素。共生理论在 20 世纪中叶开始运用到社会、医学与经济领域。

5.1.1 金融共生概念与基本要素

袁纯清（2002）提出了金融共生理论，将金融共生定义为"在特定共生环境下，银行与非银行金融机构之间、银行之间及银企之间按照特定共生模式所产生的依赖协作关系",并对金融共生三要素分别做了阐述。

（1）金融共生单元。它指金融共生系统的基本能量生产单位及物质交换条件，是金融共生系统的基础。本文研究的金融共生单元为互联网金融与传统信托。

（2）金融共生模式。它指金融共生单元按照一定方式相互影响所形成的关系，是金融共生系统的核心。完整的共生模式由行为模式和组织模式构成，其中共生行为模式又可分为寄生关系、偏利共生关系、非对称互惠共生关系和对称互惠共生关系；共生组织模式则可分为点共生、间歇共生、连续共生和一体化共生。因此，可得到 16 种共生模式状态，如表 1 所示。

表1　　　　　　　　　　　　共生模式状态分布

	对称互惠共生 N1	非对称互惠共生 N2	偏利共生 N3	寄生 N4
一体化共生 M1	（M1，N1）	（M1，N2）	（M1，N3）	（M1，N1）
连续共生 M2	（M2，N1）	（M2，N2）	（M2，N3）	（M2，N2）
间歇共生 M3	（M3，N1）	（M3，N2）	（M3，N3）	（M3，N4）
点共生 M4	（M4，N1）	（M4，N2）	（M4，N3）	（M4，N4）

注：共生组织模式用 M 表示；共生行为模式用 N 表示。

（3）金融共生环境。金融共生单元以外的影响因素的总和即金融共生环境。本文研究的互联网金融与传统信托的共生环境主要是指外部政治、经济、法律、科技因素在彼此联系和演化过程中形成的有机整体。

5.1.2　金融共生关系与模式的判定标准

金融共生的判定包含两方面内容，一是先判定单元之间是否具备金融共生关系，二是判断当前的共生模式。其中判定单元之间是否具备金融共生关系，需要看三个方面，即质参量是否兼容、能否产生共生新能量、是否处于共生进化状态，而共生模式的判定则要参考共生度这一参数。

（1）质参量兼容。质参量是指决定共生单元某种内在的联系及变化的因素。只有质参量兼容的共生单元能够以一定模式相互影响，才可能构成共生关系。质参量兼容的两个共生单元，其环境容量会受到对方种群密度的影响，并与对方种群密度呈现出一定变化的关系。

（2）产生共生新能量。共生能量是指共生单元通过介质或者环境实现的共生体数量增加和质量优化。具有质参量兼容特征的共生单元通过相互作用，能够产生共生新能量，是共生系统存在和发展的基本条件。

（3）处于共生进化状态。如果共生模式从点共生转变为间歇共生、连续共生或是一体化共生就属于进化相变，相反就归于退化相变。现有共生系统状态与对称性互惠共生状态的偏离程度，可以看成是共生进化的基本参数。

（4）共生模式的判定。共生度能够具体反映某一模式下共生单元之间的能量、信息及物质关系，通过共生度能够判断共生模式。设 A、B 为金融共生单元，S_i、S_j 分别为 A、B 的质参量因子，A 与 B 共生度 δ_{ij}。共生关系的变化可以从金融共生体之间质参量共生度完整地表现出来。若 $\delta_{ij} = \delta_{ji} > 0$，则 A 与 B 处于正向对称互惠共生状态；若 $\delta_{ij} \neq \delta_{ji} > 0$，则 A 与 B 处于正向非对称互惠共生状态；若 $\delta_{ij} = \delta_{ji} = 0$，则 A 与 B 处于互不干涉、依赖自身的并生状态。反之亦然。

5.2 我国互联网金融与传统信托共生的实证分析

5.2.1 模型构建

生物学中经常用 Logistic 增长模型来刻画种群之间的相互作用关系，如竞争、互利、偏利、寄生。在这里，我们同样可以用该模型来刻画互联网金融与传统信托之间的动态关系。参考梅（May，1976）提出的扩大成长方程，互联网金融与传统信托这两个共生单元的成长规律可表达为

$$\frac{dX_f(t)}{dt} = R_f X_f \left[1 - \frac{X_f}{K_f^0 + \delta_{inf}(X_{inf}) + \eta_f g_f(\Delta E)} \right] \tag{1}$$

$$\frac{dX_{inf}(t)}{dt} = R_{inf} X_{inf} \left[1 - \frac{X_{inf}}{K_{inf}^0 + \delta_f(X_f) + \eta_{inf} g_{inf}(\Delta E)} \right] \tag{2}$$

其中，$X_f(t)$ 和 $X_{inf}(t)$ 分别表示 t 时刻传统信托和互联网金融提供的业务量，在共生关系中，我们称之为种群密度，它是时间 t 的函数；$K_f(t)$ 和 $K_{inf}(t)$ 分别记为传统信托和互联网金融在某段时间和某一地域空间内，在给定要素禀赋的情况下所能提供的业务总量最大值，也称环境容量；$R_f(t)$ 和 $R_{inf}(t)$ 分别是传统信托和互联网在理想条件下所提供业务量的自然增长率或内禀性增长率；δ_f 为传统信托对互联网金融的贡献系数，δ_{inf} 为互联网金融对传统信托的贡献系数，在这里我们约定 $\delta_f > 0$，$\delta_{inf} > 0$，$\delta_f(X_f)$ 为传统信托对互联网金融环境容量的作用，相应地，$\delta_{inf}(X_{inf})$ 为

互联网金融对传统信托环境容量的作用；K_f^0 和 K_{inf}^0 分别为传统信托与互联网金融在独立状态时的初始业务容量；ΔE 为环境变化量，当 $t = 0$ 时，$\Delta E = 0$；传统信托与互联网金融的环境容量会受到外部环境变化的影响，这种影响系数分别记为 η_f 和 η_{inf}。传统信托与互联网金融的共生性曲线可以看成是许多个很小时间段组成的 Logistic 曲线。式（1）和式（2）可以更清楚地表达成：

$$X_f(t_{T+1}) = \frac{K_f(t_{T+1})}{1 + \frac{K_f(t_{T+1}) - X_f(t_T)}{X_f(t_T)} \times e^{-R_f \Delta t}} \tag{3}$$

$$X_{inf}(t_{T+1}) = \frac{K_{inf}(t_{T+1})}{1 + \frac{K_{inf}(t_{T+1}) - X_{inf}(t_T)}{X_{inf}(t_T)} \times e^{-R_{inf} \Delta t}} \tag{4}$$

5.2.2 数据来源及说明

5.2.2.1 互联网金融与传统信托种群密度的设定

从广义上来讲，目前我国互联网金融主要有三种运作模式，一是 P2P，二是众筹，三是互联网理财。在这三类模式中，包括 P2P 在内的各种互联

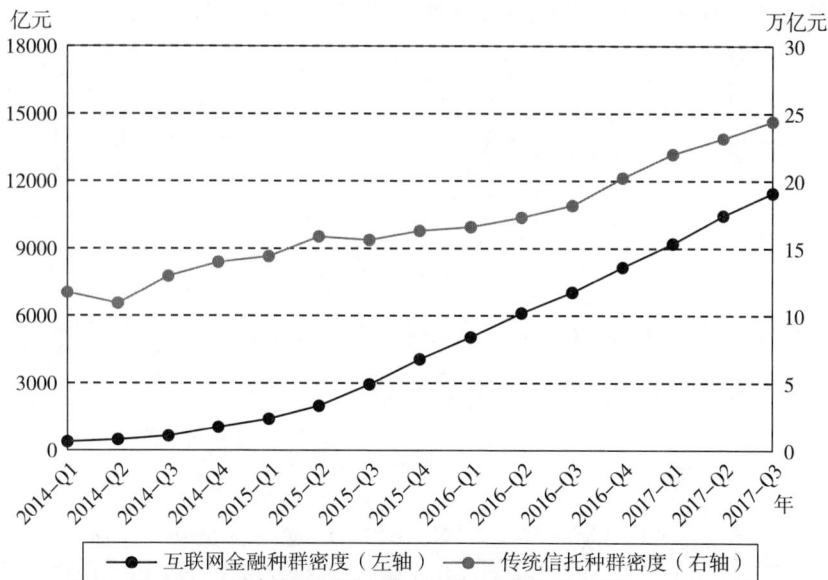

数据来源：中国信托业协会官网，网贷之家。

图 6 互联网金融与传统信托种群密度的演化曲线

95

网金融业务平台，具有产生货币、货币流通的作用。因此本文在界定互联网金融的时候，仅选取真正实现了资金融通功能的 P2P 模式作为代表。由于数据取得的原因，本节采用的是 2014 年第一季度到 2017 年第三季度的季度数据。传统信托业与互联网金融具体的种群密度如图 6 所示。由于互联网金融与传统信托在数量上存在较大差异，为了能够直观刻画出两者的演化规律与相互关系，对两者使用了不同的度量单位。由图 6 可以看出，互联网金融与传统信托的种群密度呈现出一定的演变吻合规律，在一定程度上验证出两者之间存在共生发展机制。

5.2.2.2 互联网金融与传统信托环境容量的估计

估计互联网金融与传统信托的环境容量，是分别估计其共生增长模型的必要条件。在互联网金融与传统信托种群密度的成长规律曲线上，假定 $\Delta X_{inf}(t_T)$ 和 $\Delta X_f(t_T)$ 为在时间区 $[t_T, t_{T+1}]$ 上的互联网金融与传统信托种群密度的增量值，$\overline{\Delta X_{inf}}(t_T)$ 和 $\overline{\Delta X_f}(t_T)$ 为此时间区的种群密度平均值。定义 $\Delta t = t_{T+1} - t_T = 1$，即每一时间区是一个单位时间（一个季度）。假设将每一时间区内的互联网金融种群密度的成长曲线近似地看成一条直线，那么其变化率在此时间区内就能被近似地表达成 $\Delta X_{inf}(t_T)/\Delta t = \overline{\Delta X_{inf}}(t_T)$。可以得到

$$\Delta X_{inf}(t_T) \approx R_{inf} \times \overline{\Delta X_{inf}}(t_T) \times [1 - \overline{X_{inf}}(t_T)/K_{inf}(t_{T+1})] \qquad (5)$$

互联网金融环境容量的迭代公式在公式（5）的基础上可以表达为

$$K_{inf}(t_{T+1}) = \frac{R_{inf} \times \overline{X_{inf}}(t_T)}{R_{inf} - \frac{\Delta X_{inf}(t_T)}{\Delta X_{inf}(t_T)}} = \Psi(R_{inf}) \qquad (6)$$

因而，在给定的 R_{inf} 一个初始值 $\hat{R}_{inf}$ 后，就可以得到每个时间段 $K_{inf}(t_{T+1})$ 的估计值 $\hat{K}_{inf}(t_{T+1})$，估计的误差平方和为

$$S_{inf}^2 = \sum_{T+1} [X_{inf}(t_{T+1}) - \hat{X}_{inf}(t_{T+1})]^2 \qquad (7)$$

S_{inf}^2 是 $\hat{R}_{inf}$ 的函数，需要找到一个 $\hat{R}_{inf}$ 使 S_{inf}^2 最小。我们用 MAT-LAB2014a 软件对 $\hat{R}_{inf}$ 进行直接搜索，得到合适的 $\hat{R}_{inf}$ 与 $\hat{R}_f$ 来估计每年的 K_{inf} 与 K_f。具体如表 2 所示。

表 2   互联网金融与传统信托环境容量估计

季度	传统信托环境容量（万亿元）	互联网金融环境容量（亿元）
2014Q1	14.48	457.87
2014Q2	13.91	506.35
2014Q3	15.34	789.12
2014Q4	17.26	1354.43
2015Q1	18.69	1602.16
2015Q2	19.15	2215.09
2015Q3	19.89	3478.78
2015Q4	21.65	4904.46
2016Q1	22.39	6121.07
2016Q2	23.98	7698.76
2016Q3	24.59	8989.57
2016Q4	25.74	9895.43
2017Q1	26.32	11986.54
2017Q2	27.86	12601.31
2017Q3	29.52	16894.59

注：K_f、K_{inf} 的估计数据根据论文公式整理。其中：$\hat{R}_f = 0.641$；$\hat{R}_{inf} = 0.712$。

5.2.3 我国互联网金融与传统信托共生性检验

5.2.3.1 共生影响分析

互联网金融与传统信托的环境容量会受到对方种群密度的影响，因此可以通过 SPSS19.0 软件对互联网金融与传统信托的环境容量分别对彼此的种群密度进行回归分析，选取最优的直线、二次、三次模型，具体结果如表 3 所示。

表 3   环境容量与共生单元的种群密度的曲线拟合

	模型	R^2	F	Sig
传统信托环境容量	直线	0.816	155.34	0.000
	二次	0.923	192.23	0.004
	三次	0.913	168.13	0.002
互联网金融环境容量	直线	0.821	31.38	0.004
	二次	0.869	28.04	0.001
	三次	0.901	27.97	0.005

如表3的计算结果所示，不管是互联网金融还是传统信托，环境容量与彼此种群密度拟合效果最好的是三次曲线，并且这种共生关系在99%的置信水平下是显著成立的。

5.2.3.2　共生模式分析

根据共生度的公式，以互联网金融与传统信托的信贷规模作为质参量，即可得到两者共生度的计算结果，如表4所示。

表4　　　　　　　　互联网金融与传统信托信贷规模的共生度

季度	δ_{AB}	δ_{BA}
2014Q1	5.54	0.23
2014Q2	3.43	0.25
2014Q3	8.97	0.54
2014Q4	6.32	0.78
2015Q1	4.81	0.56
2015Q2	5.74	0.23
2015Q3	8.73	0.86
2015Q4	9.53	0.37
2016Q1	6.72	0.45
2016Q2	9.34	0.98
2016Q3	4.99	0.59
2016Q4	8.45	0.48
2017Q1	9.43	0.29
2017Q2	7.25	0.48
2017Q3	11.32	0.39

注：δ_{AB} 表示传统信托的信贷规模对互联网金融的信贷规模的共生度；δ_{BA} 表示互联网金融的信贷规模对传统信托的信贷规模的共生度。

从表4中可以看出，互联网金融与传统信托之间的相互影响都是正向的，即 $\delta_{AB} > 0$，$\delta_{BA} > 0$。由此可知，互联网金融与传统信托具有正向非对称共生关系，这主要是由于传统信托种群密度（信托业资管规模）远远大于互联网金融种群密度（P2P规模），因此传统信托对互联网金融的影响大于互联网金融对传统信托的影响。

5.3 结果分析

从实证检验的结果可以看出，我国互联网金融与传统信托共生性不足，它们的环境容量很大程度上受到彼此种群密度的正向影响，并呈现出一定的互补关系。同时，二者目前的共生模式并不是最优状态，通过竞争，均能够实现正向发展。具体来看，共生性不足主要有：

（1）共生环境有待进一步改善。通过共生理论的介绍，结合环境容量影响分析结果，法律、国民收入、利率等外部因素不同程度地对互联网金融的成长产生影响。从法律环境来看，目前我国对互联网金融规范发展的法律法规体系尚不健全，这主要体现在与传统信托合作模式不够明确、竞争边界难以界定、公平竞争机制尚未形成等方面。

（2）共生模式没有达到最优状态。我国互联网金融无论在规模还是影响力上，相较传统信托差距较大，二者处于非对称正向共生模式，与最优的对称性共生模式还有一定差距。这是因为，一方面，在时间上，互联网金融相较传统信托发展较晚；另一方面，互联网金融自身的创新步伐与满足实体经济需求及国外先进水平还有较大差距，也抑制了共生系统正能量的产生。无论在互联网技术的运用还是产品服务水准上，我国互联网企业提供的金融产品仍存在一定差距。

总之，实证分析表明，互联网金融已成为我国金融体系重要的组成部分，互联网金融与传统信托所呈现的是互补与竞争并存的关系。政府等部门可以为互联网金融的发展提供良好的外部环境，对互联网金融进行有效监管，并予以法律上的保障，使之更好地与传统信托持续发展，共同服务于国民经济的增长。具体来看，可以从共生环境、共生单元及共生模式三方面做好互联网金融与传统信托共生发展的路径选择，进一步谋求我国互联网金融与传统信托的共生发展。

6 信托业对互联网金融的进一步借鉴与融合

资产管理、财富管理需求的多元化已经为信托公司打开了全新的业务空间，互联网金融为信托公司的业务创新和转型提供了环境和技术支撑。信托公司可从多角度应用互联网金融，积极推进"信托＋互联网"，借助互联网转变营销模式提升服务能力，并从产品端入手积极创新业务模式与业务品种，同时，充分利用金融科技手段，创新风险管理模式。

6.1 转变营销模式，提升服务能力

6.1.1 信息化创新管理营销方式，提升业务创新水平

（1）互联网的特性就是社群、互联、无边界，实现时间和空间的纵横交错，摆脱各种物理空间的限制。随着金融互联网化的发展，大量金融机构借助互联网技术为客户提供更好的交易体验，网络金融资产交易及销售平台也在向透明化、高流动性、更多元化产品方向努力，高净值客户拥抱互联网金融已形成了趋势。信托行业自身整体技术水平相对滞后，各类系统建设不完善，以至于与业务相关的大数据价值仍没有得到充分挖掘，因此首先必须提高信息化水平，构建完整的业务运营、管理系统、数据集市，为后续数据挖掘奠定基础。互联网金融交易的便捷性是增强客户黏性的重要因素，信托公司应转变服务理念，积极运用现代通信与信息技术进行品牌传播，利用互联网工具改进业务流程，优化操作界面和交易操作步骤，实现信托业传统营销模式的变革，组织精准营销以及运用互联网提升客户服务水平、改善客户体验。互联网金融下创新业务的发展首先实现的是营销方式及管理的信息化，如加强金融科技对于客户服务的改善，搭建APP、电子查询账户等渠道，便于投资者及时了解自身投资资产状况。对目前客户信息的大数据收集及对历史数据的大数据分析、营销管理的自动化、交易合同的信息化等，可以实现信托公司服务人群范围的极大拓展。

（2）针对信托的私募性质以及合格投资人标准，信托公司可通过信息化手段实现非现场开户替代现场开户，实现线上购买线下支付、签署电子信托合同，提高效率和改善用户体验。如可开通线上预约，客户首次购买时由信托公司总部及覆盖范围内的营销机构确认或由第三方机构及银行等机构进行现场确认，后续购买采用电子签名的方式确认。对于信托计划的线上预约，可由信托公司营销人员上门确认，采用图像、影像等高科技设备，对信托产品进行介绍及风险揭示。随着监管规定的持续出台以及信托公司自身信息系统建设的完善，采取线上预约、线上签约、线上支付是完全可行的。开通在线视频，录制风险揭示录像，提供有效证件、收入及财产证明及银行卡的扫描件，并通过实施电子加密的方式，避免数据造假，

解决"面签"问题。这将极大地扩展信托公司的客户范围，实现信托规模的快速增长，同时也有利于加强信托公司自身的宣传。

（3）互联网金融下的信托业务创新除平台化发展所必需的技术支撑外，还需完善信托公司以大数据和云计算为基础的综合信息系统，同时要兼顾与互联网技术体系的融合。"互联网＋"将有效扩大客户营销领域，信托公司通过建立自己的财富管理中心，积累客户数据分析潜在客户的需求和消费习惯，有效进行市场预测，从而实现精准营销及客户行为跟踪，及时调整产品设计及营销战略。借助互联网金融，信托公司在增值服务方面有更大的发展空间，如提供专属理财服务建议、资产配置建议等多项增值服务。

6.1.2 借鉴互联网平台属性，促进转型

（1）典型互联网金融平台企业的发展演化过程往往沿着两条相向而行的路径产生和发展。一条是网络金融化路径，即由纯网络平台开始，沿着网购产业链或社交服务链不断进行趋向支付、理财、信贷等金融服务领域衍生和裂变；另一条是金融网络化路径，即由传统支付、信贷等金融服务平台沿着关联产业链向网络金融服务领域进行跨行业横向衍生或专业化纵向裂变。

信托业借鉴互联网金融进行转型升级，首先必须以强大的平台做依托，具有稳定资产端优势的同时，将资金端互联网化。借助互联网拓宽业务渠道，降低业务成本，也使融资项目与信托公司更容易对接。信托公司可通过与互联网公司开展战略合作，构建信托子公司或投资互联网金融企业的方式实施平台战略。

（2）自建平台或依托联合第三方平台。采取平台化战略，将线下财富管理体系互联网化，或在信托财富管理体系之外开辟创新业务，通过平台搭建与完善形成巨大的网络经济效应，成为重要的客户获取渠道。平台化战略要以用户为先的理念去设计产品、服务、流程和场景，搭建信托公司自己的综合金融平台，是营造业务场景的上佳选择。从做产品转向做客户，从做功能转向做场景，从做渠道转向做平台，实现从融资中介向信息中介转型。通过控股互联网子公司建立自己的互联网理财开放式平台，形成互联网信托产品超市。在政策允许条件下甚至开通网上客户预约功能锁定客户，或通过平台进行信托转让撮合，形成统一的信托流转平台。除了

主要针对个人投资者的平台，也可以建立专门针对同业机构的互联网金融平台，定位金融资产交易服务，对接资金端和资产端。

信托公司也可在产品、技术与业务层面加强与第三方平台合作，借助互联网企业的市场和客户优势，植入自身产品和客户经理，促进产品销售和客户服务。争取让信托成为平台发行理财产品的投资标的，间接实现信托网上销售。

6.1.3　构建以信托为核心的互联网金融子生态圈

信托公司在充分发挥传统金融机构优势的基础上，要从内部突围，借助自身优势，解决平台普遍遇到的客户量不足等难点，通过强化金融业务与互联网金融企业及其他金融机构合作的方式，让信托和日常生活产生更多的关联，增加品牌形象的亲和力，持续优化投资流程，提升用户体验。根据基础设施、平台、渠道、场景等方面进行布局和创新，来构建、延续和实现以信托为核心的互联网金融子生态圈，丰富和完备互联网金融生态体系。

6.2　创新业务模式与业务品种

创新转型已成为信托公司可持续发展的历史必然，随着信托项目风险的暴露，原有强经济周期的信托业务的风险逐步加大，依赖于制度红利的信托业迫切需要转型升级，摆脱目前的困境，改善信托业面临的创新惰性。互联网金融与传统金融的交集众多，它们作为共生系统内的共生单元，两者可进行产品和业务的交互。除了搭建互联网金融平台以外，从产品端入手是信托公司借鉴融合互联网金融的另一个重要选择。

信托机构完全可以发挥自身优势，在利用互联网先进工具提升服务效率和服务品质的同时，研发贴近客户需求，更加综合化、专业化、高收益的金融产品，以探索业务创新机遇，寻求公司创新发展。

6.2.1　整合线上线下资源，实现一体化联动

重视线下资产端开发，并通过互联网金融平台导入线上，推动线上线下渠道的整合与产品交叉销售，发挥信托公司运作的协同发展与业务联动优势，可作为信托公司推动资源整合的重要途径。虽然信托业主要为非标准化产品，但目前大部分产品结构简单，特别是基础设施类等主要品种风险量化的可能性较大。可以通过技术手段创新来重构风险收益，形成适合

互联网金融发展的产品，进而对信托产品形成替代效应。信托业需要提升自身的专业能力和技术，转变行业发展模式来应对互联网金融对于信托业金融中介功能的替代和冲击。

6.2.2 融合互联网金融互补属性，促进创新

信托公司为互联网金融企业提供渠道，由互联网金融企业代销产品拓宽金融产品结构，进一步发挥互联网的技术优势与组织模式，信托公司可围绕具有高位优势的核心业务资源营造建立创新机制，与互联网金融企业多边合作共赢，创新发展，协同作战，提升自身服务能力与效率、扩大服务领域与受众，创新财富管理模式。

信托公司平台化最终目标是形成完备的互联网金融生态体系，接入更多的合作伙伴，同时自身也提供产品。基于互联网金融进行开发和设计，这样的产品更具标准化、模式化和专业化，可以降低客户对复杂产品的认知难度，促进客户通过互联网对信托产品进行投资。为此，应结合互联网金融对现有现金类、证券类业务品种优化升级，开展中小企业供应链信托、公益类信托及消费类信托、家族信托、P2P信托及众筹信托等。另外，学习借鉴互联网金融企业重视客户体验的优点，以新颖的客户体验和产品价值为导向，提高信托的服务能力和产品设计创新能力。

6.2.3 信托产品设计上的革新

信托产品以保障受益人利益为根本。在项目导向下的产品设计，更多地体现了融资主体成本、规模诉求以及信托公司风险管控和收益诉求的结合，开发出的产品对于委托人而言可以挑选的余地不大，由此也导致了委托人对于信托公司品牌的依赖，以及对刚性兑付思维的路径依赖。然而，在"大资管"时代，这种情形不会延续，信托产品设计会体现出多重的革新性。

6.2.3.1 注重客户需求

随着监管趋严、政策红利减退，处在转型升级期的中国信托业，需要不断强化"市场开发意识"和"客户意识"，业务开展应更加强调为客户而变，注重客户需求，特别是体验和情感需求，从而改变过往的融资项目模式和简单的投资收益获取模式，改进客户服务，满足客户的情感和体验需求。

例如，实现互联网金融与信托公司的有机结合，布局消费信托。消费

信托作为"理财＋消费"的运作模式，兼具金融属性与产业属性的消费产品。信托公司可积极与消费金融公司、汽车金融公司等合作，开展消费领域的金融信托服务，满足我国消费升级过程中的金融需求。信托公司作为整个链条的核心，除了连接消费与投资，还会在消费端与投资端获得收益。大力发展消费信托，开发出更多的依托于互联网的项目，通过事务管理信托模式、融资贷款信托模式、主动管理信托模式等，注重客户需求，推出创新的消费信托。

除了面向投资者的消费信托，信托公司也可面对中小企业融资难、融资贵的问题，在面向融资者提供资金支持方面融入互联网金融，开设供应链信托模式。优化拓展小微金融等新领域，积极支持中小企业成长和消费升级。通过寻找大型集团，并以大型集团为核心企业，在整合上、中、下游的基础上，通过搭建涵盖金融模块、供应链业务处理模块、仓储物流模块的金融业务平台，借助大数据分析及线上申报、放款、管控的方式，为中小企业提供供应链信托，实现融资的闭环管理。

6.2.3.2 注重改变产品收益体现模式

传统金融模式使信托公司的业务只能限于房地产、基础设施和证券，而无法拓展到其他领域，综合融资成本高、期限与项目不匹配等多重问题影响到了信托社会职能的发挥。随着互联网金融的发展，未来适度降低融资成本、扩大信托项目规模、与项目期限匹配将成为必然，信托公司收益的获取方式除了依靠项目本身收益外，获取增值服务收入也将成为主要的收益模式，这有利于信托公司的转型，并进而提升信托业的影响力。

6.2.3.3 产品设计标准化和模式化

产品设计更加标准化、模式化，增强委托人对于信托产品的辨识能力。互联网金融的线上产品要求标准、简约，便于快速获取信息，这就要求信托公司加大基础产品的标准化设计，并在此基础上实现信托产品的组合化，扩大信托产品的认知群体，依托于互联网的广泛性和实时互联，扩大营销范围和提升营销效果。

根据委托人的内在需求，寻找合适的对接业务及项目，并进行产品设计。信托公司商业模式的改变，一方面需要加强技术、工具的支撑，例如，加强与互联网公司的合作，充分利用其大数据分析能力进行客户挖掘；另一方面也需要信托公司从战略、组织架构、人员等各方面进行调整和适应，从战略上明确互联网推动创新业务发展的重要作用，以切实提高产品设计能力，满足委托人多样化、个性化的需求，从而助推信托公司成功转型。

6.2.3.4 探索收益权转让，提高信托资产流动性

随着信托行业的快速发展，对信托受益权进行分拆转让，为信托产品提供流动性，成为必然，互联网金融有助于解决信托资产流动性差的问题。信托机构运用互联网思维、互联网架构和互联网技术推出新型信托业务经营模式，能够提升流动性。信托产品流转，是信托产品在信托产品交易所或者交易平台上进行流通转让，其实质就是信托受益权或者收益权的流通转让，不仅包括信托产品的初次销售，还包括存续信托产品的流通转让。提升信托产品流动性，为投资者形成、建立一个较好的止损机制，有助于化解信托产品风险，也有助于信托行业化解刚性兑付。此外，随着信托产品流动性的不断提升，也会改变信托产品定价机制仅仅依靠交易对手之间的议价能力，而逐渐市场化和透明化，因此信托产品流转的意义还在于有助于盘活存量和建立定价机制。

我国信托市场缺乏流动性，已经成为约束信托业进一步发展的"瓶颈"，缺乏信息和流程烦琐是影响信托流转最主要的制约因素。互联网金融，"互联网＋信托"是提升信托资产流动性的重要方向。不同互联网信托平台的建立，客观上为信托产品的销售和流动提供了集中交易的发现机会。建立互联网信托平台是信托公司开展互联网信托业务的基础。无论是自建平台，还是借助第三方平台，均有助于解决信托产品开发和销售中的信息不对称和资源不对称问题，增强信托产品的流动性和吸引力。互联网信托不仅使信托投资的门槛显著降低，而且也明显缩短了信托投资的期限，增强了信托产品的流动性，从而满足社会公众的投资理财需求。

6.3 创新风险管理模式

信托业目前以抵（质）押为主的风险控制模式与互联网发展背景下的金融需求有较大的脱节，可以借鉴互联网金融的风险管理模式，由传统的风险控制向全面风险管理模式转变，建立量化的风险指标管理体系，建设满足业务互联网化、移动化的风险管理信息系统。

6.3.1 信托业融合借鉴互联网金融，需注意防范风险

信托业作为典型的传统金融机构利用信息技术不断推动金融创新之

后，可能会对自身经营带来风险和挑战。

（1）战略风险。互联网金融对金融机构的传统金融项目造成了一定的冲击，从短期看，信托公司与互联网金融对接是大势所趋。但从长期看，信托公司如何选择与互联网金融的关系则需要谨慎研究。信托公司面对纯粹民间资本的中小型金融机构以及大型互联网企业的金融业务部门的共同冲击，应该选择竞争还是合作，选择全方位竞争还是专攻几项业务，自主建设平台还是选择与其他互联网机构合作共建。上述问题涉及信托公司未来发展战略选择，管理层需要审慎权衡，立足于自身企业特征，选择最适合自身发展的模式。

（2）信息技术与操作风险。信托行业要吸收融合互联网金融，必然形成对信息技术的高度依赖，即使不从事互联网金融业务，其自身的后台和前台建设也均离不开信息技术硬件和软件的支持。尤其在从事互联网金融业务之后，对信息技术的依赖程度进一步加深。但信息科技系统运行维护或升级换代时，容易导致软硬件的兼容性或者业务流程错误的问题发生，严重时会导致关键信息丢失或信息传递延误，导致运营风险。

（3）法律风险。目前国家对于互联网金融相关的法律法规等监管缺位，容易导致信托公司在从事互联网金融业务时遭遇法律风险。目前关于互联网金融相关的信息披露、隐私权保护等制度不健全，若出现民事财务纠纷，信托公司可能会因此败诉。此外，信托公司跨行业与互联网企业合作，对合作方业务监管不足，也会承担对方违规和违约的风险。而消费信托，或者信托的拆分流转也事实上可能面临违反合格投资者规定等法律风险。

6.3.2　互联网金融对风险管理模式的影响

信托业作为与实体经济密切相关的金融行业必须时刻关注新经济模式的发展，关注实体行业在互联网背景下的变化，把握新的风险点，建立符合未来发展的风控模式。互联网金融通过信息技术的运用、大数据分析建立起量化为主的风险指标体系及符合互联网化、移动化的风险管理信息系统，有利于在满足新的商业模式下的实体行业金融需求的同时，加强对风险点的控制。

互联网金融中大数据征信以及行为征信等新型技术手段带来了与传统金融风控措施完全不同的运用方式，风险控制模型等技术手段重要性的上升更推动了风控指标量化比例的上升，便于建立起统一的风险控制信息系统，有利于及时、有效收集、分析、监控、预警，有利于信托业风险管理体系向全面风险管理转化。

6.3.3 加强风险管理，维护互联网金融生态圈平衡

互联网金融与信托业在风险管理体系上存在本质区别，互联网金融对于社会信用体系建设要求较高，需要建立完善的社会征信系统来收集信用信息，通过大数据、云计算等信息技术来建立风险管理模型，降低业务风险。因此互联网金融风险管理采取的是风险指标量化管理的全面风险管理体系，有别于传统的信托业以项目风险控制为主的、以抵（质）押定性管理为主的风险控制体系。通过互联网金融综合技术手段的运用，对客户进行筛选，从源头上降低风险发生的概率。强化对现有客户和贷款项目风险的持续监控、风险预警及化解，为风险防范和处置留出足够的时间。借助互联网金融的时空交错性和资源整合性，运用风险对冲工具和保险工具实现不良资产的跨界、跨时空处置，增强资产处置能力，化解流动性风险，为风险控制进一步提供保障。

风控是金融活动的核心内容，互联网金融的未来在于如何以自身风控、产品等角度的完善，为投资人营造安全、值得信赖的投资环境。信托行业构建起"平台＋产品＋服务＋用户＋风控"垂直整合的完整生态系统，通过互联网进行产品销售及开展其他信托业务，必须严格遵循监管规定，加强风险管理，加强金融科技对于业务风险控制的强化，使用各类征信数据筛选和评价客户、建立信用评级模型、建立更加敏感的预警体系，甚至将人工智能与证券投资有机结合，开展量化投资、FOF等。重视信息科技风险管理，诸如黑客侵袭、客户数据资料保密、交易信息中断等风险，提高风险管理能力，确保交易合法合规，防止发生系统性的金融风险，切实维护互联网金融生态圈的平衡。

7 结论和建议

近年来，我国经济发展和金融监管思路都在发生剧烈转变，金融体系正经历着结构性变化。长期以来，我国信托公司充当着"影子银行"，缺乏独立性和独特性，在"大资管""统一监管"时代，信托业需要重新思

考自身的定位和方向，面临着转型，资产管理和财富管理是我国信托公司的发展方向。

互联网金融是信托业转型发展的关键所在，这种新金融模式意味着巨大的机遇和挑战，在产生巨大的商业机会的同时也会促成竞争格局的大变化。

本文结合资产管理与信托理论的最新进展，对互联网金融进行深入理论分析的基础上，研究互联网金融在信托业的模式、业务创新和流程再造等方面的应用，为我国信托公司乃至信托业在转型升级中培育核心竞争力提供全新的思维和独特的参考基准。

7.1 主要结论

互联网金融与信托业在经营管理模式、投融资对象规模、基础资产构成、风险及控制等各方面，存在相当程度的差异。信托公司作为传统的金融中介机构，需要应用信息技术进步和互联网金融发展的最新成果，降低交易成本和信息不对称，推进金融产品和服务的创新，为客户降低参与成本，实现价值创造，进一步强化金融中介的职能，提升在整个金融体系中的地位。借鉴互联网思维和理念，信托公司应积极明确作为平台企业介入，促进资管市场形成双边市场，提供平台服务以协调双边交易的有效达成，并通过实施差异化竞争策略，强调平台自身的差异化以及产品和服务的差异化。互联网金融与信托业之间存在互相依赖、相互依存、协作发展的共生关系，彼此相互影响、相互协作，这种共生关系既存在于传统信托机构和互联网金融机构之间，也存在于信托行业内部传统信托业务和依托互联网金融的创新业务之间。

7.1.1 互联网金融具有平台、互补和生态属性

互联网金融的平台属性衍生于关系、平台和市场构成的互联网属性，随着关系数量和维度的增加，不断地演变与演化形成承载特定功能的平台。互联网金融基于平台上海量的客户与信息进行产品与服务创新，并在信息、数据、产品、服务、渠道等方面对接多种金融业务，构成互联网金融的平台属性。互联网金融并未改变金融本质，虽带来冲击但不会整体取代传统金融，两者各有相对优势，是互补促进关系。传统金融应从互联网金融发展过程中汲取经验，转变观念，加快自身创新。互联网金融生态圈

由主体、交易行为和生态环境共同组成，互联网金融生态系统的最终平衡以服务实体经济为终极目标，因此，发展互联网金融必须在强化产品和业务创新的同时加强风险管理，维护良好的金融生态平衡。

7.1.2 信托业对互联网金融的初步实践

中国信托业基于自身的制度特征和发展阶段，互联网化程度尚不及银行、证券和保险，互联网信托在互联网金融发展格局中仍然处于创新探索的初级阶段。

信托业面临着资产端优势明显但资金端距离客户较远的难点，而借助互联网则能够将信托向下延伸至小额分散的普通投资者。不少信托公司从资金端和产品端两个角度入手，借助互联网对业务模式进行改进，对现有业务品种进行升级，同时加大了创新业务品种的探索力度，从而使金融服务覆盖面更广、便利性更高、效率和安全得到更好的保障。

（1）近年来，信托公司主要通过互联网消费信托、基于互联网理财平台的信托受益权质押融资和信托拆分等模式对信托模式及品种进行改进创新，最大化地利用互联网"流量为王"的特性为信托业务的创新服务。这些互联网信托的探索，既有信托公司自建初具形态的互联网金融平台如中融金服、平安财富宝和中信宝，也有如乐买宝这样依托丰富交易场景和特殊交易结构设计规避合规风险的消费信托平台，或与第三方理财平台如高搜易等合作，开展信托受益权质押方式流转存量信托。在这些实践中，涌现了像信托100这样事实上开展信托拆分销售、51信托以信息撮合为手段拆解存量信托产品供大众投资人参与这样引人瞩目的平台。

（2）信托公司利用互联网金融手段也加大了现有品种的改进以及创新业务品种的探索力度。借助互联网金融对现有现金类和证券类产品如TOT产品进行升级，实现线上线下互动；开展中小企业及供应链信托和土地流转信托，以"理财＋消费"模式运作的养老消费信托，生鲜消费信托，让"小资金"也可以做信托；无金额限制的公益类信托品，通过线上发起、线上支付、全程监控，推动多种公益事业的发展；信托公司与P2P平台进行合作，由P2P平台提供融资担保融资模式，或代销信托产品；借助消费众筹切入信托的众筹模式，为普惠金融带来更多的可能。可见，与传统金融高昂的投资者门槛相比，互联网金融实现了小额化、分散化的投资路径。依托于互联网金融实践，信托公司实现了更多信托业务上的可能。

（3）互联网金融的发展在技术上为信托公司创新解决了大量的难题，如对创新设计中的营销、风控、运营等的考核，以及在实际运营过程中的管控，均可以通过大数据、精准营销、流程管控等多种方式加以实施，而且互联网金融本身带来了信托业务常规运营模式的转变，这些都为信托公司的创新提供了技术支持。因此，在互联网金融助推下，信托公司迎来了历史性的发展机遇，如何利用互联网思维及技术完善自身的运营能力进而创新业务拓展场景和商业模式，是信托公司发掘信托制度优势潜力优化金融属性的关键所在，也是信托业转型发展的重要契机。需要高度重视的是，当下发达国家，以智能投顾和区块链为代表的金融科技正在引领互联网金融走向新的发展阶段，为互联网金融在资产管理和财富管理市场的拓展提供了创新的技术工具和应用场景，必然对互联网金融的发展产生深远影响。

然而，鉴于信托行业的特殊性，信托业的"互联网＋"并不容易，现阶段信托行业借鉴融合互联网金融，思维主要集中在发挥资产端稳定的优势而尽量将资金端互联网化，所影响的投资群体还相对较小。从实践来看，各类平台有成有败，如中融金服运营不到两年即宣告关闭，中信宝业已下线，而平安财富宝则是信托公司主导的互联网探索中的相对成功者。由于监管趋严，信托产品模式创新在信托法律和风控制度下具有较大的困难，在信托的类私募性质下，有一些政策上的红线始终难以突破。与传统信托不同，新开发的互联网消费信托产品由于市场接受度、合规性、业务逻辑和盈利能力等多方面的先天缺陷，尚未能形成持续、成熟的商业模式。由于信托的私募属性天然与互联网的开放性相悖，同时受制于现有监管体系，目前除了互联网直销，其他形式的互联网信托均表现为"点"状的创新，尚未形成大面积推广的业务模式。传统信托门槛高、期限长、流动性较弱，因此，借鉴互联网金融，将是未来信托行业变革的重要方向，与此同时，始终需要坚持合格投资人标准，注意和防范风险。2016年12月中国信托登记有限责任公司成立，标志着支持信托受益权流转的"基础设施"开始建立，在以上几种互联网信托业务模式中，基于互联网理财平台的信托受益权质押融资或更具发展空间。

7.1.3 我国互联网金融与传统信托业存在共生关系

在 Logistic 增长模型的框架下，选取 P2P 作为互联网金融的代表，对互联网金融与传统信托的共生性进行实证分析，由于互联网金融相较传统信托发展相对较晚，我国互联网金融无论在规模还是影响力上，相较传统信托都差距较大。互联网金融的创新步伐与满足实体经济需求及国外先进水平还有较大差距，抑制了共生系统正能量的产生，使得互联网金融与传统信托业之间处于非对称正向共生模式，尚未达到最优的对称性共生模式。当前互联网金融已成为我国金融体系中的重要组成部分，互联网金融与传统信托所呈现的是互补与竞争并存的关系，未来可从共生环境、共生单元及共生模式三个方面，进一步做好我国互联网金融与传统信托的共生发展。

7.2 相关建议

7.2.1 信托业进一步借鉴融合互联网金融的建议

互联网不仅仅是一种工具，它创造了一个全新的世界，互联网金融的发展离不开互联网思维，信托公司需要借助互联网思维对传统业务进行改造以及业务创新。

（1）调整公司战略。为了发展互联网金融，信托业需要从战略上适应互联网金融，明确以客户需求为导向，以提供具有竞争优势的产品为战略目标，从思想观念上明确互联网在推动公司成长方面的重要作用，从资源配置能力入手确立自身对金融资源的吸引力，并在资产管理端和财富管理端渠道精准布局，以更好地嫁接和吸纳互联网平台和技术。

（2）转变营销模式。随着互联网金融的发展和客户理财意识的成熟以及理财需求的日益多元化，信托业应依托信托制度的独特优势和历史形成的业绩积淀，融合互联网金融优势，借助互联网技术转变营销模式，针对不同客户提供有针对性和差异化的产品及服务，建立分层次的营销体系，确立自身的差异化竞争优势。

（3）提升专业能力。随着"大资管"竞争态势日益激烈，金融监管限制通道业务，消除资管产品的多层嵌套，实行统一管理之后，信托公司应大力提升主动管理能力。这就要求信托业务加快实现从被动管理业务为主向主动管理业务为主的转变。主动管理能力的高低，决定了信托业拓展资产端项目资源、提供信托产品多样化程度的水平和效果，同时也对信托公司的盈利能力和可持续发展有着重大的影响。因此，信托业亟须借助互联网金融完善业务结构，提高自身的专业受托管理能力，提升主动管理能力和财富管理水平，以寻求适合自身的财富管理之道。与此同时，主动适应监管政策和监管格局的新变化，深入服务实体经济，积极防控和化解各类金融风险。

7.2.2　法律及监管建议

2015 年 7 月，中国人民银行等十部委联合发布了《关于促进互联网金融健康发展的指导意见》（以下简称《指导意见》），该《指导意见》被称为中国互联网金融的"基本法"。这部法规具有里程碑意义，将互联网金融定义为，传统金融机构与互联网企业利用互联网技术和信息通信技术实现资金融通、支付、投资和信息中介服务的新型金融业务模式，并规定了互联网金融主要业态包括互联网支付、网络借贷、股权众筹融资、互联网基金销售、互联网保险、互联网信托和互联网消费金融等。《指导意见》从原则上对互联网金融发展给出了顶层设计，明确了积极鼓励信托金融机构依托互联网技术，实现传统金融业务与服务转型升级，积极开发基于互联网技术的新产品和新服务。目前信托业涉足互联网金融应遵循的行业规则和监管标准尚需进一步明确、具体化，应结合信托业特征和互联网金融发展需要，制定切实可行的法律法规和监管制度，以规范和引领互联网信托的有序发展。

（1）制定完善的消费信托监管政策。消费信托的创新在实务中已经尝试多年，传统的监管规则在诸多方面并不适用这种新的业务模式。缺少相应的监管规则对业务进行界定并明确各方权责，使得市场主体在创新中处于"模糊地带"，一旦涉嫌违规被叫停，则需要付出较高的"试错成本"。

因此，客观上需要建立具有针对性的监管体系，如建立预收款信托制度，制定产品交易结构的设计规则，以区别于非法集资，明确交易各方责权利，以及账户管理、资金托管和清收结算等各方面的具体规则等，以保护投资者利益，并使业务创新有法可依。

（2）界定信托收益权拆分及转让的合规性。对于业内存在争议的"收益权拆分及转让"，当前的监管文件，当前的监管文件并未涉及，监管层也未给出明确的监管意见，仍处于"模糊地带"。而从资金流向、参与主体及业务逻辑等各方面看，该业务与曾被叫停的信托受益权拆分及转让并无实质区别，客观上需要在监管上对其合规性作出清晰的界定，以鼓励公平竞争，维护行业秩序。

（3）建立完善信托受益权流转的配套制度。信托受益权的转让流通，需要尽快建立信托登记制度、信托评级、统一的流通市场等配套"基础设施"。2016 年 12 月中国信托登记有限责任公司的成立及 2017 年上半年《信托登记管理办法》和《信托登记暂行细则》征求意见，表明我国信托登记制度正在建立。在此基础上，其他配套"基础设施"也需尽快完善。而对于信托受益权质押，则需尽快填补法律空白，明确信托受益权作为质押物的合法性，这超出了金融监管的范畴，属于基本法《物权法》的范畴，需要在立法上给予支持。

（4）加快推进信托及担保法律制度。由于信托及担保法律制度的滞后和缺失，使得信托受益权的质押面临诸多法律障碍和风险。为了适应经济发展的需要，为信托业的长期、稳定、健康发展提供强有力的法律支撑，立法及司法机关应当对信托受益权质押的问题给予足够的重视，并积极推进信托及担保法律制度的进一步完善。

总之，互联网金融的兴起，对金融机构和市场产生了巨大而深远的影响。互联网是一个市场，这个市场已经不是一个物理概念的市场。在这个市场中，需求者和供应者通过互联网可以进行多项直接交易，它可以使无穷的数据和风险定价、时间、数量配对，而且跨时间、跨区域地交易。互联网金融模式下的信息处理，通过组织和标准化，最终形成时间连续、动态变化的信息序列，这使得运用理论上新近研发的资产配置工具和理念成为可能。近年来，我国互联网信托新型业务模式和商业形态不断涌现，包括互联网信托直销、互联网消费信托、基于互联网理财平台的信托受益权质押融资和信托拆分等，尽管如此，互联网信托在互联网金融发展中仍然处于创新探索的初级阶段，并未形成成熟的商业创新模式。互联网金融具有平台、互补和生态三重属性，信托业应逐级深入，从简单到深化，整合利用发展互联网信托，实现信托业的转型升级，丰富和完善开放式的现代信托系统。

参考文献

［1］谢平，邹传伟. 互联网金融模式研究［J］. 金融研究，2012（12）.

［2］郭琪，彭程. 利率锚、冗余吸收与差序均衡［J］. 金融研究，2016

（428）：128 – 136.

［3］中国人民银行．中国金融稳定报告（2017）［R］．2017 – 07 – 25.

［4］谢平，邹传伟，刘海二．互联网金融模式研究［J］．新金融评论，2012（1）．

［5］谢平．互联网金融本质是去中介化 5 年后 P2P 更容易做［EB/OL］．每经网，2014 – 10 – 26.

［6］谢平．互联网本身就是一个市场．宁夏产权交易所，2015 – 07 – 16.

［7］陈赤．信托业应拥抱互联网［J］．中国金融，2015（13）．

［8］程鑫．传统金融与互联网金融互补、融合发展探讨［J］．国际金融，2015（11）．

［9］刘澜飚，沈鑫，郭步超．互联网金融发展及其对传统金融模式的影响探讨［J］．经济学动态，2013（8）．

［10］谭军．"大资管"时代信托业创新发展的国际比较研究［D］．长春：东北师范大学博士学位论文，2015.

［11］徐晋．平台经济学（2013 年修订版）［M］．上海：上海交通大学出版社，2013：23 – 68，82 – 189.

［12］蒋伟，杨彬，胡啸兵．商业银行互联网金融生态结构与系统培育研究——基于平台经济学视角［J］．理论与改革，2015（4）：89 – 92.

［13］中国信托业协会．2015 年信托业专题研究报告：上册［R］．2016.

［14］曲晓燕，王和俊．2015 年信托经营环境思考：深耕资管产业，谋求差异转型［N］．经济观察报，2015 – 08 – 31.

［15］夏青．信托公司争设互联网金融部拥抱"互联网＋"最优模式仍待解［N］．证券日报，2015 – 04 – 03.

［16］张军红．构建互联网金融全新生态［N］．光明日报，2016 – 06 – 16.

［17］中国人民银行、工业和信息化部、公安部、财政部、工商总局、法制办、银监会、证监会、保监会、国家互联网信息办公室．关于促进互联网金融健康发展的指导意见，2015.

［18］孙剑，李明贤．平台在我国互联网金融发展中的作用及建议分析［J］．商业经济，2017（8）．

［19］李敏．互联网金融对金融生态体系的影响与对策研究［J］．上海金融，2015（2）．

［20］刘曦子，陈进，王彦博．互联网金融生态圈构建研究——基于商业生态系统视角［J］．现代经济探讨，2017（4）.

［21］李杨等．金融科技蓝皮书：中国金融科技发展报告（2017）［M］．北京：社会科学文献出版社，2017.

［22］袁纯清．共生理论及其对小型经济的应用研究［J］．改革，1998（2）.

［23］袁纯清．金融共生理论与城市商业银行改革［M］．北京：商务印书馆，2002.

［24］盛文禅．正规金融与非正规金融共生性研究［D］．长沙：湖南大学硕士学位论文，2011.

［25］刘芬．信托借扩张东风布局互联网销售［N］．中国基金报，2017 - 09 - 18.

［26］中铁信托．互联网金融下的信托业务创新研究［R］．2015 年信托业专题研究报告，2016.

［27］张清．互联网金融模式及对信托业的影响［D］．上海：上海交通大学硕士毕业论文，2015.

［28］马宁亚．基于共生理论的互联网金融与传统金融相关性研究——中国案例［D］．上海：上海社会科学院硕士毕业论文，2016.

［29］李将军．中国信托业的金融逻辑、功能和风险防范［J］．财经理论与实践，2013（3）.

［30］唐雯．基于金融中介理论的互联网金融模式研究［D］．北京：北京邮电大学硕士学位论文，2015.

［31］翟立宏．以信托金融理论研究助力信托可持续发展［N］．金融时报，2017 - 02 - 06.

［32］翟立宏．互联网财富管理与品牌塑造［N］．金融时报，2017 - 05 - 27.

［33］王俊丹，张奇．资金端互联网化前景不乐观产品端消费信托受捧［N］.21 世纪经济报道，2017 - 03 - 22.

［34］王石．互联网金融背景下信托公司证券业务流程优化思路研究——以 A 信托公司为例［D］．上海：华东理工大学硕士论文，2016.

［35］张伟杰．互联网金融背景下信托业发展探究［J］．甘肃金融，2017（9）.

［36］A. Bandura. Self - efficacy：Toward a unifying theory of behavioral change [J]. Psychological Review, 1977 (84): 191 – 215.

[37] Markowitz H. Portfolio selection [J]. Journal of Finance, 1952, 7 (1): 77 – 91.

[38] Kitces, Michael E. Estate tax overhaul: is it time to bypass the bypass trust for good? [J]. Crain's New York Business, 2013.

[39] Mei Choi Chiu, Hoi Ying Wong. Mean – variance asset – liability management with asset correlation risk and insurance liabilities [J]. 2014.

[40] Modigliani F, Brumberg R, Kurihara K K. Utility Analysis and the Consumption Function: An Interpretation of Cross – Section Data [J]. Post – Keynesian Economics, 1954.

[41] Bolton R N, Lemon K N, Verhoef P C. The Theoretical Underpinnings of Customer Asset Management [J]. Erim Report, 2002, 32 (3): 271 – 292.

[42] Bolton R N, Lemon K N, Verhoef P C. The theoretical underpinnings of customer asset management: A framework and propositions for future research [J]. Journal of the Academy of Marketing Science, 2004, 32 (3): 271.

[43] Berger P D, Bolton R N, Bowman D, et al. Marketing Actions and the Value of Customer Assets: A Framework for Customer Asset Management [J]. Journal of Service Research, 2002, 5 (1): 39 – 54.

[44] Alvarez F, Guiso L, Lippi F. Durable Consumption and Asset Management with Transaction and Observation Costs [J]. American Economic Review, 2012, 102 (5): 2272 – 2300.

[45] Allen F, McAndrews J, Strahan P. E – finance: an introduction [J]. Journal of Financial Services Research, 2002, 22 (11): 5 – 27.

[46] May, R. M. Simple Mathematical Models with very Complicated Dynamics [J]. Nature, 1976 (261): 459 – 467.

[47] Banks E – Finance: the Electronic Revolution in Financial Services [M]. John Wiley&Sons Ltd. , 2001: 196 – 209.

[48] Fight, A. E – finance [M]. Capstone Publishing, Wiley, 2002.

[49] David Schröder. Asset allocation in private wealth management: Theory versus practice [J]. Journal of Asset Management, 2013, 14 (3): 162 – 181.

[50] Shahrokhi, M. E – finance: Status, innovations, resources and future challenges [J]. Managerial Finance, 2008, 34 (6): 365 – 398.

房地产投资信托基金（REITs）研究

——基于国际经验以及国内产品案例的对比分析[*]

摘要： REITs 作为信托公司的融资渠道之一，不仅可以盘活房地产类的非标资产，同时也将带有间接融资特征的房地产信托转变为直接融资，拓宽了信托公司的业务范围。本文通过对比我国国外/境外 REITs 的不同模式和国内 REITs 产品案例之间的差异，发现相较于境外成熟的 REITs 制度与市场，国内 REITs 业务在我国社会经济环境制约下发展不足，主要体现为在组织主体、法律环境以及交易结构等方面与境外存在较大差异。作为 REITs 组织主体的信托公司可以依据其优势对自身 RE-ITs 创新业务有所突破，在 REITs 业务中发挥信托的多维角色与整合作用，不仅能够拓宽投资者的投融资渠道，同时助推房地产长效机制的建立与完善。

关键词： 房地产投资信托基金（REITs）　REITs 产品　信托业务创新

1　引言

根据中国信托业协会的数据统计，2016 年第二季度末，中国信托业的信托资产为 172851 亿元，虽对比 2016 年第一季度（16.58 万亿元）以及 2015 年第二季度（15.87 万亿元），其环比与同比均有所增长，但增速达到历史低点。在面临违约风险以及宏观经济压力的环境背景下，信托业务的转型与创新迫在眉睫。

---

* 课题研究单位：西南石油大学法学院；课题组负责人：王方；课题组成员：杨博宇、陶启志、熊伟、张帆、陈丹、冯青琛。

1.1 研究背景

房地产行业一直是中国经济的支柱行业之一，投资回报高且稳定，但房地产行业投资需要庞大的资金量，房地产开发商资金压力很大，中小型投资者难以进入市场分享收益。为满足不动产和基础设施的证券化需求和投资者的投资需求，房地产资产证券化业务应运而生。

近 20 年来，我国的房地产资产证券化工作在摸索中不断前进。2002 年，我国开始开展信托业务之后，房地产资产证券化业务逐步发展起来。2004 年，时任中国银监会主席刘明康在年度工作会议上，提到了"房地产信托产品管理"。[①] 2005 年 9 月，商务部在向国务院递交"全国商业地产调研报告"的同时，就提出了创新金融产品，发展 REITs 的建议。2009 年，人民银行联合银监会、证监会等 11 个部委成立"REITs 试点管理协调小组"。2014 年，证监会发布《关于进一步推进证券经营机构创新发展的意见》，提出"研究建立房地产投资信托基金（REITs）的制度体系及相应的产品运作模式和方案"。随后，国内首只 REITs 产品 ——中信启航专项资产管理计划获得证监会批准，并首次尝试在深圳证券交易所综合协议交易平台交易。2016 年 6 月，国务院办公厅发布《关于加快培育和发展住房租赁市场的若干意见》，提出加大政策支持力度，稳步推进 REITs 试点。同年 10 月，国务院发布《关于积极稳妥降低企业杠杆率的意见》，提出有序开展企业资产证券化，支持房地产企业通过发行 REITs 向轻资产经营模式转型。2016 年证监会明确表态，要研究推出房地产投资信托基金（REITs）。

但在过去的二十年里，中国疯长的房价使标准 REITs 缺乏成长的市场环境土壤。城市房价高企，境内的租售比或租金回报率明显低于境外成熟市场，有的甚至低于无风险利率，即使使用了财务杠杆也不具备做标准 REITs 的条件。调控宽松使得高评级的房地产企业可以轻松地发债、融资，甚至成本还可能低于做标准 REITs。在这样的市场环境下，REITs 发展需求并不强烈。2017 年 10 月党的十九大报告强调"坚持房子是用来住的、不是用来炒的定位"，加快建立多主体供给、多渠道保障、租购并举的住

---

① 依法履行职责、推进监管创新、促进银行业在改革中稳定健康发展，中国银行业监督管理委员会网站，http://www.cbrc.gov.cn/chinese/home/docView/179.html。

房制度。同年 12 月，中央经济工作会议重申"要加快建立多主体供应、多渠道保障、租购并举的住房制度"。2018 年 4 月，证监会、住建部联合发布《关于推行住房租赁资产证券化相关工作的通知》，提出重点支持住房租赁企业发行以其持有不动产物业作为底层资产的权益类资产证券化产品，积极推动多类型具有债券性质的资产证券化产品，试点发行房地产投资信托基金。国家宏观房地产政策导向发生变化，增加房地产侧供给、化解房地产金融风险和地方债，都有赖于金融工具的创新运用，REITs 在房地产健康发展方面的作用逐步具备了宏观环境基础和政策基础。

1.2 研究意义

REITs 作为信托公司的融资渠道之一，不仅可以盘活房地产类的非标资产，同时也将带有间接融资特征的房地产信托转变为直接融资，拓宽了信托公司的业务范围。同时对金融平等、地方债的化解有重要意义。

首先，从理论层面看，已有文献研究中，对于券商以及信托公司发行 REITs 的对比研究较少。本文针对目前我国的券商发行的 REITs 产品以及信托公司发行的类 REITs 产品进行案例对比分析，并与境外 REITs 的具体案例进行对比，据此作为我国发展 REITs 的路径选择论据。

其次，就实务操作层面而言，讨论我国券商和信托公司发行 REITs 的不同、信托行业是否更能发挥其制度优势或理财优势以及如何促进信托业 REITs 的发展等问题，为盘活可证券化产品资产以及信托业务创新提供操作思路及经验借鉴。

1.3 研究内容与研究方法

本文通过对比境外 REITs 的不同模式、国内 REITs 产品案例以及房地产信托与 REITs 之间的差异，发现相较于境外成熟的 REITs 制度与市场，我国 REITs 业务在组织主体、法律环境以及交易结构等方面与境外存在较大差异。针对此差异，作为 REITs 组织主体的信托公司可以依据其优势和信托公司 REITs 业务可行性对自身 REITs 创新业务有所突破，助力我国的 REITs 发展。

本文的研究内容主要包括以下四个方面。

第一，REITs 与房地产信托、REITs 与类 REITs、REITs 与 CMBS 的对

比分析。主要探究 REITs 作为创新业务与相似业务的不同，以此作为 RE-ITs 这种创新业务可持续发展的优势依据。

第二，境外 REITs 的对比分析。针对境外 REITs 产品进行整理分析，尤其是美国、日本和新加坡的 REITs 市场与产品，探究其适用的法律制度、产品要素、交易结构等方面内容，以便与我国目前的 REITs 产品进行对比。

第三，我国 REITs 发展及产品案例分析。对我国券商及信托公司已发行的代表性 REITs 产品进行对比分析，诸如券商、基金公司发行的"中信启航 REITs""苏宁云创 REITs""鹏华前海万科 REITs"以及中航信托发行的"中航红星爱琴海商业物业类 REITs"等产品，研究其产品要素情况、交易结构等方面，为分析我国 REITs 市场现状提供案例分析。

第四，信托公司发展 REITs 创新业务的优势与可行性。本文可选择用 SWOT 分析法研究信托公司如何利用自身的金融理财优势以及信托工具制度优势发行 REITs，这些优势不同于券商，这也是信托公司发行 REITs 这类创新业务的基础。

基于对以上四个方面的研究，本文针对我国现有的行业环境背景，为信托公司开展 REITs 业务提供理论依据与操作建议。本文所用到的研究方法包括文献研究法、对比研究法、案例分析法、SWOT 分析法等。

1.4 创新点

本文的创新点体现在以下两个方面。

首先，本文在研究国内 REITs 业务时，创新地以券商和信托公司发行 REITs 的优劣势以及产品案例作为切入点进行对比分析。目前国内多数学者均从国内外对比研究视角切入，以探讨我国发展 REITs 的路径选择，而对 REITs 的研究中尚未涉及将券商和信托公司发行 REITs 的优劣势进行区别，对国内仅有的 REITs 产品进行研究也较为缺乏。因此，本文以案例分析的形式对比分析券商与信托公司的 REITs 产品以及国内外 REITs 产品的特征，研究视角具有创新性。

其次，本文依据研究内容提出了针对信托公司发展 REITs 业务的创新实务操作建议。基于我国券商和信托公司发行 REITs 有何不同、信托行业是否更能发挥其制度优势或理财优势、如何促进信托业 REITs 的发展等问题进行深入探讨，不仅为信托公司 REITs 业务的发展提供操作建议，也为盘活可证券化产品资产以及信托业务创新提供操作思路及经验借鉴。

1.5 框架结构

本文通过对比境外 REITs 模式与产品的特征，并针对我国 REITs 的发展情况与国内 REITs 产品的对比分析，为信托公司 REITs 创新业务发展提供理论依据与操作指南，同时为我国 REITs 的发展提供参考建议。本文主要的框架结构如下：

第一部分：引言。主要包括研究背景、研究意义、研究内容与研究方法、创新点或贡献性等内容。

第二部分：REITs 概述其及研究现状。主要包括 REITs 的内涵、分类、特点以及 REITs 在国内的研究现状等内容，以此阐述 REITs 研究的以往研究基础。

第三部分：境外 REITs 的对比分析。主要包括针对美国、日本以及新加坡三个国家 REITs 市场和 REITs 产品模式设计的研究，并对比分析三者之间的区别。

第四部分：我国 REITs 发展及产品案例分析。主要包括我国 REITs 的发展历程、市场现状，以中信启航专项资产管理计划、天风—中航红星爱琴海商业物业信托受益权资产支持专项计划为代表的私募类 REITs 产品案例分析，以及以鹏华前海万科 REITs 封闭式混合型发起式证券投资基金、兴业皖新阅嘉一期房地产投资信托基金资产支持证券为代表的公募类 REITs 产品案例分析。

第五部分：我国信托公司 REITs 创新业务发展。主要包括我国信托公司发展 REITs 业务的优势以及信托公司发展 REITs 创新业务的操作思路。

第六部分：结论与建议。对研究内容予以总结，并对我国信托公司发展 REITs 业务提供操作建议。

2 REITs 概述及其研究现状

本文主要从 REITs 的内涵、分类、特点以及与相关业务的不同等方面对现有文献进行回顾，同时也对已有国内 REITs 研究进行分类归纳，其目的在于不仅能够对所研究的 REITs 基本概念进行阐述，也可以论证本研究的理论创新价值与意义。

2.1 REITs 的内涵

信托，究其本源，是一种建立在契约信任基础之上，对资产或者资金进行委托的行为。房地产信托是将受托人委托的资金，投向房地产产业以获取收益，并将收益支付给受益人的行为。2004 年，银监会发布的《信托投资公司房地产信托业务管理暂行办法》第二条对房地产信托业务的定义为"信托投资公司通过资金信托方式集中两个或两个以上委托人合法拥有的资金，按委托人的意愿以自己的名义，为受益人的利益或者特定目的，以不动产或其经营企业为主要运用标的，对房地产信托资金进行管理、运用和处分的行为。"

房地产投资信托基金（Real Estate Investment Trusts，REITs），是按照基金投资的特点，即共同投资、共享收益、共担风险的基本原则，将单一投资者分散的资金集中起来，投资于房地产开发项目上的运营形式，其本质是让不动产的收益权在资本市场流通。成熟市场中的房地产投资信托基金（REITs）是从事房地产买卖、开发、管理等经营活动的投资信托公司所运营的基金。公司将房地产销售和租赁等经营活动中所得的收入以派息形式分配给股东。REITs 实际上是由专业人员管理的房地产类的集合资金投资计划（Collective Investment Scheme）。具体而言，这是一种以发行股票或收益凭证的方式汇集众多投资者的资金，由专门投资机构进行房地产投资经营管理，并将投资综合收益按比例分配给投资者的一种信托基金。

因为国内尚未推出严格意义上的 REITs 相关法律法规，市场上发行的产品均是部分符合了境外成熟市场 REITs 标准的产品，被称为类 REITs，其在交易结构、税负水平、运营方式收入来源、收益分配、募集范围等方面与标准 REITs 有较大差异。

2.2 REITs 的分类

2.2.1 根据投资对象不同分类

根据 REITs 的投资类型，中国对 REITs 的划分实际上参照了美国的划分方式。在我国，REITs 被学界分为权益投资型（Equity REITs）、抵押贷款型（Mortgage REITs）和混合型（Hybrid REITs）三种（其比较见表1），其中以权益投资型为主。权益投资型 REITs 通过向房地产项目进行投资，在获得房地产产权的基础上取得经营收入，投资者收益主要来自租金以及不动产的增值；抵押贷款型 REITs 则更类似一种金融中介的角色，运营者募集投资者的集合资金后向房地产物业持有者发放贷款或是购买债券，收益主要来自利息；混合型 REITs 则综合了以上两种 REITs 业务的形态，其自身拥有部分物业产权的同时也在从事抵押贷款的服务。从单纯投资类型的分类划分上来看，中美之间的差异不大，但在实际运作方面，美国的REITs 对收入结构有着更为严苛的规定。

表1　　　　　　　　　　　　三种类型 REITs 的比较

	权益投资型 REITs	抵押贷款型 REITs	混合型 REITs
投资形态	直接参与房地产投资、经营	发放或购买抵押债券	两者混合
投资标的	房地产本身	抵押债券及相关证券	两者混合
影响收益主要因素	房地产景气与否和经营业绩	利率	两者混合
收益稳定性	较低	较高	中
平均投资收益	较高	较低	中

2.2.2　根据发行方式分类

从 REITs 的发行方式来看，同一般的证券基金类产品一样，可以分为公募 REITs 和私募 REITs。公募 REITs 是以公开发行方式向社会公众投资者募集基金，其发行受到监管机构的严格审批。与一般的公募基金相比，REITs 将资金投资方向和收益分配限制在不动产领域。国际上成熟的 RE-ITs 产品，大都是以公募方式发行的。公募 REITs 再进行细分，还能分为上市交易和非上市交易两个种类。对于上市交易的 REITs，除了遵守一般公募基金上市交易的规则之外，还会受到特殊规定的监管[1]

2.2.3　根据组织结构分类

根据 REITs 的法律结构，可以分为公司型、契约型和有限合伙型三种。公司型 REITs 主要的特点是，投资者既是基金持有人又是公司的股东（或其他收益凭证的持有人），通过公司对外投资房地产项目或进行融资取得收益后，分配收益。契约型 REITs 本质上是一种委托投资行为，其基础是

---

① 例如，美国 REITs 的上市交易，除了需要按照《证券法》规定完成注册程序之外，还需要遵守各州对 REITs 管理的特殊立法。

基金经理人（基金管理公司）、托管人（基金托管机构）和受益人（投资者）三方签订的信托协议。三者在制度成本、委托—代理问题凸显度、稳定性和债务承担方面有所不同。黄荣鑫认为美国的 REITs 在架构上就主要以公司型为主。从 REITs 的不同法律结构层面上的管理架构来看，还可以分为外部管理型和内部管理型等。

2.3 REITs 的特点

2.3.1 资金汇聚性

地产投资信托基金提供了一种机制来汇集资源，使投资者，特别是小投资者能够获得商业房地产投资的经济和其他利益。房地产行业，是一个对资金流量具有极高要求的产业，无形之中，给小型投资者们设定了一个较难逾越的准入门槛。而 REITs 的资金汇集性使无数小型投资者的资金得到集聚，聚沙成塔，成为可以与一般投资商竞争的资金流，从而跨越预设的门槛，参与到房地产市场的投资和竞争中去。

2.3.2 收益平稳性

作为金融证券产品，其固有的风险是无法避免的，但是比起其他产品而言，REITs 一般能为投资者带去稳定和可以预测的现金流，因为其收益的大部分来自拥有和租赁房地产。① 除此之外，因为其所有权在市场上易于交易，REITs 也具有普通证券那样的流动性，所以，投资 REITs 在很大程度上可以增加投资者投资组合的稳定性。另外，REITs 一般会设定分红比例，去迎合税收政策，诸如新加坡国内税收部分就规定，REITs 遵守分红比例（90%），其对投资者的股利分红就是免税的。这就使得基金的大部分投资收益归属于投资者，为投资者带去可观的收益。

2.3.3 低相关性与波动性

相关性和波动性可以衡量和预测一项资产的价格变化对另一项资产所能造成的影响。对比了 REIT 股票、小盘股和特定时期的债券 S&P 500 指数的涨幅（或下跌）所受到的影响后发现，REITs 股票的同期价格波动只有 0.55（0 为所有不相关，1 与 −1 代表正向与反向完全相关）。商业房地产作为一项独特的资产类别，其在实业投资中所能带来的稳定的收益，弱

---

① REITs 投资的标的物为具有可以预见的稳定现金流的不动产资产，收益稳定，抗通胀能力较强，风险较小。

化了其受其他金融性资产价值波动的相关性，成为投资组合里较为稳定的资产证券代表。

2.3.4　风险性

任何一种投资都有风险，即便是银行内的存款，也可能因为通货膨胀而不断贬值。REITs 的风险大都来自房地产建设和租赁市场的空置率。相比其他投资工具，其投资风险还是能够控制的。这是由 REITs 的租金收入、入住率和房地产运营成本的稳定性和可预测性决定的。REITs 的投资收入大都建立在房产增值保值之上，当房地产行业稳定发展的时候，REITs 即具有低风险及可控的特性。在中国目前的国情之上，政府对房地产行业的宏观调控政策持续发酵，房地产行业短期内不会发生泡沫式崩盘的景象。即便是依靠租赁收益的 REITs 也可以通过寻找新租户来取代无力续租的租户等手段对抗空置率风险，使其基金现金流保持弹性，缩减其风险。

2.3.5　可转移性

REITs 的作用在于让不动产的收益权在资本市场中活跃，因此大多数房地产投资信托基金的所有权也可以很容易地转移，交易成本非常低，因此从世界范围看，大多数 REITs 的股票都是公开交易的。对于开放式房地产信托基金而言，每日可以进行公开报价，投资者可以向基金管理公司自由申购或赎回；对于封闭式基金而言，更类似于股票买卖。与传统的以所有权为目的的房地产投资相比，REITs 具有相当高的流动性，即可转移性，投资者可以根据自己的情况随时处置所持有的 REITs 份额，具有相当高的灵活性。

2.3.6　税收优势

世界范围内 REITs 的成功实践都离不开税收优惠的刺激。美国 1960 年发布的《房地产投资信托法案》明确了 REITs 的税收优势，而 REITs 高比例分红所带来的税收优势是其在美国持续繁荣的原因之一。而在英国，其财政部未能对 REITs 提供相应的税收优惠导致了 REITs 在英国的发展却颇为受阻。

2.4　REITs 与相关概念

2.4.1　REITs 与房地产信托

我国目前存在的房地产信托与 REITs 概念相近，但究其本质，两者在投资属性、投资金额和募集份额、运作方式、流动性、收入分配以及税收安排上均存在较大差异。为避免混淆信托公司发展房地产信托业务和 RE-ITs 业务，本节将针对两者进行对比分析。

2.4.1.1 房地产信托的内涵

2003 年 6 月，央行发布 121 号文件：《中国人民银行关于进一步加强房地产信贷业务管理的通知》，限制房地产企业的银行融资，房地产信托开始成为企业追逐的热点。房地产信托是指房地产信托机构受委托人的委托，为了受益人的利益，代为管理、营运或处理委托人托管的房地产及相关资财的一种信托行为。房地产信托经营业务内容较为广泛，按其性质可分为：①委托业务，如房地产信托存款、房地产信托贷款、房地产信托投资、房地产委托贷款等；②代理业务，如代理发行股票债券、代理清理债券债务、代理房屋设计等；③金融租赁、咨询、担保等业务。相对银行贷款而言，房地产信托计划的融资具有降低房地产开发公司整体融资成本、募集资金灵活方便及资金利率可灵活调整等优势。由于信托制度的特殊性、灵活性以及独特的财产隔离功能与权益重构功能，可以财产权模式、收益权模式以及优先购买权等模式进行金融创新，使其成为最佳融资方式之一。

资金是房地产信托投资机构从事信托的基本条件。房地产信托机构筹集资金的渠道和方式与银行不大一样，主要来源有：①房地产信托基金：是房地产信托投资公司为经营房地产信托投资业务及其他信托业务而设置的营运资金。目前我国的信托投资公司资金来源主要有：财政拨款、社会集资以及自身留利。②房地产信托存款：是指在特定的资金来源范围之内，由信托投资机构办理的存款。其资金来源范围、期限与利率，均由中国人民银行规定、公布和调整。③集资信托和代理集资：这是信托机构接受企业、企业主管部门以及机关、团体、事业单位等的委托，直接或代理发行债券、股票以筹借资金的一种方式。④资金信托：是指信托机构接受委托人的委托，对其货币资金进行自主经营的一种信托业务。信托资金的来源必须是各单位可自主支配的资金或归单位和个人所有的资金，主要有单位资金、公益基金和劳保基金。⑤共同投资基金：即投资基金或共同基金，对于国内公众而言，它是一种较新型的投资工具，但在境外已有百余年的历史，并且日趋兴旺，是现代证券业中最有前途的行业，在发达国家的金融市场上，已被实践证明是一种相当先进的投资制度，并已成为举足轻重的金融工具。

2.4.1.2　房地产信托的优势

（1）不受银行贷款约束。房地产信托可以不受通过银行贷款是企业自有资金应不低于开发项目总投资的 30% 的约束，也能弥补 121 号文规定的只有主体结构封顶才能按揭所造成的中间消费融资的断裂。房地产企业要积极利用信托融资，充分利用信托独特的制度优势实现多元化融资，巩固资金链条。

（2）创新空间宽广，具有巨大的灵活性。信托具备连接货币市场和资本市场的综合融资平台优势。可以针对房地产企业本身运营需求和具体项目设计个性化的信托产品，突出表现在信托对不同阶段、不同水平的项目都可定制解决方案。

（3）具有"一法三规"支持的财产隔离功能。信托行业所谓的"一法三规"，是指《信托法》《信托公司管理办法》《信托公司集合资金信托计划管理办法》以及《信托公司净资本管理办法》。信托设立以后，其财产处于一种"特殊状态"：技能充分体现委托人和受益人的意愿、利益和特殊目的，又不记在委托人所有权益项下，独立于委托人其他自由财产而存在：它名义上为受托人所有，但又不失为委托人的自有财产。

2.4.1.3　房地产信托与 REITs 的对比分析

作为投资的热点区域，房地产业以其资金需求量大、周转时间长的特点，使得众多的社会闲散资金和个人投资者不敢涉足该领域，而目前流行于西方发达国家的房地产信托投资基金（REITs），正是为解决上述矛盾而进行金融创新的产物，是共同投资基金的一种。由此可见，REITs 是房地产信托的进一步发展。

两者的区别在于以下几个方面（如表 2 所示）。

（1）投资属性不同。REITs 属于股权投资，其收入来源于出租收入或物业出售升值的收入。我国房地产信托属于债权投资，其收入视信托计划的方案设置而定。

（2）最低投资金额和募集份额不同。房地产信托的最低出借金额一般不低于 100 万元，且募集份额不能多于 200 份；REITs 对于最低出借金额和募集份额并无具体规定。

（3）运作方式不同。REITs 的运作方式是：负责提供资金并组建资产管理公司或经营团队进行投资运营。国内的房地产信托计划的运作方式是：提供资金，监管资金使用安全，或部分参与项目公司运作获得回报。

（4）流动性不同。REITs 是标准化可流通的金融产品，能够在证券交易所上市流通，产品周期一般在 8～10 年。REITs 面向中小投资者，具有相当高的流动性、稳定性和投资回报，同时还能有效地分散风险和投资组合管理，对不善于经营股票等金融资产且对未来现金支出又不确定的中小投资者来说是一个比较理想的投资选择。目前国内的房地产信托计划是有 200 份合同限制的非标准化集合金融产品，尚无二级市场，不能在证券交易所上市流通，产品周期一般为 1～3 年。

（5）收入分配不同。REITs 需要把收入的大部分分配给投资者，比如美国要求把所得利润的 90% 以上分配给投资者。国内的房地产信托计划对投资者的回报为信托计划方案中的协议回报。

（6）税收安排不同。REITs 的税制优惠在于，免交公司所得税和资本利得税，分红后利润按适用税率交纳所得税。国内的房地产信托计划目前没有专门的税制优惠安排。

综上所述，可知目前的房地产信托是比较成熟的债权投资产品，一般是信托公司募集资金后按约定利息放贷给房地产商，房地产商到期后再还本付息给投资人。只要房地产企业有足够的现金回款或者再融资实力，投资者一般不必过于担心所投的房产项目运营情况。期限一般为 1～3 年，其间不能交易，只能转让。

但 REITs 是较为新型的融资方式，由于 REITs 可以从租金收入和房地产升值中获得收益，这些收益大部分（可达 90%）会用于给投资者分红。期限长，但因为是标准化产品，流通性高于房地产信托。因此投资者不买房，也能享受房产增值的红利。但目前限于条件，尚处在私募加约定收益的形式。与股票和债券的高风险性相比，REITs 属于中低风险的投资工具，却可达到中度以上的报酬率，相较于存款、公司债券等固定收益工具，REITs 除了收益率较高，也享有 6% 的税收优惠。另外，比较 REITs 和基金的收益率，REITs 未必是收益最高者，通常其收益率高于债券型基金，但风险低于股票型基金。

表2   **REITs 与房地产信托的区别**

	REITs	房地产信托
投资属性	股权	债权
最低投资金额和募集份额	无要求	金额≥100 万元；份额≤200 份
运作方式	提供资金并组建资产管理公司或经营团队进行投资运营	提供资金，监管资金使用安全，或部分参与项目公司运作
流动性	强	弱
收入分配	收入的大部分分配给投资者	协议回报
税收	有税收优惠	无税收优惠

2.4.2 REITs 与类 REITs

REITs 并没有唯一的定义，我们常说的标准 REITs 是参考了国际主流模式来定义的。国内由于目前尚未推出严格意义上 REITs 的相关法律法规，在市场上发行的产品均是部分符合了国外成熟市场 REITs 的标准，因此称其为类 REITs 产品。虽然国内不断有类 REITs 产品的发行尝试，但是我国目前发行的类 REITs 产品同成熟市场 REITs 产品相比在交易结构、税负水平、运营方式收入来源、收益分配方式、募集资金形式等方面仍存在一定差异。为投资者提供定期收入。

（1）交易结构。美国的 REITs 多采用公司制的模式，且主要是通过股权方式在资本市场公开上市融资和交易。在公司制 REITs 的模式下，投资者通过认购股票成为公司的股东，间接持有了物业资产的股份。公司将投资收益以股利的方式分配给投资者；亚洲较为流行的则是信托制/基金制 REITs，在这种模式下，REITs 持有人持有的是信托凭证或基金份额，RE-ITs 本身即为信托/基金实体，多数需要外聘基金管理人和物业资产管理人在 REITs 市场发展的初期，采用信托型/基金型（契约型）的 REITs 结构，做成有期限的、可上市交易的封闭式基金，可以减少 REITs 设立的法律程序，容易被管理层和投资者接受。国内目前的操作模式主要是通过发行专项资产管理计划即契约型的方式，该方式虽然为证券提供了可在交易所转让的流动性，但专项资产管理计划并不能直接收购物业公司股权，所以在此一般通过私募基金收购物业公司股权。以苏宁云创项目为例，中信金石设立私募投资基金，通过《私募投资基金股权转让协议》，收购苏宁云商持有的项目公司 100% 的股权。华夏资本再通过专项管理计划，购买物业资产的全部私募投资基金份额，从而间接持有物业资产。

（2）税负水平。国外成熟市场 REITs 产品通常可以享受一定税收优惠。如美国，其国内税法规定，在满足投资范围、收入比例、组织形式等各方面要求后，如果将 REITs 公司应税收益的 90% 以上分配给投资者则可以免征公司层面的所得税，仅投资者个人需缴纳个人所得税；但 REITs 公司分配后的留存收益仍需缴纳公司所得税。而在我国，在基础物业资产转移给 SPV（如私募基金和信托公司）时，由于所有权发生转移，根据现行法律原始权益人还需缴纳 25% 的企业所得税，如果原始权益人为房地产开发公司还另需按照累进税率缴纳 30%～60% 的土地增值税，如在以后《公司法》允许的条件下通过公司制成立 REITs 公司，在 REITs 公司运营层面还需缴纳公司所得税，因此我国 REITs 所承受税负还处于比较高的水平。

（3）运营方式收入来源。以美国为例，由于采用公司型组织结构，REITs 公司的运营多以不断提高盈利水平，为股东谋求长期回报为目的。因此在 REITs 公司发展过程中通常会适时不断收购新的物业资产或投资于其他靠销售方式如酒店、高尔夫球场获得收入的业务，扩大 REITs 经营规模。但为达到美国国内税法免交公司所得税的要求，在投资范围上仍需满足不少于 75% 的比例投资于可产生稳定租金收入的房地产或地产相关产业，同时 75% 以上的收入须来自房地产租金、房地产抵押贷款利息、相关处置收入或其他合格投资收益。我国当前类 REITs 产品多采用专项计划购买私募基金份额，私募基金全额收购基础物业资产的方式。基础资产的选择通常由发起人即原始权益人决定，在专项计划成立之初便确定若干物业资产作为基础资产，在产品存续期内专项计划也不会购买新的物业资产，即类 REITs 的规模一般是固定的。其项目收入也仅限于基础物业公司的运营收入以及产品到期退出时物业资产的处置收入或原始权益人支付的权利对价等。

（4）收益分配方式。美国、新加坡、中国香港等成熟市场在 REITs 收益分配方面，都采用了需将应税收益的 90% 以股利或分红形式分配给投资者才可享有税收优惠的规定。我国由于没有针对 REITs 在收益分配方面具体要求的法律法规，在受益权形式上出现了优先级、次级等多种类别的收益类型。其中优先级证券大多只享有发行时确定的固定利率或享有部分在计划退出资产处置时产生的增值收益，大部分资产处置的收益分配权由次级或称权益级享有；而享有物业处置收益的次级或权益级通常期限较短，不能达到长期持有享受增值的目的。

（5）募集资金形式。国外成熟市场 REITs 产品的投资人范围广，投资期限长。以美国为例，REITs 在成立时受益人即须在 100 人以上，持股最多的 5 名股东所持份额不能超过总流通值的 50%；如要满足上市要求则需更多的股东持股或满足一定交易量；投资者通常可长期持有也可交易转让。我国当前产品受到专项资产管理计划形式的限制，多为私募形式，募集范围一般在 200 人以下。在 3 ~ 5 年后产品到期退出时即使我国在各方面都具备了发行公募 REITs 的条件，因为原始权益人拥有优先回购权，原始权益人如果需要支付的权利对价较少的话，根据不同交易条款的设置也可能影响产品最后以发行公募 REITs 形式退出。

2.4.3　REITs 与 CMBS

REITs 是一种以发行股票或收益凭证的方式汇集众多投资者的资金，由专门投资机构进行房地产投资经营管理，并将投资综合收益按比例分配给投资者的一种信托基金。

商业房地产抵押贷款支持证券（Commercial Mortgage Backed Securities，CMBS）是指商业地产公司的债权人，以原有的商业抵押贷款为资产，依靠抵押物未来产生的净现金流提供偿付本息支持，而发行的资产支持证券产品。它是成熟市场中商业房地产公司融资的有效金融工具之一。与 REITs 相比，CMBS 是一种纯粹的债权性质的产品。与银行信贷相比，CMBS 是抵押给信托或私募基金，获取信托贷款或者委托贷款，信托或者基金通过专项计划向投资者筹款。REITs 和 CMBS 的区别主要如表 3 所示。

表 3　　　　　　　　　　　**REITs 和 CMBS 的区别**

	REITs	CMBS
资金用途	筹集的资金用来购买房地产并通过运营房地产获得回报	原始权益人通过抵押房地产所有权获得贷款
证券化类型	商业物业权益类证券化的重要方式：巨额房地产项目汇成一个资产池	商业物业债项证券化重要方式：抵押贷款债权汇成一个资产池
流通渠道	交易所流通	交易所和全国银行间债券市场
投资门槛	小投资者能通过交易所投资	一般散户无法投资

2.5 国内 REITs 研究

REITs 的国内外学术理论研究存在较大差异。20 世纪 80 年代，REITs 逐渐引起了美国学者的关注，经过长时间的研究积累，关于 REITs 的理论基础、制度设计和实证研究都形成气候，研究主要集中在以下几个方面：REITs 组织结构的效率、REITs 的债务政策、REITs 的市场表现、REITs 的委托—代理问题、机构投资者对 REITs 业绩的影响等。此外，境外 REITs 实践经验丰富，其理论基础和制度设计也在实践中得以不断完善。由于国内法律制度环境的限制，REITs 在中国的发展仍处于初级阶段。目前，仅有少数学者对 REITs 有所研究，已有研究主要集中于以下几个方面。

第一，关于境外 REITs 的发展研究以及对中国的启示。目前关于 REITs 的研究中，大多数学者都会对境外 REITs 发展情况进行分析，如美国、澳大利亚、新加坡以及中国香港，特别是 REITs 发展较为成熟的美国，多数学者通过对其 REITs 的研究进而探求对我国发展 REITs 的启示 [李健飞（2005）；陈琼、杨胜刚（2009）；王凤荣、耿艳辉（2012）]。

第二，关于我国 REITs 发展的法律制度障碍。沈田丰和韩灵丽（2011）从《证券投资基金法》《公司法》《信托法》以及 REITs 的税收问题研究我国 REITs 发展所面临的法律制度障碍，王浩（2013）还提及了我国房地产法律制度也是 REITs 发展的制度障碍之一，如房产登记制度、公允房评估等。

第三，关于 REITs 的风险与收益。REITs 作为股票、债券、现金之外的第四类可配置资产，不仅与股票、债券的相关性低，同时也可以分散投资组合的风险。但因 REITs 涉及房地产与金融两个重要行业，其隐性的系统性风险也需要进行识别、预防以及化解，为此，陆却非和葛丰（2011）对 REITs 系统性风险的转化机制及预警进行了研究。

第四，关于 REITs 的税收问题。REITs 在美国的产生与激励就是因其税收优惠，然而现阶段在我国 REITs 的发展中税收制度是障碍之一。汪诚和戈岐明（2015）通过对美国、德国、澳大利亚、法国以及中国香港 REITs 的税收制度进行分析，提出针对我国 REITs 税收问题及其对策，并创新性地提出 REITs 投资期望与其税负的博弈模型。

第五，关于 REITs 对房地产市场的影响。在已有文献中，仅有王秀玲（2007）从房价、开发商、投资者、政府以及开发模式五个方面研究 REITs 对房地产市场的影响。

通过上述现有学者对 REITs 的研究文献发现，目前国内针对 REITs 的研究内容较为单一，绝大部分限于对 REITs 的起源、概念、模式、制度、业绩等情况的介绍，或者 REITs 制度移植的可行性、约束条件和意义等，对于 REITs 制度设计的内在原因没有说明，对于 REITs 制度移植的深层次制度安排、委托—代理问题的解决方式、债务融资约束等问题都没有进行深入探讨。鲜有学者通过现有 REITs 相关产品进行案例分析，特别是针对国内已发行的 REITs 或类 REITs 产品，尚无学者对券商发行或信托发行的 REITs 进行相关研究。因此，通过以上研究现状综述也进一步论证了本文的理论研究意义和实务研究意义。

3 境外 REITs 对比分析

本章将针对美国、日本、新加坡、中国香港的 REITs 制度以及市场现状进行对比分析，旨在总结 REITs 业务的国际发展经验。通过对比可以看出，成熟的 REITs 虽然发展驱动不一样，但在组织主体、法律制度以及交易结构等方面具备一些共性，如组织主体都是信托或公司形式，且 REITs 本质上偏向于公募型，更符合吸引中小投资者参与房地产投资的产品特点等。这不仅为我国信托公司发展 REITs 创新业务提供了思路与借鉴，也为后文阐述我国信托公司发展 REITs 业务提供了对比与论证依据。

3.1 美国 REITs 发展与模式概况

3.1.1 美国 REITs 的发展与现状

1960 年，美国国会批准设立房地产信托投资基金，其目的是让所有投资者，特别是小型的投资者能够拥有收益率可观的房地产行业投资渠道。根据美国房地产投资信托基金协会（NAREIT）的统计数据，美国 REITs 1971 年仅 34 只，总市值仅约 15 亿美元。经过几十年的发展，截至 2016

年底，已达 224 只，总市值超过 1 万亿美元。① 仅 2016 年一年，美国的
REITs 行业在新项目的建设以及对以往资产的维护支出上共投资 528 亿美
元，产生了 600 亿美元的股息分配，为美国经济贡献了 200 万份的全职工
作，相当于 1186 亿美元的劳动收入。②

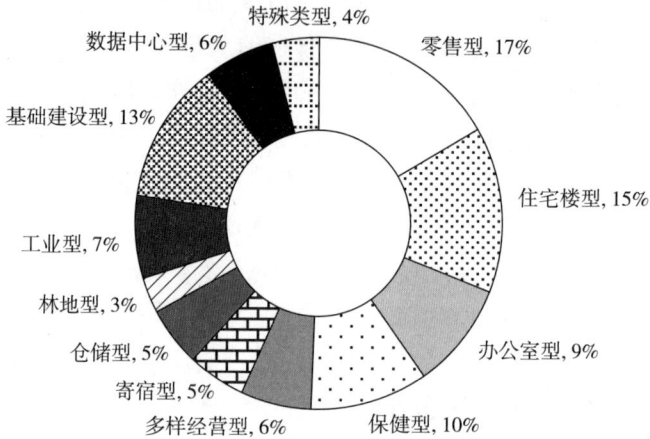

图 1　美国房地产信托基金种类分布

美国 REITs 根据投资类型可以分为三大类：（1）资产类（Equity）：投
资并拥有房地产，主要收入来源于房地产的租金。（2）房地产贷款类
（Mortgage）：投资房地产抵押贷款或房地产贷款支持证券（MBS），收益主
要来源于房地产贷款的利息。（3）混合类（Hybrid）：采取上述两类的投
资策略，投资领域既包括房地产本身也包括房地产贷款。截至 2016 年末，
美国市场上共有 184 家权益类 REITs，市场价值 9601.928 亿美元，40 家贷
款类 REITs，市场价值 585.371 亿美元。

美国的 REITs 投资于大多数房地产类型，包括办公室、公寓楼、仓库、
零售中心、医疗设施、数据中心、电池塔、基础设施和酒店。大多数房地
产投资信托基金专注于某一特定的财产类型③，但有些 REITs 持有其资产

① 数据来源：美国房地产投资信托基金协会（NAREIT），https：//www.reit.com/data-re-
search/reit-market-data/us-reit-industry-equity-market-cap.
② 数据来源：美国房地产投资信托基金协会（NAREIT），http：//thereitway.com/the-reit-
industry#sidr.
③ Brent W. Ambrose & Peter Linneman 指出，72% 的内部管理的 REITs 和 84% 外部管理的 RE-
ITs 的投资重点会放在单一资产类型上。

组合中的多种类型，以达到资金配比、分散风险的目的（详见图1）。

美国的184只REITs平均股息升息率3.98%，2017年平均年回报率为5.83%。具体各个种类的美国REITs的数量、总市值、股息收益率以及2017年回报率详见表4。由表4可知，虽然零售型REITs的市值占比最大，但基础建设型、数据中心型以及工业型的2017年回报率分别位列前三名。其中，数据中心型REITs是指通过拥有和管理客户使用的安全存储数据的设施，提供一系列的产品和服务，包括提供不间断电源，风冷式冷却设备和实质性安保等，以帮助保持服务器和数据的安全，以此面对在数字化进程中专营网络、数据类服务的公司对数字信息安全存储的新需求。由此可见，美国的REITs已经成为一种庞大的，紧随热点的具有可观收益的投资市场。

表4　　　　　　　　各个种类美国房地产信托基金的回报率

类型	数量（只）	总市值（百万美元）	股息收益率（%）	2017年总回报率（%）
零售型	33	176404	4.94	-4.77
住宅楼型	22	139671	3.21	6.63
基础建设型	7	133407	2.52	35.38
办公室型	24	99796	3.29	5.25
保健型	19	92360	6.23	0.87
工业型	14	73432	2.92	20.58
数据中心型	5	69848	2.50	28.43
寄宿型	20	59195	5.79	7.16
多样经营型	19	58623	5.64	-0.10
仓储型	6	54494	4.11	3.74
特殊类型	11	37259	6.57	13.22
林地型	4	35129	3.36	21.92

数据来源：美国房地产投资信托基金协会（NAREIT）。

3.1.2　美国REITs的运作模式

3.1.2.1　设立条件

税收优惠就是房地产信托投资基金兴旺的根本原因之一。根据美国Internal Revenue Conde① 的相关规定，美国的REITs只有符合5个条件，才

---

① Internal Revenue Code，IRC，Secs. 856－858.

能获得免缴公司税的地位。因此，业界也就将这些条件称作取得 REITs 免税资格时的一系列"测试"。

首先，美国 REITs 的组织形式只能是公司、商业信托或者协会（Association）三种之一，必须在美国 50 个洲或者哥伦比亚特区成立。在运营过程中，为了维持项目正常的运转，REITs 必须保证由至少一名的公司董事或者受托人进行管理。此时的 REITs 具有不同于金融机构和保险公司的独立属性，向美国联邦缴税时，其应等同于国内的公司法人。

其次，REITs 作为一种证券化产品，其权益凭证，无论是以股票、债券或者是其他类型的凭证，必须是可以在市场上转让和流通的。同时，美国在立法上对 REITs 的所有权做了一定的限制，即所谓的"百人原则"和"五人原则"。"百人原则"是指，REITs 必须具有一定的规模，其股东或者是受益人的人数不得少于 100 人。"五人原则"是对 REITs 持有比例的规定，在每个纳税年度的后半年，不得有超过 5 个或 5 个以上的个人持有股份数超过总股份 50% 的。

再次，作为一种具有限定投资范围和投资种类的证券，房地产投资信托基金必须满足两个年度收入测试和季度资产测试，以确保房地产投资信托基金的收入和资产的大部分来自房地产。其每年的总收入中至少有 75%必须来自房地产相关收入，20% 的房地产投资信托基金的总收入必须来自上述上市的来源或其他形式的收入，不超过 5% 的房地产投资信托基金的收入可以来自非资格来源，如服务费或非房地产业务。

另外，作为房地产行业的信托投资基金，其必须对房地产行业有一个支撑性的市场融资特点。所以在收入结构上，其收益的组成中，股息红利、房地产租金、证券和房地产处置收益以及房地产相关税种的减退等与该行业的房产实业、金融化产品有关的运营和操作收益需要占到总收入的 95% 以上，其中，针对房产项目运营过程中产生的租金、抵押担保债务所滋生的利息，不动产处置收益，持有的其他 REITs 的投资收益和相关减退的税费得占到 75%。为了保障资产结构的稳定性，REITs 每年因处置持有期不满 1 年的证券或股票的收入或者处置持有其不满 4 年的房地产收入所得不得超过总收入的 30%。

最后，在分配利润时，REITs 必须将其应纳税所得额的 90% 分配给投资收益人。只要其保留收入，就必须像其他公司一样对这种收入纳税。这样设计的目的，一方面在于向投资者提供具有吸引力的预期报酬，让投资者特别是小型的投资者能够通过 REITs 参与到房地产行业投资中；另一方面在于限制 REITs 公司的税收优惠条件，如果保留收入而不纳税，必会出现公司大股东侵占中小投资者权益的行为，违背美国为激励 REITs 发展而给予公司的税收优惠法律制度。因此，这样的利润分配方式更进一步体现了 REITs 的资金汇聚性特性和税收优惠特征。

3.1.2.2 运行结构

美国的 REITs 模式基本上是在税收法律条款下的市场型模式。美国市场上的 REITs 有灵活的运行结构，大致有三种，即传统结构、伞形合伙（UPREITs）和下属合伙（DOWNREITs）结构，后又在此基础上发展出了合股（STAPLED STOCK）结构和纸夹（PAPER CLIPPED）结构。

传统的 REITs 直接持有物业资产，并且委托独立的第三方进行资产管理、物业租赁等服务。最基础的 REITs 模式是从拥有房地产资产的私人房地产企业过渡向 REITs，原企业的所有者会成为 REITs 的高管或股东，其原有资产折价转让换取 REITs 的股票。REITs 通过在证券市场上市发行或者私募发行，吸引投资者向其投资，达到融资的目的。同时，REITs 和独立的第三方房地产管理公司签订管理外包协议，委托管理经营 REITs 拥有并控制的房地产资产。外包公司投资所获得的租金、股利、利息成为 REITs的收益，然后以股利的形式，成为投资者们的投资回报。这种方式可以使 REITs 在经营效益不佳的时候，转化为有限责任公司结构，规避法律对于分红的严格要求并获得灵活调整资产结构的机会（如图 2 所示）。

在 UPREITs 结构中（如图 3 所示），现有合伙企业的合伙人和 REITs 房地产投资信托基金基于合作关系，共同成立一家经营性的合伙企业（Operating Partnership）。对于各自在经营合伙企业中的利益，原来的企业通过转让其自有物产向 OP 出资，取得 OP 的股权；房地产投资信托基金提供其公开募集的现金向 OP 出资。此时的 REIT 通常会成为这家 OP 的普通合伙人和其大部分股权的持有者。经过一段时间（通常是一年），原企业可以通过把自己持有的 OP 股权置换成现金或 REITs 股份（通过房地产投资信托基金或运营伙伴的选择），来获得流动资金。这个转换可能会导致合作伙伴因 UPREITs 的形成承担税收后果。

这个结构有两个好处，首先，以房产出资的企业可以享受到一种延迟

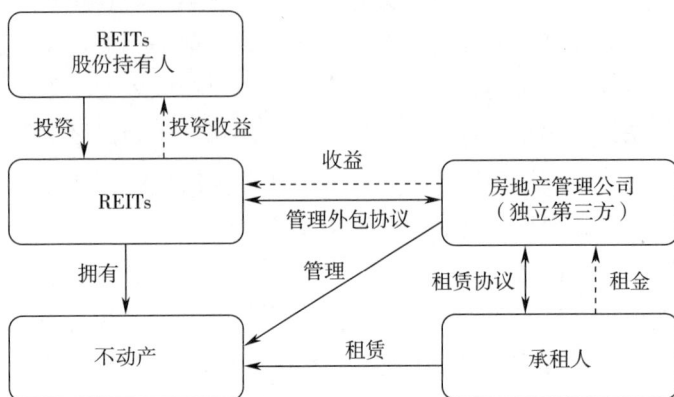

图 2　美国模式 REITs 的传统结构

纳税的优惠，其在转让房产作为 OP 企业的出资时并不需要缴税，直至其将手里的 OP 股份置换成现金或者 REITs 的股票。此外，作为 OP 合伙人，如果持有 OP 的股份直至死亡时，按照美国遗产税的规则，其受益人可以在不缴纳所得税的情况下抛出该部分现金或房地产投资信托基金股份。2010 年，这个结构在美国新上市的 REITs 产品中占比四分之三。

DOWNREITs 是在 UPREITs 结构的 REITs 上，为了进一步扩张其规模，拓宽自身的成长空间，通过结构重组升级，演变形成的。REITs 开始与大量的新的房地产项目所有者合作成立多家 OP，通过成为多家 OP 的合伙人，从而扩大投资规模，分散投资风险，获取群体性规模性效益（如图 4 所示）。

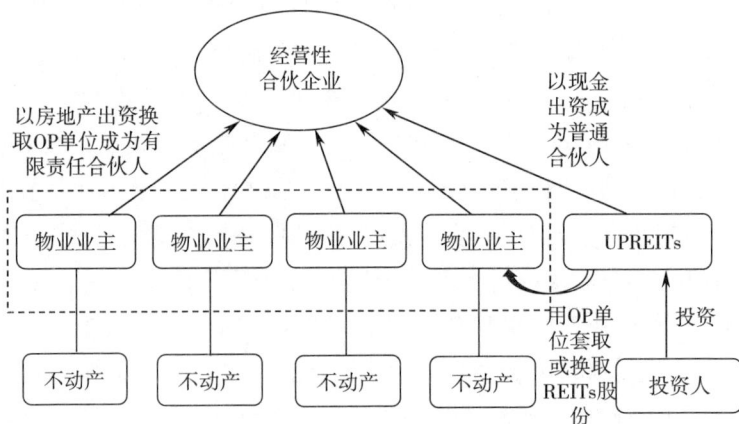

图 3　美国模式 REITs 的伞形合伙结构

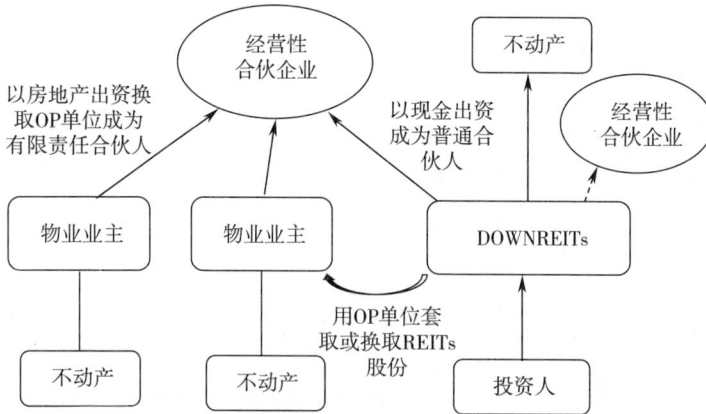

图 4　美国模式 REITs 的下属合伙结构

3.2　日本 REITs 发展与模式概况

3.2.1　日本 REITs 的发展与现状

随着 20 世纪末日本经济破灭和房价的持续下滑，投资者依靠房屋买卖赚取差价的盈利模式已经不复存在，由此产生的大量坏账也在银行系统堆积，而不动产的充分流动是解决该难题的核心，资产证券化是解决的手段。因此，2000 年 11 月，日本修订了《投资信托及投资公司法》（*Act on Investment Trusts and Investment Corporations*）让 REITs 能以公司或者信托进行成立和发行。2001 年 9 月，日本颁布的《金融工具和交易法》（*Financial Instrument and Exchange Law*）要求资产管理公司以投资管理人的形式注册和存在，为 REITs 市场的发展和完善提供了强有力的支持，有效地保护了中小投资者。2001 年 9 月，日本办公建筑基金和日本房地产投资公司在东京证券交易所成功发行了房地产投资信托，使得日本成为亚洲第一个成功发行 REITs 的国家。

在日本，房地产投资信托被称为不动产投信（J－REITs），投资人通过投资，获得与股票类似的投资凭证，并可以借由东京不动产投资信托市场进行交易。这类型交易收到与股票交易一样的交易规则的监管。经过 16 年的发展，J－REITs 市值规模已经位居亚洲第一、全球第二，仅次于美国。截至 2018 年 3 月 5 日，日本证券流通市场上 J－REITs 共有 60 只，总市场价值为 11602094 百万日元，平均股息收益率为 4.23%。①

目前，日本 REITs 对杠杆率没有强制性规定，但规定了只能是有资质的机构投资者向 REITs 发放借款。截至 2017 年第二季度末，日本杠杆率最高的 REITs 是写字楼，其杠杆率高达 56%，而工业物流的 REITs 杠杆率最低，为 24%。从收益率（过去一年的总派息额比 REITs 的股票价格）来看，日本 REITs 仅为 4%，与其市场收益率（该国十年前国债收益率）大致持平。

3.2.2 日本 REITs 的运作模式

3.2.2.1 设立条件

与美国 REITs 制度不同的是，日本法律规定 J–REITs 仅能作为一种资产的持有工具，不允许有雇员，因此相关的资产管理、托管以及行政管理功能都得委托给其他专业机构，即基础的公司型 J–REITs 引入了资产保管机构以及信托管理人的角色，且均为外部管理模式。

首先，J–REITs 的发起人需要成立资产管理公司并创建投资公司（SPC），在满足上市条件之后，在东京证券交易所 REITs 市场发行股票，投资者通过购买投资公司的股票成为投资公司的股东。其次，投资公司引入第三方机构作为投资者投资财产的资产保管、管理人，并将投资公司的资产管理通过资产管理合同承包给投资信托管理人进行管理。最后，投资信托管理人通过与房地产管理公司签订管理合同，管理投资公司的房地产资产。此类 J–REITs 的交易结构与我国常见的基金类事务的交易结构基本相同。

其次，根据东京证券交易所的规定，J–REITs 的成立必须满足：

（1）封闭式；

（2）70% 的总资产投资于房地产、房地产租赁等直接相关的资产或 95% 的总资产投资于房地产领域或超过 50% 的资产投资于房地产投资该公司的股票、现金以及现金等价物；

（3）净资产必须超过 10 亿日元，总资产必须超过 50 亿日元；

（4）J–REITs 上市时，J–REITs 流通股至少超过 4000 份；前十大份额持有者的持有份额不得超过总份额的 75%；除前十大份额持有者外，其

①　数据来源：http://en.japan–reit.com/list/rimawari/.

他份额持有者数量必须超过 1000 人；

（5）J – REITs 要求将不少于其可分配利润的 90% 作为红利分配给份额持有人；

（6）为了防止投资者们因为信息的不对称性遭受过高的投资风险，日本的证券交易所还对 J – REITs 的信息披露义务作了详细的规定。

3.2.2.2　税收优惠

虽然与美国相比，日本的 REITs 并不具有 UPREITs 那样的税收优惠，即在日本，将不动产转让给 J – REITs 需要缴纳税费，但日本对 J – REITs 也给予了税收优惠，一家 J – REITs 在满足以下 4 个条件之后，可以免征企业所得税：

（1）其派发的股息必须超过收入的 90%；

（2）其最大的股东不得持有 50% 以上的投资单位；

（3）其最大的股东不得持有另一家公司 50% 以上的股权；

（4）如果发生资金借贷，其借入的资金必须来自一家机构投资者。

3.2.2.3　运作结构

J – REITs 的运作结构大致为，投资公司（SPC）以房地产的投资、运营为目的，向投资者发行证券来募集资金，从而购入、保有房地产来产生收益，并对持有证券投资者进行分红（见图 5）。日本法律规定，J – REITs

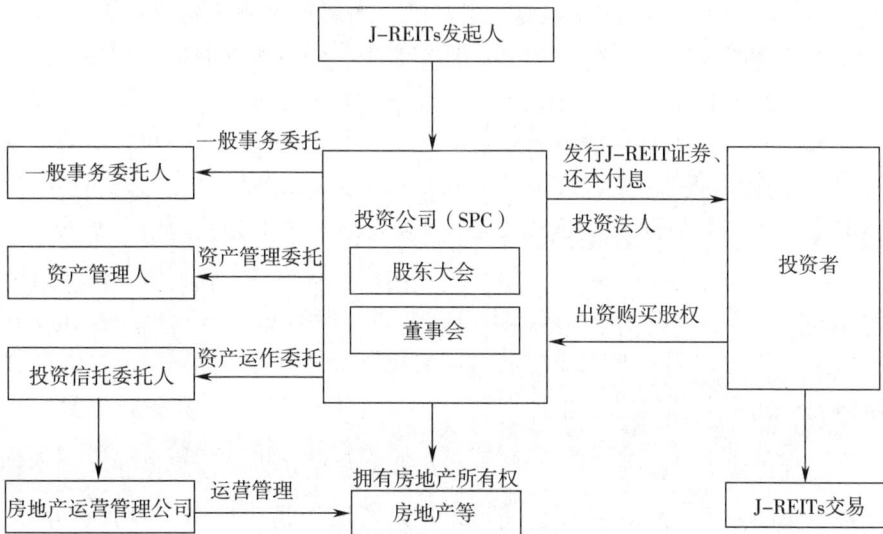

图 5　日本模式 J – REITs 的基本运作结构

仅是一个资产持有工具，不允许雇用自己的员工；其相关的资产管理、托管以及行政管理功能都必须委任给其他专业机构。因此 J – REITs 均为外部管理模式，即与资产管理公司签订合约，由其对 J – REITs 旗下不动产进行管理。

3.3　新加坡 REITs 发展与模式概况

3.3.1　新加坡 REITs 的发展与现状

新加坡是亚洲继日本之后第二个推出 REITs 的国家，也是亚洲第二大 REITs 市场。但与其他发达经济体不同，新加坡的 REITs 市场最为国际化，大量 REITs 持有的基础物业除了位于新加坡本国之外，位于马来西亚、中国、印度尼西亚的也占有较高比例，体现了新加坡作为亚洲地区 REITs 募资中心的地位。

早在 20 世纪 80 年代，新加坡房地产行业就对这种投资形式表现出浓厚的兴趣。1985 年，新加坡经济严重衰退，为了探寻使房地产市场走出低迷的办法，政府及一些私营机构的代表共同成立了新加坡房地产咨询委员会。1986 年，该委员会首次提出将 REITs 引入新加坡市场，作为房地产市场重振策略的一部分。

直到 1999 年 5 月，新加坡金融管理局发布了第一版的《新加坡房地产基金指引》，为 REITs 的发展奠定了基础。随后，税务局机关在 2001 年制定了税收透明规则，加快了 REITs 的落实。在多项政策的推动之下，2002 年 7 月，新加坡的第一只 REITs——凯德商用新加坡信托（Capital Land- Mall Trust）——在新加坡交易所主板成功上市。2002—2007 年，随着大量新兴的房地产投资信托基金上市，新加坡 REITs 市场进入快速扩张阶段。随着次贷危机爆发，新 REITs 的上市进程放缓，2008 年仅有一只 REITs 成功上市，而 2009 年上市数目为零。2010 年，第二波 REITs 上市潮来临，并于 2013 年达到峰值。截至 2017 年 3 月末，新加坡交易所存续 39 只 REITs，存续规模 849.2 亿新加坡元。

3.3.2　新加坡 REITs 的运作模式

新加坡的 REITs 大多由地产投资集团或者开发公司发起设立，一个地产投资集团或大型资产管理公司可以针对不同的物业类型（零售、办公、住宅、医院物业等）设立多只 REITs。

3.3.2.1 组织形式

新加坡 REITs（以下简称 S－REITs）可以以公司法人或者信托的形式成立并上市。

若 REITs 以公司形式设立，则该基金必须在新加坡证券交易所（SGX）公开募集资金，除非主办者可以说服相关管理机构，未上市股票可以在现有市场进行交易。公司型 S－REITs 的董事会中必须包括两名以上独立董事，具有稳健的财务状况、实缴资本达 100 万新加坡元。S－REITs 的年度报告必须包括以下信息：所有房地产交易、房地产详细资料（如地点、购入价格、最新评估价格、租金收入、出租率及剩余租期）。另外还包括借款细节、经营性支出（包括支付给管理公司、顾问公司和关联方的费用和手续费）和税收支出等，并对 S－REITs 的经营绩效做出评估。

若以信托形式设立，则必须指定一经政府金融部门许可的受托者，此受托者必须独立于基金经理人之外，同时符合金融体制健全要求。此形式下，S－REITs 可以公开或私下募集资金：如以私募方式，投资者必须被允许至少一年可以赎回信托单位一次；如以公募方式，主办者可以要求免除投资者赎回单位的要求。

3.3.2.2 税收优惠

新加坡没有明确规定 S－REITs 具有免征企业所得税的地位，但是允许 S－REITs 向税务部门申请该免税资格。在信托层面免征企业税的情况下，投资者必须为投资收益纳税。

S－REITs 为了获得 REITs 的税收优惠，则必须将每年营业收入不少于90%，按照季度、半年或者年的频率以分红的形式分给投资者，但是资本利得部分不作要求。只要被认定为可获得税收优惠的 S－REITs，来自房地产及房地产相关资产的现金收入部分可以完全免税。但是资本利得收入则分不同情况决定是否要纳税。新加坡本身对于资本利得是免税的，但是如果公司以买卖物业为主业，则必须要交纳 17% 的税收。在新加坡交易不动产还需要缴纳印花税，上市交易的 S－REITs 或者将在 6 个月内上市的 S－REITs 可以减免印花税。

3.3.2.3 投资范围

S－REITs 至少 35% 的存置资产应投资房地产，可以采取两种投资方式：一是直接拥有新加坡境内外房地产；二是持有非公开房地产投资公司的股份。S-REITs 必须于发行截止日后的 24 个月内达到上述要求。同时，S-REITs 存置资产的 70% 必须投资房地产或者与房地产相关的资产。S-REITs 总资产的 30% 可投资政府公债及上市债、非房地产公司的公司债或股份、现金及其他现金等价物。S-REITs 对单一房地产开发商的投资不得超过其资产的 10%。S-REITs 在单一发行人发行的证券或者单一经理人管理的基金方面的投资，不得超过其总资产的 5%。

S-REITs 须根据自身类型与数量、投资目标和市场情况，合理地在房地产类型、地点和国家以及房地产投资数量方面进行分散化投资。如果 S-REITs 拟投资单个房地产项目或者房地产投资高度集中时，S-REITs 必须披露这一事实和因投资集中所导致的风险。

S-REITs 不能从事或参与房地产开发活动，不论是以独资或合资方式，还是投资非上市房地产开发商的形式进行。S-REITs 除了投资获准开发的空地上即将开发的房地产外，不能投资空地。投资新加坡境内未开发完成的非公寓房地产，或者新加坡境外未开发完成的房地产，均不得超过总资产的 20%。

S-REITs 须根据自身类型与数量、投资目标和市场情况，合理地在房地产类型、地点和国家以及房地产投资数量方面进行分散投资。公开上市说明书必须披露 S-REITs 是否以及如何合理地进行分散化投资。如果 S-REITs 拟投资单个房地产项目或者房地产投资高度集中时，S-REITs 必须披露这一事实和因投资集中所导致的风险。

3.3.2.4　杠杆限制

S-REITs 可以用其资产为这样的借款作担保。其杠杆借贷总额不应超过基金存量物业的 35%。只有在房托基金从惠誉公司、穆迪公司或标准普尔公司获得了信用评级并且披露给了公众的情况下，房托基金的杠杆借贷总额可以超过基金存量物业的 35%（最多到 60%）。只要其杠杆借贷总额超过基金存量物业的 35%，房托基金应继续维持并披露其信用评级。

3.4　中国香港 REITs 发展与模式概况

3.4.1　发展概况

香港地区地少人多，房地产交易频繁。2003 年 8 月，香港证监会颁布《香港房地产信托投资基金守则》，该守则在 2005 年进行修改，主要修改内容一是通过开放投资非港物业，二是把 REITs 负债比例提高到45%。随着规则的完善，香港地区 REITs 开始盛行，成为投资人追捧的新的投资标的。

综合来讲，中国香港地区的 REITs 市场比新加坡发展更晚，但其房地产规模比新加坡更大，REITs 发展的空间更大，市场期待也比较高，在资本市场上 REITs 有较强的吸引力，同时为内地的房地产企业开辟了全新而稳定的融资渠道。比如2005年上市的越秀 REITs 就是以广州地区的4栋商业物业为投资对象的。目前香港一共有10只上市的 REITs，详见表5。

表5   港交所 REITs 证券一览

名称	代码	物业类型
冠君产业信托	2778HK	综合
置富产业信托	778HK	零售
汇贤产业信托	87001HK	综合
领展房地产投资信托基金	823HK	综合
开元产业投资信托基金	1275HK	酒店
泓富产业信托	808HK	综合
富豪产业信托	1881HK	酒店
春泉产业信托	1426HK	写字楼
阳光房地产基金	435HK	综合
越秀房地产投资信托基金	405HK	综合

资料来源：戴德梁行。

3.4.2 主要规则

3.4.2.1 组织规则

香港采用基金管理机构、托管机构高度独立的契约型模式。香港房地产投资信托基金属于契约型，具有信托所有权与利益分离、信托财产独立的特点。具体表现在：第一，房地产投资信托基金的资产必须以信托形式持有，同时与托管机构、管理公司、相关实体以及其他集体投资计划的资产分开处理；第二，必须委任经香港证监会批准的独立托管机构，以信托形式持有相关计划的资产，同时监察管理公司的活动是否符合该计划的有关组成文件及适用于该计划的监管规定；第三，必须委任经香港证监会批准的管理公司，对信托资产进行专业管理。①

3.4.2.2 资金运作

中国香港对于房地产投资信托基金资金运作的要求比美国、澳大利亚、日本、新加坡等国家严格。在投资标的上，香港房地产投资信托基金属于权益型基金，只能投资可产生定期租金收入的房地产项目，禁止投资空置土地、从事或参与物业开发活动。在资产结构上，香港法律规定，房地产投资信托基金90%以上的资产须由房地产项目构成；在资产持有年限上，香港要求房地产投资信托基金须持有所投资的房地产项目为期两年以上。在资产负债率上，中国香港房地产投资信托基金的借款总额与其资产总值之比不得超过45%，而美国、日本在此方面并没有作出法律限制。

3.4.2.3 交易方式

香港房地产投资信托基金均约定发售之后80年内，基金单位持有人不得追加投资或赎回其基金单位，只能通过第二市场，向第三者出售或处置其持有的基金单位。

3.4.2.4 股息分配

香港《房地产投资信托基金守则》规定，房地产投资信托基金每年必须将不少于90%的税后净收入分派给基金持有人作为股息。

3.4.2.5 税收优惠

REITs出售物业利得免税。REITs所分配收益免缴所得税，投资者分红收入免税，豁免首次发行的印花税。

3.5 境外 REITs 对比分析

3.5.1 REITs 的法律制度比较

从 REITs 立法的角度，可以将美国、日本、新加坡和中国香港的 REITs 发展分为两种模式。两种模式的不同源于监管理念的区别。美国模式主要是从保护中小投资者的角度确立 REITs 符合税收优惠的条件，再根据税法和市场状况，在结构、经营策略等方面作出相应的决策。所以，美国模式基本上是在税收法律条款下的市场型模式。日本、新加坡和中国香港的 REITs 模式主要借鉴了美国的模式，在结构、投资目标、收入分配等方

---

① 匡国建. 香港房地产投资信托基金的运作模式及启示 [J]. 南方金融，2009 (7).

面制定了相似的规定，但是由于各国在税收制度方面与美国有根本的不同，所设立的 REITs 没有明显的税收优惠驱动的特征。相对而言，较为明显的是这些国家的 REITs 产品是通过建立类似于美国 REITs 条件的专项法规，对 REITs 产品提出设立条件和监管要求。它们四者之间的对比详见表 6。

表 6　　　　　　　　　　美国、日本、新加坡、中国香港 REITs 对比

	美国	日本	新加坡	中国香港
立法角度	税收	专项法规	专项法规	专项法规
组织主体	公司、信托或协会	公司或信托	公司或信托	信托
对股份持有限制	5 人原则：不得有超过 5 个或 5 个以上的个人持有股份数超过总股份 50% 的	前十大份额持有者的持有份额不得超过总份额的 75%	股东持有 5% 以上的股份，必须通知 RE-ITs 管理人	无专门规定
房地产投资比例	至少 75%	至少 75%	至少 70%	90%
分红比例	至少 90%	至少 90%	至少 90%	
最高杠杆比例	无限制	无限制	基金存量物业的 35%	无限制

3.5.2　REITs 的结构比较

美国和亚洲国家的 REITs 结构因为法律传统的不同有较大差异。美国的主要结构有三类：一是 UPREITs 和 DOWNREITs。UPREITs 不直接拥有房地产，而是通过合伙人制间接拥有房地产；DOWNREITs 是在传统 REITs 的基础上，通过分立下属合伙人实体，扩张规模。二是双股（paired - share）和合订（stapled）结构，两者只是在形式上有差别，但在本质上都是由 REITs 和运营公司联合组成。股东同时拥有两家公司的股票，两家公司的股票合订在一起，以一个单位进行交易。三是纸夹（paper clipped）结构，该结构既具有双股和合订的优势，又可避免税收立法的限制，主要差别在于各实体之间的松散度。

亚洲国家和地区的 REITs 结构强调监管和风控，强调受托人和管理公司的功能。以中国香港地区为例，REITs 法规对受托人、物业管理公司、物业评估都做了具体规定，而且强调受托人和管理公司之间的独立性。

亚洲国家和地区与美国和 REITs 相比特点在于：第一，主要借鉴了美

国的 REITs 结构,以信托计划为融资实体,由房地产管理公司和信托管理人提供专业服务;第二,具体规定各参与方的资格和责任,强调监管;第三,因为发展时间较短以及制度限制,没有形成美国那样丰富的结构类型。

3.5.3 REITs 的上市条件比较

尽管具体法律规定有所不同,但是各国和地区的 REITs 上市都是参照正常的上市条件和流程,在上市的条件中附加与 REITs 相关的条款。只是在亚洲,上市条件强调 REITs 必须是 REITs 立法机构认可的实体,而美国没有这样的要求。

4 我国 REITs 发展及产品案例分析

基于上述针对美国、日本、新加坡和中国香港的 REITs 市场及产品对比,本章将针对我国 REITs 发展里程以及市场现状进行分析,同时对国内现有 REITs 代表产品进行案例分析,总结出现阶段我国 REITs 业务与境外成熟 REITs 的差异与差距所在。例如,相较于境外以信托或公司为组织主体形式的 REITs,我国信托公司发展 REITs 业务的步伐仍处于起步阶段,而在制度与产品结构设计上,我国 REITs 仍以私募型居多,忽视了中小投资者的参与度与积极性。这些差异的存在,正是为我国信托公司发展 RE-ITs 创新业务提供了市场与空间,也是我国 REITs 的借鉴动力与发展方向所在。

4.1 我国 REITs 发展

21 世纪初,REITs 在我国官方层面和非官方层面进行了广泛的理论研究,但是由于 REITs 的特性与我国各方面的制度安排未能得到有效地匹配,出现了实务界在海外发行 REITs,而在国内发行类 REITs 的局面。

4.1.1 萌芽期

2002 年 12 月,"法国欧尚天津第一店资金信托计划"正式推出,这被认为是中国 REITs 的雏形。与此同时,在官方层面也进行了积极的探索,我国 2001 年至 2002 年先后颁布的《信托投资公司管理办法》《信托法》《信托投资公司资金信托管理暂行办法》,成为 REITs 在法律层面的初步规范。

4.1.2 探索期

在理论方面，我国学者对于 REITs 的讨论日益增多，对其的重视程度也日渐加大，研究成果呈现井喷状态。而在实务层面，2005 年，我国颁布了《关于加强房地产信托管理的通知》《信托投资公司房地产信托业务管理暂行办法（征求意见稿）》《关于进一步加强房地产信托管理的通知》等文件。在 2013 年修订的《证券公司企业资产证券化业务管理规定》中增加了"中国证监会认可的其他特殊目的载体"，扩大了资产证券化业务的载体范围。2014 年，中国人民银行、中国银监会发布了《关于进一步做好住房金融服务工作的通知》，指出"将积极稳妥开展 REITs 试点工作"。

但在实际操作过程中，由于各方面制度尚未配套，我国在这个时期出现了不少的类 REITs 产品，其在形成动机、组织机构、股权结构、资产结构、收入分配、风险分担等方面与真正的 REITs 存在较大差异。而不少类 REITs 产品在交易结构上运用的"双 SPV"创建类 REITs 的结构，即基金公司先创设契约式私募基金，原始权益人以自有资金认购该私募基金的全部份额，证券公司成立资产支持的专项计划，以募集的资金向原始权益人认购该私募基金的全部份额，该私募基金再以募集的资金向原始权益人收购上述基础资产所有权，并向基础资产发放委托贷款，使该私募基金持有了基础资产的股权和债权。在项目运营期间，由基金聘请的独立管理人负责标的物的管理和运营，其所获得的净收入归基金所有，由基金向专项计划分红，最后专项计划向计划持有者（投资者）分配收入。由此实现了"私募基金＋委托贷款"的类 REITs 模式，不仅实现了基础资产的最终控制和间接持有，而且隔离了增信主体与基础资产。

4.1.3 发展期

2016 年 6 月，国务院在关于发展住房租赁市场的文件中提出了稳步推进房地产投资信托资金试点。这是 REITs 第一次进入国务院文件。在 2017 年的政府工作报告中，李克强总理把"探索"改成了"推进"，即推进资产证券化，由此可见房地产投资信托资金形势的发展和领导层对其推动的决心。

2018 年 1 月 6 日，原银监会发布的《商业银行委托贷款管理办法》（以下简称《办法》）规定，募集的基金不能投资委托贷款。2018 年 1 月 12 日，中国基金业协会发布的《私募投资基金备案须知》规定，借贷类私募基金不予备案。上述监管政策的发布，使我国类 REITs 产品在操作层面受到严格限制。① 为规避《办法》，某些类 REITs 产品会采用股东借款的方式实现债权投资，即在私募基金通过投资成为 SPV 或项目公司股东后，以股东借款的形式向 SPV 或项目公司发放贷款。而《私募投资基金备案须知》的出台，使这一种做法被禁止。该须知明确界定"私募基金的投资不应是借贷活动"，彰显了基金协会杜绝私募基金从事借贷活动的决心。

此前的"私募基金 + 委托贷款"的类 REITs 模式已经无以为继，然而党的十九大报告中指出"建立租购并举的住房制度"，在 2017 年我国也针对房地产证券化和住房租赁市场出台了多项文件，如《关于在人口净流入的大中城市加快发展住房租赁市场的通知》《利用集体建设用地建设租赁住房试点方案》《关于规范金融机构资产管理业务的指导意见（征求意见稿)》彰显了国家大力推进租赁地产业的政策导向，带动了国内租赁地产业的发展，目前国内住房租赁资产证券化的风口已经形成。2017 年第四季度，戴德梁行参与评估的首单权益型长租公寓类 REITs——"新派公寓类 REITs"、首单央企租赁住宅类 REITs——"保利地产租赁住房类 REITs"、首单租赁住宅 CMBS——"招商蛇口长租公寓 CMBS"、首单民企公寓类 REITs——旭辉领寓连连获批。

4.2　我国 REITs 市场现状

表7　　　　　　　　我国 REITs 产品发行信息　　　单位：只，亿元,%

类型		发行总数	发行总额	证券平均利率	资产平均利率
信贷资产 证券化	REITs（权益型）	1	5.54	5.04	0
	合计	1	5.54	5.04	0
企业资产 证券化	权益型 REITs	26	615.69	5.94	0
	抵押型 REITs	3	23.35	7.00	0
	混合型 REITs	2	31	6.86	1.79
	其他	1	17.17	5.50	
	合计	32	687.21	6.00	0.09

---

① 《办法》第七条对委托贷款的委托人身份进行了限制，金融资产管理公司以及经营贷款业务机构无法再向商业银行申请委托贷款业务。同时，《办法》第十条规定，商业银行不得接受委托人用受托管理的他人资金发放委托贷款，则成立私募基金并用基金财产发放委托贷款代替 SPV 原有债务的操作被禁止。

根据中国资产证券化分析网（CNABS）的统计，截至 2018 年 3 月 31 日，我国信贷资产证券化 REITs 和企业资产证券化 REITs 产品共计 40 单，金额总计 954.35 亿元，包括处于发行期、存续期、已清算和停售四类。其中，处于存续期和已清算的 REITs 产品的发行信息如表 7 所示。目前国内已成功发行的类 REITs 产品中，零售、写字楼、综合类占据发行规模的前三，而以物流类为基础资产的类 REITs 仅有"中信华夏苏宁云享资产支持专项计划"。此外以"中联前海开源—保利地产租赁住房一号资产支持专项计划"为代表的类 REITs 产品也即将开启国内租赁房地产证券化的先河。

4.3 我国 REITs 产品案例

4.3.1 私募类

4.3.1.1 类 REITs 项目

类 REITs 是私募类 REITs 中的代表产品，是指基于资产支持专项计划，以非公开方式向合格投资者募集资金投资于投资性不动产的投融资方式。类 REITs 通常采用结构化设计，优先级往往为固定收益，劣后级往往由原始的物业持有人或者专业投资机构持有。原物业持有人可通过类 REITs 达到资产出表，实现销售收入，完成轻资产转型的战略目标，在功能上类似于 REITs。

（1）中信启航专项资产管理计划。2014 年 1 月，证监会批复《关于核准中信证券股份有限公司设立中信启航专项资产管理计划的批复》（证监许可〔2014〕122 号），同意中信证券设立中信启航产品，以私募 REITs 形式推动国内不动产金融实践。中信启航专项资产管理计划发行总金额为 52.1 亿元，中信证券为原始权益人，其基础资产为写字楼，优先级的发行利率为 7%。

中信启航专项资产管理计划通过券商专项资产管理计划、私募基金、特殊目的公司等多重 SPV 的结构设计（如图 6 所示），使物业租金和资产增值转化为专项资产管理计划投资者的收益，并通过资管计划的载体，实现在深交所的挂牌转让。2017 年 6 月 15 日，中信启航专项资产管理计划摘牌终止。

该产品可以选择 REITs 方式退出，为中国发展 REITs 业务提供了第一

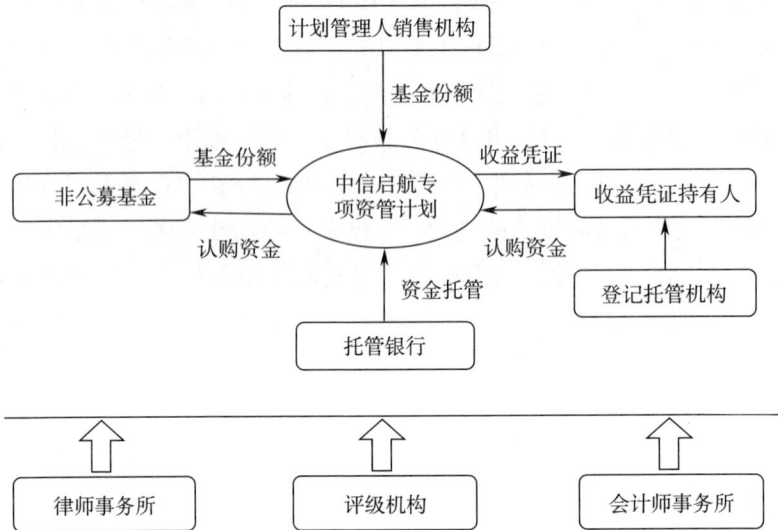

图6　中信启航专项资产管理计划交易结构

个样本。虽然存在不完美的地方，但中信证券成功推出的首单 REITs 产品具有重要的历史意义。对于中信证券而言，除产品收益之外，产品对地产金融业的深远影响以及创新品牌的打造才是真正的价值所在，对于后续REITs 产品的发展具有一定的参考意义。

中信启航专项资产管理计划的结构特征已经具备了 REITs 的雏形，其亮点在于优先级和次级份额皆可在深交所交易平台交易，产品具有一定流动性。但究其本质是私募性质的不动产资产信托，离真正的 REITs 还有一定距离，主要表现在：第一，仍是私募定位，流动性不足；第二，投资对象单一，均为被动管理；第三，偏债权而非股权，我国的不动产证券化产品，不论是房地产信托还是私募 REITs，主要都是为了满足原始权益人的融资需求，故有预期收益率且存在刚性兑付的可能性，相比之下，国际上典型的 REITs 其本质上归属于房地产公司，投资于 REITs 相当于投资于该公司的股票。

（2）天风—中航红星爱琴海商业物业信托受益权资产支持专项计划。2016 年 6 月 14 日，中航信托成功发行首只由信托公司作为原始权益人的类 REITs 资产证券化产品"天风—中航红星爱琴海商业物业信托受益权资产支持专项计划"。产品总规模 14 亿元。中航信托通过实际控制信托受益权的底层资产商业物业，并代表信托计划作为原始权益人，发起设立该资产证券化产品，兼具原始权益人与受托人双重身份（如图 7 所示）。同时，在项目运作过程中，中航信托资产证券化团队主导了中介选取、产品设计、项目协调等主要金融服务，展示出信托公司在资产证券化框架内的核心地位和作用。

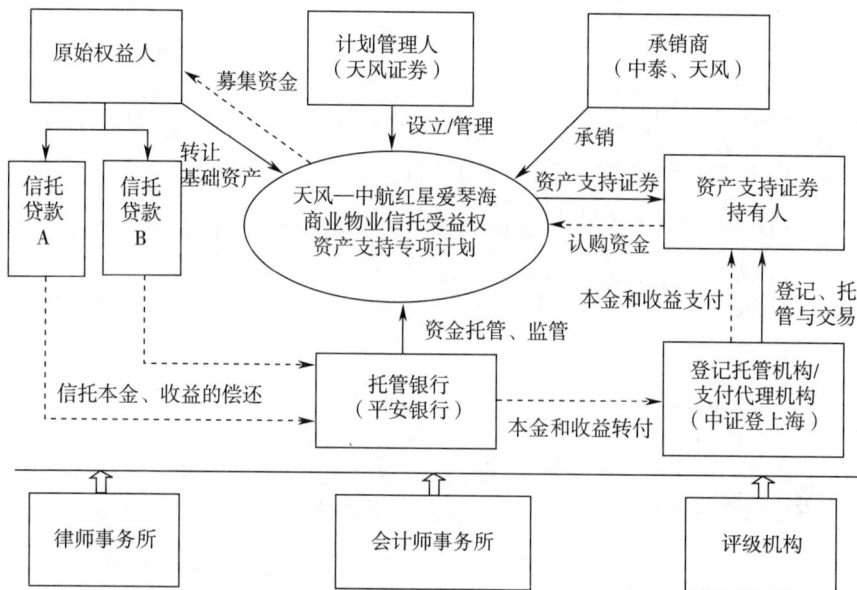

图 7   天风—中航红星爱琴海商业物业信托受益权资产支持专项计划交易结构

该产品是中国资本市场首家以信托公司作为原始权益人的类 REITs 产品，标志着资产证券化成为盘活存量非标产品的有效渠道，也拓宽了可证券化产品的基础资产范围，填补了商业地产资产证券化的市场空白，为信托机构在行业转型探索过程中提供了较好的金融创新示范。

4.3.1.2　CMBS 项目

CMBS（Commercial Mortgage Backed Securities），是以单个或多个商业不动产的抵押贷款为标的物的资产支持证券，是一种通过向投资者发行资产支持证券进行直接融资的工具，以物业产生的稳定性持续性现金流为最终还款来源，为了保证本息的兑付，附带有物业抵押与租金质押等增信手段。

（1）高和招商—金茂凯晨资产支持专项计划。中国金茂在 2016 年成功发行了规模高达 40 亿元的国内第一单 CMBS 产品（如图 8 所示），其票面利率为 3.3%，发行成本低于同期限的企业资产证券化产品，也得到了交易所等监管机构的支持，是我国商业房地产金融化的标志之一。其中该产品的优势在于：一是以优质的写字楼物业作为基础支持；二是借用中国金茂集团的信用资源，进行多项增信措施；三是监督严格，引入了国内商业地产证券化资产服务机构。

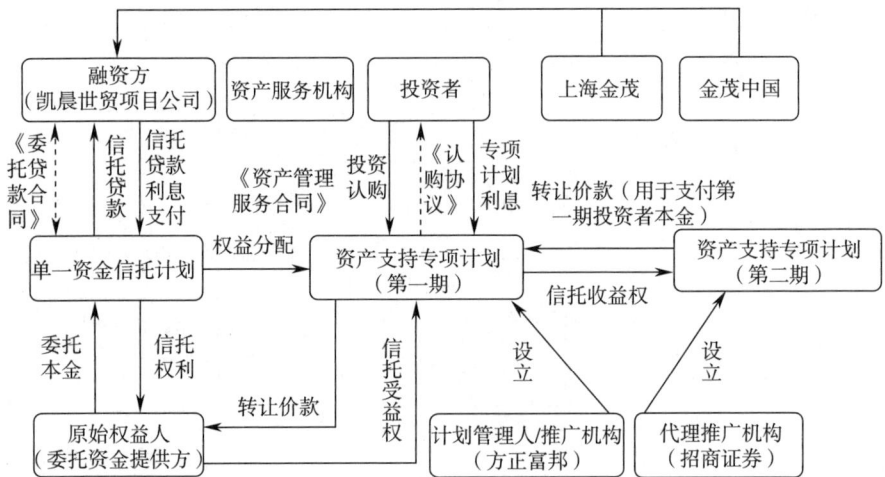

资料来源：高和金茂投资。

图 8　高和招商—金茂凯晨资产支持专项计划交易结构

（2）民生银行—汇富富华金宝大厦资产支持专项计划。2016 年 8 月，民生银行以北京王府井商圈的金宝大厦办公楼作为抵押物，以未来 13 年的物业租金净收入为还款来源，推出了优先级规模为 13 亿元、期限为 5 年的"汇富富华金宝大厦资产支持专项计划"这款创新产品。该产品背后拥有雄厚的资产运营团队，民生银行作为牵头者，承担了财务顾问、统筹协调及产品的销售工作，博时资本承担了专项计划的管理工作，此项目的方案设计及监管沟通工作由招商证券承担，并且还有奋迅律师事务所、华宝信托和联合信用评级公司等机构提供专业支持。

（3）北京银泰中心资产支持专项计划。民生银行还作为监管银行及托管人，联合担当管理人和销售机构的恒泰证券，完成了国内首单抵押类 REITs 和国内单只规模最大（75 亿元）的类 REITs 项目——北京银泰中心资产支持专项计划的落地与发行。"北京银泰中心"写字楼、周边的商业集群楼房、北京柏悦酒店以及车位合计约 17.29 万平方米的物业成为此项目的目标资产，基础资产为单一资金信托受益权。

（4）国金—金光金虹桥国际中心资产支持专项计划。2016 年底，金光纸业（中国）投资有限公司为了偿还长期债务，通过资产证券化，推出了由国金证券担任牵头代理发行人的 CMBS 产品，将账面价值约为 42 亿元的金虹桥中心未来的部分现金流及价值增值纳入债券估值，成功获得 78 亿元的资金。78 亿元的交易额中，70%（54.6 亿元）为优先担保 A 类债权，约 20% 为优先担保 B 类债权，剩下的为无担保零息票债券。鉴于 A 类及 B 类债券的利息为固定的、未经披露的，且该类型债券具有可赎回性，为了加强资产的流动性，该项计划在共计 24 年的时间内，针对市场反映情况，每三年调整一次利率。

4.3.1.3 租赁权证券化

（1）嘉实金地八号桥资产支持证券。"嘉实金地八号桥资产支持专项计划"在 2017 年成功认购发行，发行总额为 4.2 亿元，期限为 8 年，采用了双 SPV 的结构。该计划是我国首单以文化创意园区的租赁收益为基础资产支持的证券，因此也属于轻资产，不再设有不动产抵押。目前该计划已在上海交易所挂牌上市，而它的标的物业也位于上海市卢湾区新天地商圈。

（2）魔方公寓信托受益权资产支持专项计划。在我国房屋租赁市场整体看涨的背景下，"魔方公寓信托收益权资产支持专项计划"作为中国首单公寓行业资产证券化产品，在 2017 年初进入市场。该计划以魔方中国及其位于北京、上海和广州的三家子公司所经营的 30 余处物业的部分公寓未来三年的租金收入为底层资产，设计了一款采用优先级（占 90%）/次级（10%）的支付机制，发行总金额达到 3.5 亿元，期限为 1～3 年，三档有限局的平均年化利率约为 5%。

（3）海印股份信托收益权专项资金管理计划。海印股份旗下拥有 14 家位于广州市核心商业区的商业物业，总面积达到 26.36 万平方米。早在 2014 年，海印信托就以此 14 家商业物业未来 5 年的经营收益构成信托收益权所形成的固定资产，利用专项资产管理计划和信托的双层结构，推出总体规模达 15 亿元的产品。产品将优先级期限划分为 5 个系列，分别为

1~5 年，收益率为 6.8% ~8.38%。

4.3.1.4　物业管理费和购房尾款证券化

（1）汇添富资本世贸购房尾款资产支持专项证券计划。2015 年，中诚信证券评估有限公司给予汇添富资本管理有限公司担当管理人和推广机构的"汇添富资本—世贸购房尾款资产支持专项计划"以 AAA 评级。此三年期计划规模达到 5.4 亿元，在发行当日就获得了 3 倍超额认购。令人感到新鲜的是，在设计产品时，汇添富资本管理有限公司选择了世茂集团旗下位于一二线城市的项目公司所具有的应收账款——向购房者收回购房尾款作为基础资产。

（2）博时资本—世贸天成物业资产支持专项计划。国内第一单物业费资产证券化项目——博时资本—世贸天成物业资产支持专项计划于 2016 年获批，取得了上海胜权交易所的无异议函。这款由北京市金杜（深圳）律师事务所、招商银行股份有限公司、博时资本管理有限公司、世茂房产控股有限公司四方联合推出的项目标志着我国房地产资产证券化的方向有了进一步的拓展。

4.3.2　公募类

深交所于 2018 年 2 月 9 日发布《深圳证券交易所发展战略规划纲要（2018—2020 年）》（以下简称《规划纲要》）明确指出，要探索发行公募 REITs，引入多元化投资者；配合研究制定 REITs 相关配套规则，推动相关主管部门出台税收优惠等政策。不同于私募 REITs，公募 REITs 是主动管理模式，这需要其在物业投资组合管理、资本结构优化管理、物业改造提升、租务运营、物业管理等重要领域体现专业水平，全方位地增强公募 REITs 的内生增长动力，同时实现公募 REITs 的资产收购功能和外延发展的能力。

4.3.2.1　鹏华前海万科 REITs 封闭式混合型发起式证券投资基金

2015 年 6 月 8 日，鹏华前海万科 REITs 封闭式混合型发起式证券投资基金获批，并于 6 月 26 日公开发行，成为国内首只获批的公募 REITs 基金。该基金的产品要素如表 8 所示。

该产品发行规模为 30 亿元，鹏华前海万科以不高于基金总资产 50% 的比例投资于万科前海企业公馆股权，以获取商业物业稳定的租金收益；另外，以不低于 50% 的基金资产，投资于依法发行或上市的股票、债券和货币市场工具等，以获取固定收益类资产和低风险的二级市场权益类资产的投资收益机会。投资者预期收益率达 8%。在退出机制设置上，该产品将在投资期届满，由万科深圳分公司或其关联方回购项目公司股权（交易结构如图 9 所示）。鹏华前海万科 REITs 提高了房地产资产的流动性，同时降低了投资者进入门槛。

鹏华前海万科 REITs 相较于上述私募类 REITs 而言，在以下方面有所改进：第一，流动性有所提高，该基金第一次真正实现了证券的公开发行，扩大了投资者范围，提高了证券流动性；第二，投资门槛降低，鹏华前海万科 REITs 最低认购门槛为 10 万元，相较于中信启航优先级 500 万元以及劣后级 300 万元而言，投资门槛大大降低，这也扩大了投资者范围；第三，基金管理方式为偏主动管理型，鹏华万科增资扩股后将在 6 个月内将目标公司改造为股份公司，而在上述私募类 REITs 中，原始权益人不会参与到项目经营中；第四，鹏华万科设立业绩补偿（2000 万元保证金）和激励机制（超过基准业绩分成）以保证项目业绩达到比较基准，而中信启航并无收益保障机制；第五，退出方式上，鹏华前海万科 REITs 由项目公司实际控制人深圳万科溢价回购股权来保证基金的顺利退出，中信启航则通过转 REITs 退出但存在政策不确定性。

表 8　鹏华前海万科 REITs 封闭式混合型发起式证券投资基金产品要素

基金全称	鹏华前海万科 REITs 封闭式混合型发起式证券投资基金	基金简称	鹏华前海万科 REITs
基金代码	184801（主代码）	基金类型	混合型
发行日期	2015 年 6 月 26 日	成立日期/规模	2015 年 7 月 6 日/29.996 亿份
资产规模	31.39 亿元（截至 2018 年 4 月 4 日）	份额规模	0.0010 亿份（截至 2017 年 12 月 31 日）
基金管理人	鹏华基金	基金托管人	浦发银行
基金经理人	尤柏年、刘方正	成立以来分红	每份累计 9.31 元（2 次）
管理费率	0.65%（每年）	托管费率	0.10%（每年）
销售服务费率	—（每年）	最高认购费率	—（前端）
最高申购费率	0.80%（前端）	最高赎回费率	1.50%（前端）

续表

业绩比较基准	十年期国债收益率 +1.5%	跟踪标的	该基金无跟踪标的

分红政策

1. 本基金收益分配采取现金分红方式；2. 在满足分红条件的前提下，本基金收益每年至少分配一次；3. 每年基金收益分配比例不低于基金年度可供分配利润的90%，基金红利发放日距离收益分配基准日（即可供分配利润计算截止日）的时间不得超过15个工作日；4. 本基金每份基金份额享有同等分配权；5. 若基金合同生效不满3个月则可不进行收益分配；6. 基金收益分配后基金份额净值不能低于面值，即基金收益分配基准日的基金份额净值减去每单位基金份额收益分配金额后不能低于面值，基金收益分配基准日即期末可供分配利润计算截止日；7. 法律法规或监管机关另有规定的，从其规定。

风险收益特征

本基金在封闭运作期内投资于目标公司股权，以获取商业物业租金收益为目标，因此与股票型基金和债券型基金有不同的风险收益特征，本基金预期风险和收益高于债券型基金和货币型基金，低于股票型基金。

资料来源：天天基金网。

当然，鹏华前海万科REITs也存在一定缺陷：一方面，投资者参与退出机制有限，因鹏华前海万科REITs采用封闭式基金运作，不同于开放性运作方式，投资者到期退出方式有限，且存在封闭式基金在二级市场上市后折价压力；另一方面，深圳万科对鹏华前海万科REITs的收益提供业绩担保和退出通道，投资者风险较小，但相对而言项目企业本身会承担较大风险压力。

4.3.2.2 兴业皖新阅嘉一期房地产投资信托基金资产支持证券

兴业皖新阅嘉一期房地产投资信托基金资产支持证券于2017年2月16日在银行间市场簿记建档发行，起息日为2017年2月20日。产品的交易结构如图10所示。

据募集说明书，该产品发起机构为安徽新华传媒股份有限公司（以下简称安徽新华传媒），受托人为兴业国际信托，主承销商则为兴业银行；产品发行规模为5.535亿元，其中优先A级规模为3.3亿元，优先B级为2.235亿元。差额补足方由安徽新华传媒的控股母公司"新华发行集团"担任。在还款安排上，优先A级产品期限18年，按年等额偿还本息，且每3年末设置利率调整机制和投资者回售权，回售价格与优先A级资产支

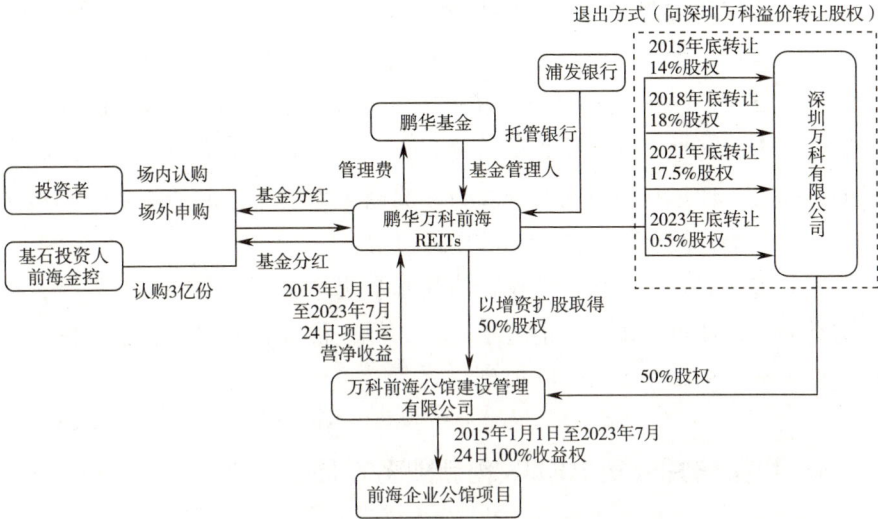

图9 鹏华前海万科 REITs 封闭式混合型发起式证券投资基金交易结构

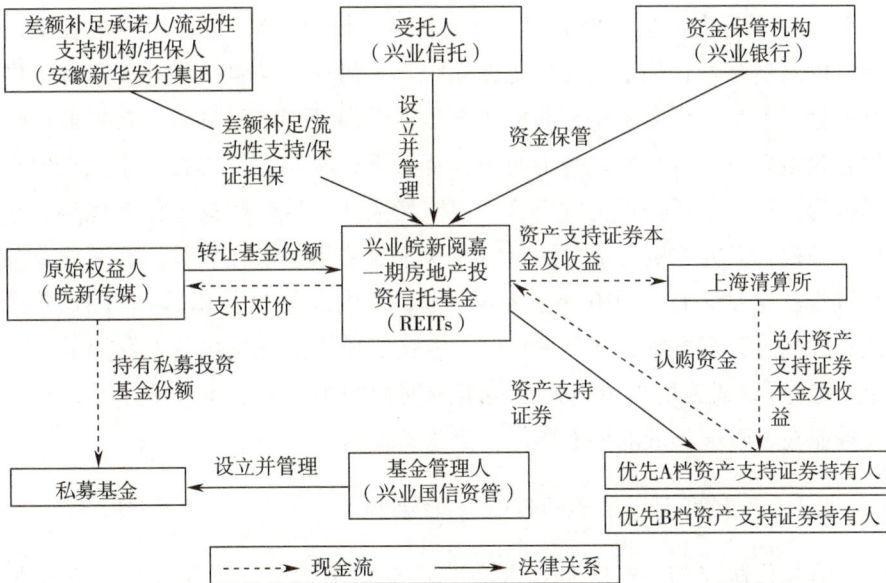

图10 兴业皖新阅嘉一期房地产投资信托基金资产支持证券交易结构

持证券面值相同；优先 B 级产品的期限同样为 18 年，不同的是每 3 年末，优先收购权人皖新租赁有权按面值收购非由其持有的优先 B 级证券全部份额，并为此权利按期支付权利维持费。

由于信托制度本身能够实现良好的破产隔离效果，兴业信托发行"兴业皖新REITs"具有先天的制度优势。该产品能较好地把流动性较低的、非证券形态的房地产投资，直接转化为资本市场上的证券资产，达到融资目的；同时，通过在银行间市场发行，提高了REITs产品的流动性和透明度，将成为银行间市场公募产品的创新探索。

兴业皖新阅嘉一期房地产投资信托基金资产支持证券的公开发行，在目前类REITs项目基础上往前迈了一步，但在税收、分散化和永续性上未能做出突破，仍属于类REITs项目。

5 我国信托公司REITs创新业务发展

基于上述国内外REITs的对比分析以及信托公司房地产信托业务与REITs业务的对比分析，可以看出我国信托公司的REITs业务仍与境外成熟REITs市场的业务与产品存在较大差异。长期以来，REITs业务在境内之所以进展缓慢，除了发展环境方面因素，另一个关键原因在于REITs供给的相对不足。证券、基金和信托都是REITs理想的管理者，在目前税收优惠政策缺位、盈利模式尚不明晰的背景下，参与意愿仍普遍不强，但正是因为这样，信托公司更应充分发挥制度灵活、风险隔离等原有优势，挖掘业务模式多元、资产端更贴近房地产企业需求等潜在优势，在新的业务领域抢占先发优势。2016年上半年以前，境内发行的类REITs产品均是由证券或基金公司主导，直到6月份，中航信托作为原始权益人发行了"红星爱琴海"，成为境内由信托公司组织发行的第一只类REITs产品，对信托行业在REITs领域的展业尝试示范意义重大。

5.1 信托公司发展REITs业务的优势

信托公司参与REITs创新业务，具有多重优势，主要包括以下几个方面。

第一，信托是目前境内发展REITs更合适的载体。根据国际发展经验，REITs的法律主体可采取特殊目的公司（SPC）或特殊目的信托（SPT）两种形式，其中对我们借鉴意义更大的香港市场正是采用了信托形式。信托拥有天然的风险隔离功能，这成为信托公司开展 REITs 特有的制度优势，并且，境内目前仍缺乏 SPC 相关的法律规定，而信托"一法三规"的法律框架则相对完备。因此，未来不论在实际操作和推广层面还是政策制定和监管层面，信托契约形式的 REITs 都将更具可实现性。

第二，信托公司对 REITs 的私募发行更具经验优势。根据资金募集方式划分，REITs 也有公募和私募两种形式。由于整体租售比偏低以及双重征税成本较高等问题长期存在，目前在境内发行 REITs 仍然很难在收益率方面产生吸引力，因此采用私募形式，以较高的流动性溢价提升产品收益率不失为一个理想选项。总之，私募 REITs 可以说是境内市场发展 REITs 业务循序渐进的试点或过渡选择。对信托公司而言，长期以来大多将私募投行作为主要发展方向之一，不论是行业基因还是发展经验，其相对优势正是集中在私募产品的发行上。

第三，信托与房企开发商有更深厚的合作底蕴。长期以来，信托一直是房企重要的融资渠道之一，除了传统的债权、股权及股加债等模式外，地产投资基金、特定资产收益权投资等也是信托与房企合作的新兴形式。虽然近两年来大型房企在交易所上市、定向增发和发债融资的规模不断加大，但交易所或券商对于房企而言更多的是一个服务提供者，而非信托对于房企的合作伙伴关系。信托公司对房企融资的审批，不仅会关注融资主体的信用，而且还会追踪到具体的用款项目和抵押项目，因此往往可以深层地了解房企的融资需求，并且有能力提供个性化的融资服务和资产管理服务。在试点和开展 REITs 业务时，信托公司可以优先考虑从其核心或战略合作的房企交易对手开始，获取更优质的基础资产物业从而进行产品设计。

5.2 信托公司发展 REITs 业务的 SWOT 分析

根据信托公司发展 REITs 业务的优势，本文对信托公司发展 REITs 创新业务进行 SWOT 分析（如图 11 所示）。对于信托公司来说，参与到 REITs 的布局中，不仅能够给自身发展找到不一样的机遇，同时这对于信托公司来说，也是一个创新尝试，可以为转型提供新的思路。下文将对信托公司发展 REITs 创新业务提供部分操作思路。

5.3 信托公司发展 REITs 业务的思路

正处于转型升级过渡期的信托行业，不仅需要开辟新的展业领域，更

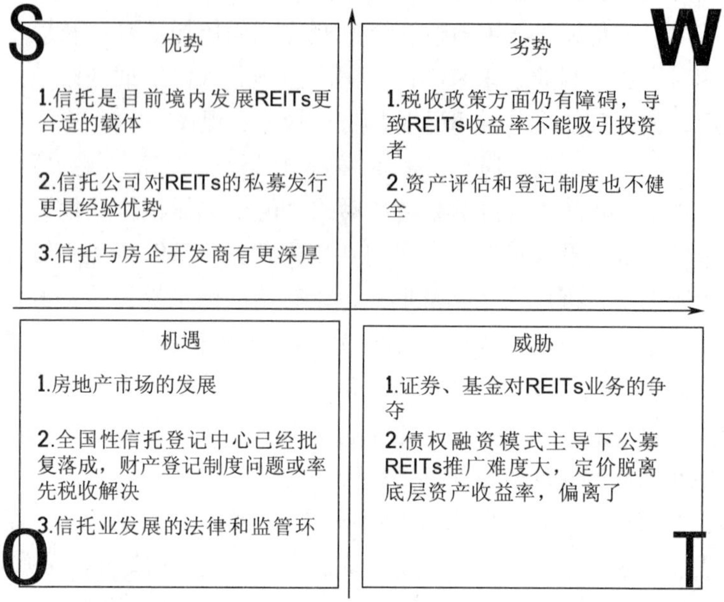

S 优势

1.信托是目前境内发展REITs更合适的载体

2.信托公司对REITs的私募发行更具经验优势

3.信托与房企开发商有更深厚

W 劣势

1.税收政策方面仍有障碍，导致REITs收益率不能吸引投资者

2.资产评估和登记制度也不健全

机遇

1.房地产市场的发展

2.全国性信托登记中心已经批复落成，财产登记制度问题或率先税收解决

3.信托业发展的法律和监管环

O

威胁

1.证券、基金对REITs业务的争夺

2.债权融资模式主导下公募REITs推广难度大，定价脱离底层资产收益率，偏离了

T

图 11　信托公司发展 REITs 业务的 SWOT 分析

要在传统的业务领域创新业务模式，拓展新的盈利形式。在传统的房地产领域，REITs 业务为信托公司提供了新的转型契机。信托公司开展 REITs 类业务具有多重优势，具体的介入路径和参与模式也具有多样化特征。不论在 REITs 业务的资金端还是资产端，信托公司都可以充分发挥灵活自由的制度优势，在多个层面进行业务尝试和试点。

第一，信托公司可以成为 REITs 的机构投资者。信托公司分享 REITs 发展成果最直接的方式就是作为机构投资者，以信托资金或固有资金，在交易所或银行间市场认购相应 REITs 产品的份额。目前，银行间市场模式的 REITs 将比交易所模式更有希望率先实现试水，不论是通过证券类信托计划进行投资，还是固有资金配置对接，都将是客观的选择。由于过去信托公司的展业集中在非标领域，不论风险控制还是资金对接，都存在一定的限制，而通过 REITs 间接投资房地产，不仅可以继续与房企深化合作，而且还能实现资产非标转标，促进业务结构优化。

第二，信托公司可以成为 REITs 业务的撮合人。信托公司参与 REITs 业务的一大优势就是与房企开发商有着更深厚的合作底蕴，掌握了大量的房企交易对手客户资源，并且与核心客户建立了长期或战略合作伙伴关系。因此，当一些信托公司暂时不具备直接主导发行 REITs 产品的能力时，可以为证券公司、基金公司或者其他信托公司推荐房企客户和物业资产资源，积极谋求交易撮合人身份，并在合作中积累包括项目论证、交易结构设计、监管沟通及发行募集等多方面在内的实操经验。

第三，信托公司可以积极拓展 Pre－REITs 业务。针对已审批未上市的 REITs 项目，或者未来有上市计划的项目，信托公司可相应地拓展 Pre－REITs 业务。其中，对已审批未上市的项目，信托公司可在其募集发行之前以过桥贷款的形式为房企开发商提供流动性支持，满足房企在 REITs 所募集资金到位前营运周转、项目投资等流动性需求。对于计划几年后才上市的项目，信托公司可以通过设立房地产信托计划，为开发商提供现金流支持，同时也为其保留了物业增值的机会。到期后，信托计划和投资人或者可以通过第三方并购和开发商回购实现退出，或者也可以通过一定的结构安排在相应 REITs 挂牌或上市后直接成为 REITs 受益权凭证持有人，进一步分享物业租金和资产增值带来的收益。

第四，信托公司可以主导类 REITs 的设计与发行，这也是信托公司开展 REITs 类业务最根本的目的。信托不仅是在境内开展 REITs 类业务天然的合适载体，而且在私募发行方面也具有丰富经验，并且最关键的是可以相对容易地争取到核心房企交易对手的优质商业物业资产，这些优势都将帮助信托公司成为合格的 REITs 发起者。在发行方面，信托可以设计股权或债权性质的 REITs 产品结构，但以信托计划的形式面向合格投资人私募发行，此时信托计划的受益人将同时是 REITs 受益权凭证的持有人。当然，信托公司也可以主导参与准公募 REITs 的设计与发行，参照信托受益权资产证券化的模式以"信托计划＋资管计划"的结构安排在交易所或机构间私募产品报价与服务系统实现挂牌交易。此外，信托也将是一个很好的 REITs 运营者，在资产端为 REITs 的租赁管理和资产改良等资产增值措施提供流动性支持，为资产收购等行为提供并购服务；在资金端为 REITs 投资人提供专业的受托管理和红利分配服务。

第五，信托公司可以培育其服务产业的主动管理能力。其一，基于丰富客户资源的优质资产获取能力发展 REITs。2008 年至 2012 年是我国信托业高速发展时期，也是房地产行业迅猛发展的黄金期。信托公司凭借"多方式运用、跨市场配置"的制度优势，在2012年下半年之前，作为资产管理机构中为数不多允许从事私募融资业务的机构，以融资信托方式正好满足不动产行业发展的庞大融资需求。信托行业多年来在不动产投融资领域的深耕，积累了众多客户、大量项目和丰富的经验，这对于信托公司转型REITs业务的创新而言，是不可多得的宝贵财富和比较优势。其二，基于专业化和精细化的市场深耕能力发展REITs。在REITs转型策略上，信托公司应当扬长避短，基于自身资源禀赋对REITs资产类别进行布局，发挥信托的制度优势和灵活性，以渐进式的方式，采取产融结合的专业化方法深耕现有的房地产合作伙伴，通过持续纵深的策略做精细分类型的物业，形成信托公司独有的核心市场竞争力。其三，基于综合化的金融整合服务能力发展REITs。信托的本质是"受人之托、代人理财"，回归本源业务，持续满足人们日益增长的财富管理需求，必将成为信托公司和信托行业发展的关键。借鉴国际成熟的理财市场发展逻辑，一个成熟的理财市场存在一个由投行业务、资产管理业务和财富管理业务构成的互相依存的理财价值链。由此，从私募投行、资产管理和财富管理三个领域，打造符合信托公司特点的综合化金融整合服务能力，在REITs业务发展上也能提供更好的平台。

6 结论与建议

6.1 研究结论

本文通过对比境外REITs的不同模式和国内REITs产品案例，得出以下研究结论：

第一，国内REITs业务发展动力与障碍并存。为降低金融系统性风险以及房地产企业的杠杆率，同时丰富我国房地产企业的融资方式，拓宽中小投资者的投资渠道，我国发展REITs具有必要性。尽管中国REITs已在私募和公募领域先后破冰，但从当前环境来看，这些产品并不具备复制推广意义。在以信托作为REITs组织主体的创新业务发展、激励REITs发展的税收优惠与利润分配等法律制度设计、REITs产品的交易结构等方面，国内REITs之路仍任重道远。

第二，信托公司可以依据其优势对 REITs 创新业务有所突破。REITs 业务为信托公司提供了转型契机，信托公司可以根据其多样化的介入路径和参与模式等优势，充分发挥灵活自由的制度优势，在多个层面进行业务尝试和试点。主要包括信托公司可以成为 REITs 的机构投资者和业务撮合人、积极拓展 Pre－REITs 业务、参与甚至主导类 REITs 的设计与发行、培育其服务产业的主动管理能力等。

第三，REITs 的发展有赖于制度的完善。无论是美国还是亚洲国家都建立了完善的 REITs 发展框架，美国是以税收制度为核心，而亚洲国家和地区普遍是监管思路，对 REITs 的设立条件、运行规范等进行了详尽的规定。我国的金融市场发展遵循政策先行路径，REITs 的发展也不例外，因此要发展 REITs 首先需要制定相关的法律政策。此外，REITs 的发展与税收优惠制度密不可分，只有在税收制度上有所突破才有可能激励 REITs 制度的蓬勃发展。

6.2 政策建议

6.2.1 发挥信托的多维角色与整合作用

信托作为能够横跨信贷、资本以及实业的金融行业，灵活的制度优势使其能够围绕 REITs 业务的价值链条，以不同的角色挖掘其中的价值，多维度拓展 REITs 业务。

在交易结构中，信托作为 SPV 具有独特的灵活优势。对于信托公司而言，一方面打造品牌的核心竞争力，扩大知名度和影响力，以扩大作为特殊目的载体的业务规模，形成聚集效应并吸引更多的同类业务；另一方面向专业化转型过程中，应该主动争取交易安排的主导权控制，通过交易机构设计的创新尽可能解决 REITs 的痛点，在实践中持续提高专业能力。

在金融服务层面，现阶段聚焦转型升级的信托应在现有基础上转变思维，针对不动产信托业务，应从抵押融资转向地产金融全产业链的资本化运作，从受托管理转向资产整合、运营和专业服务，从债性产品转向权益类产品，为 REITs 产业提供更全面的金融服务。

在产业服务层面，信托公司应该循序渐进培育服务产业的主动管理能力，基于丰富的客户资源获取优质不动产资产，以专业化和精细化策略深耕 REITs 市场，为产业提供私募投行、资产管理和财富管理的金融整合服务，内外兼备加强 REITs 业务发展驱动力。

6.2.2 优化 REITs 的财产登记与流转交易

以国际成熟市场 REITs 发展历程为鉴，可以发现 REITs 的发展与登记制度的逐步完善密不可分。不动产统一登记为信托财产登记创造了条件，逐步明确不动产信托财产登记内容、种类以及登记、变更和终止流程，推动 REITs 市场的规范化和标准化，为 REITs 的流转交易做好铺垫。

基于功能监管与行为监管相结合的发展趋势，根据不同的募集方式，对包含上市交易型和非上市交易型在内的公募 REITs 和私募 REITs 将实行不同的业务准入和信息披露要求，因此，本文建设性地提议上市交易型 REITs 应统一在证券交易所流转交易，非上市交易型 REITs 应当统一于银行间市场或证券交易所流转交易，无须注册的私募 REITs 通过流转信托受益权份额的方式即可进行交易，可于信托登记中心进行流转。

6.2.3 完善 REITs 的法律制度与税收政策

坚持立法先行为 REITs 的标准化进程保驾护航，在顶层设计层面建立适应我国法律制度和经济水平的 REITs 监管框架。其一，建议采取专项立法的方式，为 REITs 的发展提供法理依据；其二，结合机构性监管过渡为功能性监管的趋势，于内应以银保监会为核心监管机构、其他机构协同监管，以健全自律协会等组织作为对立法和行政监督的有力补充，于外应引进审计机构、资产评估机构、信用评级机构等独立中介机构，充当社会监督的角色，并在相关立法中确定其资质标准和法律责任；其三，建立健全 REITs 信息披露制度，从实体上划清 REITs 的发行者、管理人、投资者与市场监管者之间的责任，真正实现投资者风险自担，保证监管制度真实有效。

在建立健全的 REITs 法律架构前提下，可进一步实现税收政策的突破。REITs 在境外成功的主要原因是税收优惠。单就我国商用物业在经营管理时所发生的税种和税率而言，我国目前还未出台相应的税收优惠政策，而且存在多重征税的问题。以商用物业租赁为例，企业层面需要缴纳企业所得税、增值税、房产税、印花税、城建税和教育附加税；个人层面需要交纳个人所得税，税负较重，就投资收益而言，REITs 的吸引力不大，影响了 REITs 的发展。政府在 REITs 层面的免税会直接影响财政收入，但是 REITs 的发展带来的产业链发展也会给政府带来更多的税收，虽然差异的大小无法准确衡量，但是可以对比美国、日本、新加坡的制度安排，作为经验支撑。鉴于税收优惠对 REITs 发展的重要意义，政府一是制定针对 REITs 的税收优惠政策，减轻投资者税收负担；二是顺应改革需求，调整税制安排使其与国际标准化 REITs 基本管理构架相匹配。

6.2.4　推动国内公募 REITs 的模式探索与落地实践

REITs 市场的基础设施、配套法律制度和税收政策等的建设和优化，能够为国内公募 REITs 的尽早推出塑造良好的环境和条件。随着 REITs 市场的不断发展，监管机构和市场参与者的实践经验持续积累，可以通过先行先试、持续优化的方式对公募 REITs 的模式进行试点，基于现有的法律框架对公募 REITs 载体的法律界定、交易结构和权责界定、投资与分红比例、信息披露、不同交易层级的监管与协调、税收优惠等方面进行统一明确，推动公募 REITs 在国内的落地，为 REITs 的长期健康发展形成可持续的良性循环机制。

6.2.5　借力 REITs 模式助推房地产长效机制的建立与完善

通过 REITs 模式实现长期租赁住房的资金回流，缩短租赁住房市场的开发和建设周期。一方面，REITs 作为有效的退出渠道，对于长期租赁住房的开发商、运营商和金融机构投资者而言，能够改善开发和建设企业的财务结构，增加住房租赁市场的吸引力；另一方面，结合 REITs 模式推行租购并举的业务发展模式，对于产业市场的不动产开发商、金融市场的机构投资者以及第三方服务商而言，均有较大的市场挖掘空间。借力 REITs 模式发展我国的住房租赁市场，通过租购并举推动建立房地产长效机制，对于我国房地产乃至整个不动产行业的可持续良性发展而言，均有不可或缺的重要意义。

附件

REITs 相关的政策

时间	进程
2001	《中华人民共和国信托法》颁布实施，开始开展信托业务。国家发展改革委《产业投资基金管理暂行办法》公开征求意见稿，遭否决。
2005.11	银监会颁布《加强信托公司部分风险业务提示的通知》，规定了房地产信托发行条件。

续表

时间	进程
2006.8	建设部等六部门联合发布了《关于规范房地产市场外资准入和管理的意见》，通过投资主体、资金、外汇管理等多方渠道，对外商投资中国房地产进行限制，海外发行 REITs 受阻。
2008	央行发布《2007 年中国金融市场发展报告》明确表示在未来一段时间可以择机推出 REITs 产品；温家宝同志在国务院常务会议上提出要创新融资方式，通过并购贷款、REITs、股权投资基金和规范发展民间融资等多种形式，拓宽企业融资渠道。
2008.3	银监会召集 5 家信托公司共同起草《信托公司房地产投资信托业务管理办法（草案）》征求意见稿。
2008.12	国务院出台"金融国九条"，房地产信托投资基金首次在国务院层面作为一种拓展企业融资渠道的创新融资方式被提出。
2009.12	央行起草了《银行间债券市场房地产信托受益券发行管理办法》。
2010 年初	国务院批准三个保障性住房 REITs 试点城市（北京、上海、天津）。
2010.6	住建部等七部委联合发布《关于加快发展公共租赁住房的指导意见》，鼓励金融机构探索房地产信托投资基金拓展公共租赁住房融资渠道。
2014.10	央行发布《中国银行业监督管理委员会关于进一步做好住房金融服务工作的通知》中提出积极稳妥开展 REITs 试点工作。
2014.5	证监会发布《关于进一步推进证券经营机构创新发展的意见》中提出"研究建立房地产投资信托基金（REITs）的制度体系及相应的产品运作模式和方案"。
2016.6	住建部发布《关于加快培育和发展住房租赁市场的指导意见》，指出积极推进 REITs 试点。
2016.10	《国务院关于积极稳妥优化企业杠杆率的意见》提及有序开展企业资产证券化，支持房地产企业通过发展房地产信托投资基金向轻资产经营模式转型。
2016.12	发展改革委、证监会联合发布《关于推进传统基础设施领域政府和社会资本合作（PPP）项目资产证券化相关工作的通知》，两部委首次联合发文推动 PPP 项目的资产证券化，为 PPP 项目专门开设一个"二级市场"，为 PPP 项目资产证券化开了绿色通道。
2017.7	国土资源部等九部委联合印发《关于在人口净流入的大中城市加快发展住房租赁市场的通知》，采取多种措施加快推进租赁住房建设，培育和发展住房租赁市场。

续表

时间	进程
2018.4	证监会、住建部联合发布《关于推行住房租赁资产证券化相关工作的通知》，提出重点支持住房租赁企业发行以其持有不动产物业作为底层资产的权益类资产证券化产品，积极推动多类型具有债券性质的资产证券化产品，试点发行房地产投资信托基金。

参考文献

[1] 杜瑞峰. REITs，商业地产融资新宠 [J]. 中国乡镇企业，2005（12）：52 – 53.

[2] 毛志荣. 房地产投资信托基金研究 [R]. 深圳交易研究所研究报告，2004 – 01 – 16.

[3] 秦京. 房地产信托的模式选择 [J]. 中国房地产业，2013（4）：58 – 61.

[4] 唐时达. REITs 的国际比较及启示 [J]. 中国金融，2014（13）：74 – 75.

[5] 黄荣鑫. 我国房地产投资信托基金（REITs）制度构建缺失——"中信启航专项资产管理计划"方案评析 [J]. 广西政法管理干部学院学报，2015（4）：102 – 108.

[6] 杜晓军. 境外房地产投资信托（REITs）发展对中国的启示 [J]. 经济研究导刊，2014（13）：138 – 139.

[7] 李健飞. 美国房地产信托基金研究及对我国的启示 [J]. 国际金融研究，2005（1）：48 – 53.

[8] 刘耀峰. 发展我国房地产投资信托基金 REITS 的探析 [D]. 上海：上海交通大学硕士学位论文，2009.

[9] 陈琼，杨胜刚. REITs 发展的国际经验与中国的路径选择 [J]. 金融研究，2009（9）：192 – 206.

[10] 王凤荣，耿艳辉. 美国房地产投资信托基金发展的金融功能观分析与启示 [J]. 经济学动态，2012（5）：151 – 154.

[11] 沈田丰，韩灵丽. 中国房地产市场引进 REITs 的制度障碍与创新 [J]. 财经论丛（浙江财经大学学报），2011（4）：69 – 75.

［12］王浩．我国房地产投资信托基金（REITs）法律制度困境及对策研究［J］．财经理论与实践，2013（3）：121 – 124.

［13］王庆仁，高春涛．REITs 风险收益特征及其资产配置作用［J］．证券市场导报，2006（3）：40 – 43.

［14］陆却非，葛丰．我国房地产投资信托基金系统性风险的转化机制及其预警［J］．上海经济研究，2011（2）：92 – 97.

［15］汪诚，戈岐明．房地产投资信托基金的税收问题探究［J］．税务研究，2015（7）：104 – 107.

［16］王秀玲．引入房地产投资信托基金对我国房地产市场影响分析［J］．价格理论与实践，2007（7）：46 – 47.

［17］高旭华，修逸群．REITs 颠覆传统房地产的金融模式——房地产投资信托运营之道［M］．北京：中信出版社，2016：84.

［18］Block Ralph L.．Investing in REITs：Real Estate Investment Trusts（4th edition）［M］．Springer Berlin Heidelberg，2012.

［19］Han J.，Liang Y. and Wang K.．The Historical Performance of Real Estate Investment Trusts［J］．Journal of Real Estate Research，1995，10（1）：235 – 262.

企业资产证券化业务及其
融资效率研究

——以苏宁云创二期资产支持专项计划为例 *

摘要：资产证券化源于 20 世纪 70 年代的美国，在金融机构得到较为广泛的应用，随后在全球众多国家中迅速发展。

2005 年 8 月，中国联通 CDMA 网络租赁费收益计划推出，标志着我国企业资产证券化业务在试点范围内开展；2014 年 11 月，证监会宣布将企业资产证券化的证监会事前行政审批改为基金业协会事后备案后，企业资产证券化产品呈现井喷态势，2017 年全年新发行 499 只企业 ABS 证券，发行总额达 8113.77 亿元；2013—2017 年，企业 ABS 发行数量年复合增长率达 181.03%，发行总额年复合增长率达 223.61%。然而，在资产证券化业务大举扩张的同时，由于我国资产证券化发行市场的外部环境尚不成熟，发行政策尚不完善，项目实际执行过程中亦存在诸多问题，因而增加了发行企业的财务风险，企业财务状况的稳定性趋于下降，信用资质恶化，进而引发了企业融资的高融资成本、低融资效率问题。

本文从企业资产证券化出发，以深交所 2015 年度规模最大的 REITs 项目——中信华夏苏宁云创二期资产支持专项计划为例，结合发行前后各报告期（2015—2017 年）披露的信息，剖析苏宁云商资产证券化的融资模式、财务效应、风险水平，使用事件研究法与 Z 值预警模型，对其实施效果从市场反应与财务绩效两方面展开评价，据此对 2014 年 2 月实施基础资产负面清单管理制度后的融资体系作出评析，并为今后资产证券化融资的效果评价体系提供具有操作性的参考意见。

关键词：资产证券化　企业融资　财务效益　Z 值模型　事件研究法

---

* 课题研究单位：西南财经大学中国金融研究中心；课题组负责人：周凯；课题组成员：罗曦、刘皓海、董文、谢漾、陈怡兴。

1 企业资产证券化业务的发展背景与研究意义

1.1 资产证券化的启蒙与我国的初探

20 世纪 70 年代，美国商业银行面临两大难题：一则住房抵押贷款流动性差、风险高；二则金融市场对投资者资金的吸引力与日俱增，挑战着银行业在传统资金链中的地位。在二者的共同冲击下，资产证券化业务应运而生，美国率先实施了住房抵押贷款证券化。

资产证券化，是指企业将一组缺乏流动性但预计可产生稳定现金流的资产进行资产重组，将重组的资产打包出售给 SPV（特殊目的信托）并实现真实出售及破产隔离的条件，施加一定的信用增级手段后，将其转化成可出售、流通的证券产品的过程。

2004 年 4 月，我国证监会开始对企业资产证券化研究论证；2005 年 8 月，中国联通 CDMA 网络租赁费收益计划推出，标志着我国企业资产证券化业务在试点范围内开展；2014 年 11 月，证监会宣布将企业资产证券化的证监会事前行政审批改为基金业协会事后备案，业务开始进入常规监管期。这一阶段根据资产证券化中所包含的底层资产的区别，市场上现有的资产证券化产品主要分为如下两类（见表 1）：

表 1　　　　我国资产证券化业务按底层资产的传统分类

基础资产	资产证券化种类	发行主体
信贷资产及金融租赁资产	信贷资产证券化	银行类
除信贷资产及金融租赁资产、负面清单管理以外的资产	企业资产证券化	企业类

作为一种新型的融资方式，资产证券化相较于传统的融资方式在风险隔离、融资成本、融资期限等方面具有相对优势，在深化国内资本市场方面发挥着举足轻重的作用。2013 年，国内资产证券化规模开始大幅增长，发行量由 2013 年的 160 亿元攀升至 2014 年的约 2800 亿元，发起人数量也快速增长，涉及的行业越发多元化，呈现井喷态势。随着资产证券化的基础资产种类的增多，目前资产证券化业务的践行主体有了更为精细的划分，除银行信贷资产的证券化外，BT 回购款、保障房、不动产投资信托、基础设施收费、景区门票收入、铁路专项贷款、住房公积金贷款、棚户区

改造等项目均逐步纳入企业资产证券化的范畴。截至 2018 年 3 月 31 日，我国资产证券化产品中共有 1300 只证券，发行总额为 27380.61 亿元，市场余额存量为 18207.82 亿元，其中余额占比前三名的为个人住房抵押贷款（16.94%）、小额贷款（15.23%）、应收账款（11.09%）。表 2 给出了我国资产证券化市场产品的具体分布情况（截至 2018 年 3 月 31 日）。

表 2　　　　　　　　我国资产证券化市场产品的具体分布

基础资产类型	项目数量（只）	项目数量比重（%）	发行总额（亿元）	总额比重（%）	当前余额（亿元）	余额比重（%）
个人住房抵押贷款	57	4.38	4078.06	14.89	3083.63	16.94
小额贷款	142	10.92	2828.06	10.33	2773.80	15.23
应收账款	215	16.54	2286.83	8.35	2019.27	11.09
租赁租金	238	18.31	2501.54	9.14	1412.46	7.76
信托受益权	100	7.69	1731.03	6.32	1276.07	7.01
企业贷款	93	7.15	4532.84	16.55	1014.80	5.57
企业债权	36	2.77	1148.70	4.20	932.02	5.12
汽车贷款	50	3.85	1674.84	6.12	836.88	4.60
基础设施收费	117	9.00	1114.51	4.07	812.93	4.46
信用卡贷款	15	1.15	1288.09	4.70	776.87	4.27
商业房地产抵押贷款	22	1.69	712.12	2.60	706.23	3.88
不动产投资信托 REITs	28	2.15	559.99	2.05	553.52	3.04
融资融券债权	16	1.23	329.50	1.20	318.50	1.75
租赁债权	25	1.92	390.23	1.43	306.83	1.69
租赁资产	15	1.15	456.53	1.67	235.91	1.30
应收债权	16	1.23	242.94	0.89	222.99	1.22
不良贷款	30	2.31	272.78	1.00	165.63	0.91
信托受益债权	4	0.31	104.60	0.38	103.79	0.57
消费性贷款	9	0.69	226.95	0.83	101.98	0.56
保理融资债权	16	1.23	132.72	0.48	96.25	0.53
PPP 项目	9	0.69	89.09	0.33	87.45	0.48
航空票款	4	0.31	92.00	0.34	73.00	0.40
票据收益	11	0.85	133.00	0.49	65.71	0.36

基础资产类型	项目数量（只）	项目数量比重（%）	发行总额（亿元）	总额比重（%）	当前余额（亿元）	余额比重（%）
委托贷款	7	0.54	101.06	0.37	63.97	0.35
门票收入	5	0.38	49.03	0.18	33.33	0.18
铁路专项贷款	1	0.08	102.36	0.37	23.70	0.13
股票质押回购债权	4	0.31	45.91	0.17	22.81	0.13
住房公积金贷款	7	0.54	42.00	0.15	22.73	0.12
委托贷款债权	1	0.08	21.00	0.08	20.95	0.12
棚改/保障房	2	0.15	34.00	0.12	18.50	0.10
BT回购款	2	0.15	45.50	0.17	12.61	0.07
REITs	1	0.08	5.54	0.02	5.42	0.03
基础设施收费债权	1	0.08	5.27	0.02	5.27	0.03
PPP项目债权	1	0.08	2.00	0.01	2.00	0.01
合计	1300	100.00	27380.61	100.00	18207.82	100.00

数据来源：Wind资讯。

1.2　企业资产证券化的发展历程

相较于西方国家，我国资产证券化业务起步较晚，大致分为如下四个阶段。

1.2.1　试点阶段：2005—2007年

继2003年证监会颁布《证券公司客户资产管理业务试行办法》、2004年国务院发布《关于推进资本市场改革开放和稳定发展的若干意见》后，2005年国务院发布《关于2005年深化经济体制改革的意见》，明确指出要推进企业资产证券化试点，标志着我国企业资产证券化开始进入试点阶段。在第一批试点中，一共发行了包括上海远东、澜沧江、联通、网通、南京城建、东莞控股等10只资产证券化产品。

1.2.2　相对停滞阶段：2008—2011年

2008年，受美国次贷危机的影响，我国证券化的试点工作一度进入停滞阶段。直到2009年5月20日，为进一步规范企业资产证券化市场的发展，促进企业证券化市场的稳步提升，盘活现有的资本存量，证监会颁布了《证券公司企业资产证券化业务试点指引（试行）》，但效果甚微，产品极少；次贷危机过后的第一单企业证券化产品——远东租赁二期于 2011 年 8 月才设立发行。

1.2.3 重新起步阶段：2012—2013 年

随着企业资产证券化的重启，2013 年 3 月，中国证监会为进一步规范市场的发展，颁布了《证券公司资产证券化业务管理规定》，对企业资产证券化进行常规化管理，2013 年交易所市场发行企业资产证券化产品 4 单，合计金额 73.98 亿元，标志着我国企业资产证券化步入初步发展阶段。

1.2.4 快速发展阶段：2014 年至今

随着资产证券化产品逐步被市场认可，相关法律、法规也逐步健全。2014 年 1 月 7 日，为进一步鼓励符合条件的小额贷款公司、金融租赁公司以开展资产证券化、发行债券等方式融资，中国人民银行、科学技术部、中国银行业监督管理委员会等发布《关于大力推进体制机制创新扎实做好科技金融服务的意见》。此后，我国的企业资产证券化开始大规模扩张，原始权益主体呈多样化趋势。

1.3 企业资产证券化业务的研究意义

如今，随着经济全球化趋势对我国经济变革的影响加剧，国内企业取得长足发展需要通过融资来获得充足的现金流。在国务院"优化金融资源配置，用好增量、盘活存量，更好地服务实体经济发展"的建议与指导下，资产证券化作为新型融资模式，一方面能够通过基础资产的重新整合降低综合融资成本，另一方面资产流动性的盘活有利于促进企业的资产负债结构调整。

此外，基于证券化对我国中小企业发展的巨大推动作用，我国资产证券化的重心已开始逐步转移，企业资产证券化无论从数量还是规模上都占有相当大的比重。随着资产证券化注册制的实施，市场进行资产证券化的意识进一步增强，资产证券化市场将进入快速发展阶段。当前，我国越来越多的企业选取资产证券化作为企业融资的优选模式。因此，资产证券化作为顺应时代发展的必然产物，使本文的研究具有如下意义：

（1）企业资产证券化的发展前景广阔，可探究其对企业融资的指导意义。企业资产证券化如今已成为国际资本市场上发展最快、创新最活跃的金融产品之一。它可提升资产的流动性，丰富了投资者的投资渠道及企业的融资渠道，提高了社会资源的配置效率，因此研究企业资产证券化具有现实指导意义。

（2）可结合财务管理学理论，多角度探究企业资产证券化业务的风险。过度的资产证券化与监管不力可能会加剧金融市场的系统性风险，例如它对 2008 年的国际金融危机起到了推波助澜的作用，因此我们应当重视当前企业资产证券化存在的各类风险（信息不对称、承销商风险、市场风险等），根据研究结果分析管理者可制定的政策、监管措施，促进资本市场的稳定及其良性发展。

（3）我国企业资产证券化实务中存在诸多问题，可针对实务问题具体分析。当前我国资产证券化业务在实务中存在诸多问题，如产品流动性整体不足、基础资产种类有限、基础资产权属不明确、融资门槛较高（对中小企业不利）、外部担保不完善、破产隔离及资产"出表"较难实现等。针对上述问题，本文将选取深交所 2015 年度规模最大的 REITs（房地产信托投资基金）项目——中信华夏苏宁云创二期资产支持计划作为案例，具体分析。

（4）对 2014 年政策变化后的企业资产证券化融资体系作出评析。证监会于 2014 年 2 月取消了企业资产证券化业务行政许可，改为实行市场化的证券自律组织事后备案和基础资产负面清单管理制度。这项政策对于企业资产证券化融资体系的影响如何，可通过事件研究法与财务指标分析法，对 2014 年 2 月之后的企业资产证券化案例作出评析，并提出改进意见。

2 我国企业资产证券化发展现状及外部环境分析

2.1 企业资产证券化参与主体及模式介绍

就发行人主体来看，企业资产证券化当前的范围主要包括融资租赁、保理公司、互联网金融、商业银行、信托公司及一般工商企业等；相较于信贷资产证券化，类型更为多样和分散，其主要目的是满足原始权益人融资需求。

就发行人来看，主要包括符合资质要求的证券公司（含证券资产管理公司）、基金管理子公司，其中证券公司（含证券资产管理公司）占绝对主体。

就投资者来看，主要包括银行、证券等金融机构在内的法人机构、资管产品（包括银行理财、证券资管、保险资管、信托计划等）。此外，还有基金专户、公募基金及合格境外投资者等。

就承销机构来看，企业资产证券化承销实行牌照管理，一般为证券公司（含证券资产管理公司）、基金子公司。如前述理由，德邦证券在企业资产证券化承销规模方面处于市场龙头地位。

表3总结了企业资产证券化与其他三类资产证券化业务（信贷资产证券化、资产支持票据、保险资产证券化）的区别。

表3　　　　　我国资产证券化业务的四种模式特点对比分析

产品类别	监管部门及审核方式	发起机构	基础资产	发行及交易场所	发行载体	发行方式
企业资产证券化	证监会（交易所审核＋基金业协会事后备案制）	未明确规定，主要为非金融企业，也包含银行、信托、保险等金融机构	实行负面清单制，主要为债权类和收益类资产，如企业应收款、租赁债权、信托收益权、基础设施、商业物业等不动产财产或不动产收益权	证券交易所、机构间报价系统	证券公司和基金子公司资产支持专项计划	面向合格投资者发行

续表

产品类别	监管部门及审核方式	发起机构	基础资产	发行及交易场所	发行载体	发行方式
信贷资产证券化	中国人民银行、银保监会（银保监会事前备案+中国人民银行注册）	银行业金融机构（商业银行、政策性银行、邮储银行、财务公司、信用社、汽车公司、金融资产管理公司等）	银行各类信贷资产（含不良信贷资产）、汽车贷款、租赁资产、消费金融公司贷款	银行间债券市场	特殊目的信托	公开发行或定向发行
资产支持票据	银行间交易协会（注册制）	非金融企业	主要为债权类和收益权类资产，与企业资产证券化范围基本一致	银行间债券市场	特殊目的信托、特定目的公司或交易商协会认可的企业特殊目的载体	公开发行或定向发行
保险资产证券化	银保监会（初次申报批准，同类产品事后报告）	未明确规定，参照企业资产证券化	动态负面清单管理，主要为债权类和收益权类资产，与企业资产证券化范围基本一致	上海保交所保险资产登记交易平台	保险资产管理公司资产支持计划	面向保险机构等合格投资者发行

2.2 企业资产证券化的发展现状

资产证券化作为企业资金来源的一种补充，对比其他类融资在融资成本、资金使用、优化财务报表、资金使用期限、信用主体要求等方面具有相对优势。此外，资产证券化对我国资本市场具有很大的推动作用，无论从企业的角度还是从投资者的角度出发，对我国证券市场的参与者都起到了很大的作用。因此，自2005年开始试点以来，我国的资产证券化成长迅速，企业资产证券化业务则于 2014 年起大幅扩张。

近五年（2013—2017 年）来，新发行的企业 ABS 证券共计 1124 只（详见图 1），发行总额 15287.05 亿元（详见图 2）。其中，2017 年全年新发行 499 只 ABS 证券，发行总额达 8113.77 亿元；2013—2017 年，企业 ABS 发行数量年复合增长率达 181.03%，发行总额年复合增长率达 223.61%，可见近五年 ABS 发展势头迅猛，呈现井喷态势。

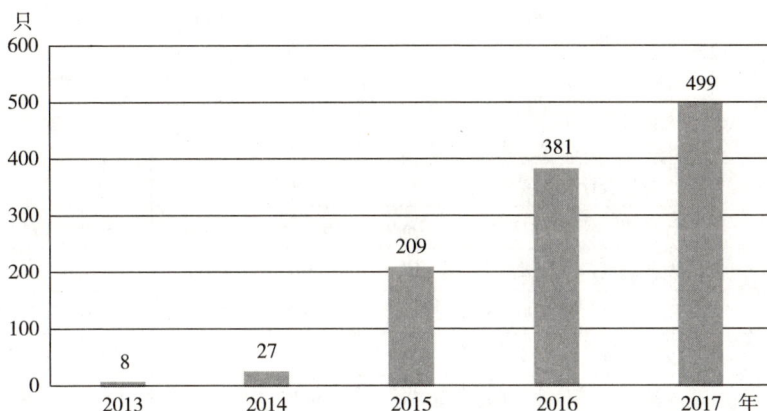

数据来源：Wind 资讯。

图 1 我国 2013—2017 年企业 ABS 发行数量

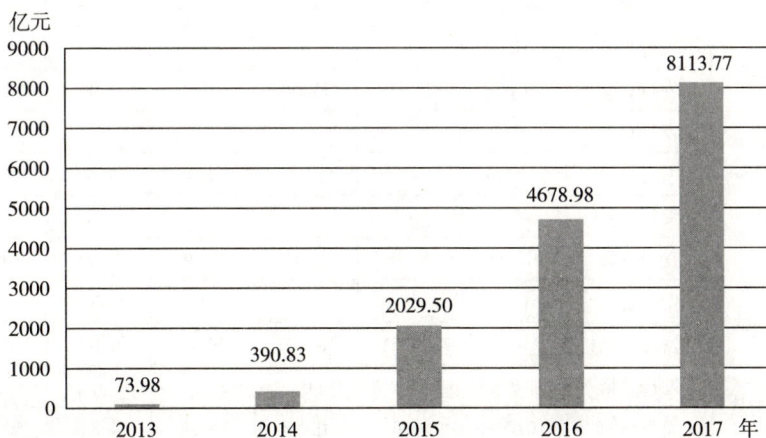

数据来源：Wind 资讯。

图 2 我国 2013—2017 年企业 ABS 发行总额

从近五年新发行企业 ABS 底层资产的分类及对应发行规模来看，新发行企业 ABS 的底层资产以企业债权类、租赁租金类、基础设施收费类、门票收入类、航空票款类、不动产信托 REITs 类为主。表 4 给出了 2013—2017 年我国企业 ABS 发行数量、发行金额的相关情况。

表 4　　2013—2017 年我国企业 ABS 按底层资产分类的发行情况

单位：只、亿元

底层资产分类	起始日期	2017 – 01 – 01	2016 – 01 – 01	2015 – 01 – 01	2014 – 01 – 01	2013 – 01 – 01	2013 – 01 – 01
	截止日期	2017 – 12 – 31	2016 – 12 – 31	2015 – 12 – 31	2014 – 12 – 31	2013 – 12 – 31	2017 – 12 – 31
新发行企业 ABS	发行总量合计	499	381	209	27	8	1124
	发行总额合计	8113.77	4678.98	2029.50	390.83	73.98	15287.05
企业债权	发行总量	28	17	0	0	0	45
	发行总额	894.73	314.27	0.00	0.00	0.00	1209.00
租赁租金	发行总量	72	114	66	4	1	257
	发行总额	807.06	1030.43	604.91	44.75	11.14	2498.29
基础设施收费	发行总量	25	39	47	6	1	118
	发行总额	207.94	305.96	502.43	54.12	33.00	1103.44
门票收入	发行总量	2	1	0	1	0	4
	发行总额	4.73	8.40	0.00	32.00	0.00	45.13
航空票款	发行总量	0	1	3	0	0	4
	发行总额	0.00	20.50	71.50	0.00	0.00	92.00
不动产投资信托 REITs	发行总量	15	7	4	2	0	28
	发行总额	285.84	117.25	130.85	96.05	0.00	629.99
保单贷款	发行总量	2	1	0	0	0	3
	发行总额	15.00	5.00	0.00	0.00	0.00	20.00
应收账款	发行总量	135	85	33	1	0	254
	发行总额	1476.46	929.51	305.02	29.41	0.00	2740.40
BT 回购款	发行总量	0	0	0	2	1	3
	发行总额	0.00	0.00	0.00	45.50	4.84	50.34
委托贷款	发行总量	4	3	0	1	0	8
	发行总额	35.03	66.02	0.00	5.00	0.00	106.06

底层资产分类	起始日期	2017－01－01	2016－01－01	2015－01－01	2014－01－01	2013－01－01	2013－01－01
	截止日期	2017－12－31	2016－12－31	2015－12－31	2014－12－31	2013－12－31	2017－12－31
小额贷款	发行总量	127	45	25	7	5	209
	发行总额	2759.45	716.63	126.74	35.00	25.00	3662.82
住房公积金贷款	发行总量	0	4	5	0	0	9
	发行总额	0.00	43.00	23.75	0.00	0.00	66.75
保理融资债权	发行总量	14	8	3	0	0	25
	发行总额	122.69	60.32	13.40	0.00	0.00	196.41
棚改/保障房	发行总量	0	0	0	2	0	2
	发行总额	0.00	0.00	0.00	34.00	0.00	34.00
股票质押回购债权	发行总量	3	2	5	0	0	10
	发行总额	24.46	14.22	43.92	0.00	0.00	82.60
融资融券债权	发行总量	8	4	2	0	0	14
	发行总额	130.00	54.50	10.00	0.00	0.00	194.50
PPP项目	发行总量	9	0	0	0	0	9
	发行总额	89.09	0.00	0.00	0.00	0.00	89.09
信托受益权	发行总量	40	46	16	1	0	103
	发行总额	799.50	786.47	196.98	15.00	0.00	1797.95
商业房地产抵押贷款	发行总量	15	4	0	0	0	19
	发行总额	461.80	206.51	0.00	0.00	0.00	668.31

数据来源：Wind 资讯。

2.3 我国企业资产证券化外部环境分析

尽管资产证券化为企业融资开辟了新型、高效的通道，但证券化作为金融市场的一次创新，它的完美仅存在理论之中，在实践中，若缺少一个完美市场的支撑，风险便会无处不在，次贷危机的发生正是一个例证。当前，我国资产证券化发行市场的外部环境尚不成熟，发行政策尚不完善，因而滋生了诸多低效率问题，增加了发行企业的财务风险，企业财务状况的稳定性变得扑朔迷离，信用资质下降，引发了额外的融资成本，进而导致了融资的低效率。概括而言，主要问题分为两类：一是金融市场环境的不完善，二是项目实施过程中的不完善。

2.3.1 金融市场环境的不完善

2.3.1.1 法律环境的不完善

作为金融市场的一次创新，目前我国企业资产证券化尚处于发展的初级阶段，就整个金融市场的环境而言，首当其冲的是我国企业资产证券化相关的法律、法规制度建设尚不健全，需要进一步完善。

首先，我国企业资产证券化采取的是事后备案制和基础资产负面清单管理制。事后备案制意味着在资产证券化的前端监督机构参与甚少，很难充分发挥证券的监督管理作用，事后备案制的设置进一步放松了资产证券化的准入标准，存在潜在的风险。基础资产负面清单管理只限定了负面清单上的资产不能够进行证券化，对负面清单以外的资产则没有严格的规定；实际上，资产未来现金流的稳定与否、基础资产的质量是由多种因素共同决定的，而非负面清单以外的所有资产均适合进行资产证券化。

其次，证监会对同一个企业资产证券化产品的投资人数进行了严格的控制，要求投资者总数不超过 200 人，这便决定了证券化产品的投资者大多数为机构投资者，投资金额较大，不利于投资者分散风险。

最后，在相关的财务政策方面，关于证券化资产的"剥离"与否在企业财务上的体现往往是由企业自行决定，使账面上的优化与事实上的优化存在较大的偏差。

2.3.1.2 市场容量较小

由于我国市场对资产证券化的认知度较低，且企业进行资产证券化以中小企业为主体。尽管很多以大型券商为中介服务商的或者本身企业规模较大企业的证券化产品销售状况良好，但由于市场上仍然存在很多企业资产证券化产品很难销售甚至无法销售，即现有的市场容量无法满足现有企业的需要。

2.3.1.3 其他风险因素

企业在资产证券化过程中，可能会发生政治、经济等社会问题，自然灾害等方面的不可抗力因素，而投资者与发起者在关于不可抗力风险的问题上，会事先约定：由于不可抗力风险的原因导致加速清偿或者企业无法返还资金，企业不承担相应的责任，这样就可能对资产和收益产生不良影响。

2.3.2 项目实施过程中的不完善

2.3.2.1 产品结构设计中存在的风险

产品结构的设计是企业决定进行资产证券化时首先需要考虑的问题。对于部分基础资产如互联网消费金融企业、金融小贷公司等，基础资产具有来源分散、地区分布广泛、时间期限较短的特点，这便需要再进行证券化的加入循环期。我国的第一单进行循环期设置的证券化产品为蚂蚁金服第一期专项计划。所谓循环期，即企业在进行资产证券化时，当有融入较长期限资金的需求，而基础资产的期限较短并且后续的基础资产来源充足，就可以在发行产品时加入循环期。循环期内资产池并不是封闭的，而是开放的、动态的，每到期一笔基础资产所获得现金用于购买新的未到期基础资产。当然对于期限或者金额不能够完全匹配的新的基础资产和已经到期的基础资产可以通过更有弹性的设置如定期更换，无新的替代资产时，资金仍然放置在托管行的资金账号中直到有新的合格资产等。循环期的设置无疑给资产期限转换、企业融资提供了方便，但同时也埋下了安全隐患。

基于国内资产证券化市场尚处于快速增长阶段，无论是企业还是投资者对证券化产品的认可度都较低。为提高公众的认可度，降低投资风险，便于产品的发行和推广，企业往往会设置启动加速清偿的条件以及签订《差额支付承诺函》，当基础资产发生恶化不足以清偿所有本金和利息时，由企业进行支付，这便弱化了 SPV 的破产隔离，存在一定的风险。

2.3.2.2 发行中存在的风险

企业进行资产证券化的参与机构作为一个利益共同体，存在隐藏风险、对基础资产作出不真实说明的倾向，如评级机构可能更偏向给予更高的评级，券商在撰写产品说明书时可能基于长远合作目的，掩盖一些风险，而证券化产品本身的不透明性决定了投资者获取信息的途径主要是依靠中介服务机构的相关说明，这也存在一定的风险。

2.3.2.3 后续管理中存在的风险因素

产品发行后，需要管理人进行后续的持续监督管理，但是这些监督管理主要是依据一些合同条款，并不能覆盖所有可能影响基础资产质量的因素，如市场环境的变化，同时该项监督管理，往往是定期地进行，并不达到实时监督的作用；如果加入循环的结构化设计，对于后续资产的入池，若企业在运营过程中产生现金流的问题，可能存在挪用基础资产产生的现金的风险。如以应收账款的资产证券化为例，并不是所有的应收账款都会进入资产池，当资产池中的某一笔应收账款产生现金流时，企业自身运营又急需这些现金，可能就会"张冠李戴"宣称是由其他应收账款产生的，存在一定的风险因素。

资产证券化产品的所有风险，在经过一定的时间之后均会逐渐暴露出来，影响发行企业的财务状况和信用资质，相应的机构也会根据市场的需求作出相关调整，但此类调整往往需要一定的时间并且往往只能针对后续发行的产品，而对于已经发行的产品却无法起到良好的更正作用。因此，本文拟选取已发行的企业 ABS 融资案例，对融资后企业财务状况、风险集聚情况展开详尽分析，据以判断企业 ABS 融资方式是否有效、是否存在改进空间等。

3 企业资产证券化业务的研究现状

3.1 国外研究现状

国外对企业资产证券化的研究是紧随着资产证券化的实践展开的。因此，前期的研究主要集中在信贷资产证券化，随着践行主体范围的逐步拓展，有关资产证券化的研究也由信贷资产证券化转移到对企业资产证券化的研究。

Bemstein（1993）认为资产证化极大地扩张了企业借贷资金的能力，帮助企业从资金困难中释放出来，去追寻净现值为正的项目。资产证化提供融资的表外化，企业只需要将他们提供担保的证券化产品作为负债来披露。因此企业能够迅速将资产转换为现金并拓展业务。Larry J. Lockwood, Ronald C. Rutherford 以及 Martin J. Herrera（1996）通过调查发现，对一些特定的企业，资产证券化能够增加企业财富，对工业企业以及企业制造业没有什么影响。Rosenthal 和 Ocampo（1988）认为，通常能够在不考虑企业对信用评级的前提下，为企业提供了一个很低的成本将风险资产剥离企业。Hugh Thomas（1999）对 1991—1996 年 236 单非政府担保的资产证券化产品企业的股东和债券持有人的财富变化进行实验，发现资产证券化能够显著地为股东创造财富，为股东增加额外 5% 的收入。通过其中 137 个子样本，发现资产证券化不是债券持有人的破环者，它对企业债券持有人额外增加的财富只有 0.21%。Greenbaum 和 Thakor（1987）指出，降低风险以及促使资产组合多样化是企业进行资产证券化销售的主要收益之一。

进入 21 世纪后，资产证券化业务的创新性逐步加强，新的投资品种在不断丰富市场层次和结构的同时，也使产品结构越发复杂，引发一系列的风险问题。Cantor 和 Rouyer（2000）研究表明，当且仅当销售到市场中的证券化产品比为交易的无担保的债务风险更高时，资产证券化才能将产品中所包含的信用风险从原始权益人处转移至市场上的其他投资者。Greenbaum 和 Thakor（1987），Murray（2005）提出资产证券化也可能增加风险水平，如果银行的资产较好，那么进行资产证券化来表外化的资产质量会较差。Ambrose，Lacour – Litte 和 Sanders（2005）发现有事实表明，发行者保留的都是风险较高的资产，而把风险较低的资产通过资产证券化在证券市场发行，目的在于促使监管资本的激励或者获得良好的市场声誉。Stiroh（2006）发现资产证券化收入波动和银行风险成正相关关系。Barth 等（2011）通过实证研究得出结论，证券化公司的信用风险与资产证券化剩余权益有关，且评级机构在评价风险时并没有尽责和客观。事实上，信用评级的提高，只是因为评级机构在进行风险评估时没有进行深入的调查导致的。

3.2　国内研究现状

相较于西方发达国家，我国的学者对资产证券化的广泛研究开始于 1998 年，起步相对较晚，对企业资产证券化的研究也是如此。

国内已有文献对于我国企业资产证券化问题的研究主要可分为三类：一是对于企业资产证券化运作流程各环节的细化研究，如法律、税务和会计等角度；二是对企业资产证券化融资动因及意义的研究；三是从企业资产证券化的风险、财务效应等分析企业困境、对策及出路。

在企业资产证券化运作流程的研究方面，李敏和宋瑞波（2003）将企业资产证券化与传统的股权和债权融资方式进行对比，总结了企业资产证券化的九大特点，并给出了其适用条件；束学岭和曹崇延（2008）研究了我国企业资产证券化中破产隔离与真实销售问题，他们认为券商的专项资产管理计划不具有法律主体资格，且缺乏相关的法律规定，因此真实销售难以真正实现，从而导致破产隔离也不彻底，相应的解决对策是采用信托模式设立 SPV，并明确其法律地位；陶涛（2008）研究了我国企业资产证券化信用增级问题，他通过分析内外部信用增级的一些主要方式，探寻出了国内实践中存在的一些问题和不足，如外部增级手段单一，过度依赖银行信用等；黄玮婷（2009）研究了我国企业资产证券化对企业价值的影响，她以应收账款离岸证券化为例实证分析，结果表明企业证券化不仅提升了企业价值，还改善了企业的运营能力和偿债能力等财务指标；钟凌、杨筱燕和林娅琪（2014）研究了企业资产证券化的税收和估值问题。针对证券化基础资产的性质界定，探讨了相应的发起人需要承担的税收种类，并进行了案例分析计算。此外，对比了英国、法国、日本的相应税收政策，比较分析了这些政策的影响和优劣，最后提出了改善资产证券化税收环境的建议。

在企业资产证券化的动因及意义的研究方面，陈晓红和黎璞（2003）研究了资产证券化对中小企业融资的意义：一是信用增级和破产隔离降低了风险，提高了融资的成功率，二是有限追偿制的融资方式也有利于中小企业接受，三是资产证券化表外融资的特点也备受中小企业青睐；李玮和朱建华（2007）研究了我国企业资产证券化的动因，他们认为资产证券化产品隔离了发起方自身的风险，由于发债资产一般较为优质，风险和融资成本较低，且给那些整体财务指标不达标但有着某些优质资产的企业提供了一种新型融资渠道；周蓉（2012）探讨了企业资产证券化的意义并分析了我国企业资产证券化中存在的问题。她认为企业资产证券化对企业的意义有四点：一是有利于拓宽企业融资渠道，优化资本结构；二是有利于增强企业资产的流动性；三是有利于企业获得低成本融资；四是可以减少企业的风险资产。对于实践中存在的问题，她提到了如下几点：一是市场还不够健全，且缺乏有效的定价机制；二是相关的法律还不完善，配套服务机构也需要完善；三是门槛较高，降低了其应有的作用。

在资产证券化的困境及出路研究方面，陈晓东（2004）总结了我国资产证券化存在的四大障碍：供给障碍、需求障碍、制度障碍和环境障碍，并提出了相应的政策建议，一是建立和完善资产证券化的市场供需体系，二是完善金融基础环境，三是建立和完善适合资产证券化的法律制度体系，四是培养和造就一批高素质的专业人才队伍；成健（2008）研究了中小企业通过资产证券化融资遇到的困境和采取的对策，其中内部制约因素有：财务信息不健全、不透明，风险和高成本，外部制约因素有现金流规模较小、准入门槛高和所有制歧视，相应的政策建议：一是政府应加大支持力度，二是促进信用升级，三是完善相关法律法规；杨明皓和高川（2013）研究了我国企业资产证券化的契约结构及其风险，他们指出，由于资产出售和 SPV 的存在，资产证券化过程中出现了多重的委托—代理关系，尽管实现了风险隔离，但却加重了信息不对称问题，可通过契约设计理论研究来解决信息不对称问题。邱成梅和赵如（2013）研究了企业资产证券化融资的财富效应，他们选取浦东建设资产证券化进行了案例分析，实证研究了企业资产证券化对发起人的股东和债权人的财富效应，结果显示，资产证券化确实可以增加股东财富，而对债权人的影响则要分时间来看，在资产证券化当年有正的财富效应，而在之后却会产生负的财富效应；严瑾（2016）重点探讨了企业资产证券化的财务效应，以华侨城欢乐谷入园凭证为例，从成本效应、收益效应、财务风险效应及财务指标效应四个方面全面系统地进行了分析，发现企业的财务风险在短期内并未凸显出来，而在长期积累。

3.3 本文的创新点

通过对国内已有文献的整理，我们发现目前国内对资产证券化业务的研究主要集中在商业银行的信贷资产证券化，对企业资产证券化业务研究的文献较少，且已有的分析缺少案例分析及实证检验。本文将以深交所2015 年度规模最大的 REITs（房地产信托投资基金）项目——中信华夏苏宁云创二期资产支持专项计划为例，采用事件研究法、Z 值模型，对其实施效果从市场反应与财务绩效两方面评析，刻画其融资效率。

同时，目前国内的相关文献以 2014 年之前的研究为主，随着证监会备案制度与负面清单制度的出台，企业资产证券化业务的背景、现状已然变化，本文将采用 2015 年苏宁云商二期资产支持专项计划，选取 2014—

2017 年苏宁云商报表公布的各财务指标展开分析，不仅可适应该领域新形势下的发展，也可填补对新政策环境下该领域研究成果不足的空白。

4 中信华夏苏宁云创二期资产支持专项计划的融资模式分析

4.1 苏宁云商基本状况

苏宁云商作为家电行业的先头军，对于新型的连锁销售商业模式进行了大胆尝试。2001 年至 2003 年，苏宁电器经营业绩出现惊人的爆发增长，在家电行业逐渐占据领军地位，2004 年苏宁在深圳中小板上市，募集近 4 亿元人民币资金。

苏宁云商在深交所上市后，其营业收入与营业利润实现飞跃式的增长。自 2004 年上市以来，其收入水平由 9 亿元提升到 2013 年的 1090 亿元；年度营业利润也实现 5 倍的翻越式增长。苏宁云商通过发展连锁经营与客户服务获得家电市场的领军地位，实现了深交所上市公司的收入与盈利增速的传奇。但至 2014 年营业利润跌至 - 14 亿元，互联网市场模式的发展给苏宁带来了巨大的冲击，苏宁步入占领家电行业互联网销售模式份额的重要分水岭。在几十年的发展过程中，苏宁为实现企业目标创造更多价值，不断地进行市场扩张，其融资模式与融资水平一直为其发展提供着资金助力，苏宁云商的融资模式值得我们作为案例分析探讨。

4.2 苏宁云商的传统融资特点分析

4.2.1 过度依赖供应商融资模式

苏宁的传统融资模式中较为突出的正是供应商融资。苏宁利用家电行业集中进货、零散售货的特点，通过拖延对供应商货款的付款时间来获得不需要支付利息的大量流动资金，将资金投入市场规模扩大中，随着市场占有率的提升能够获得更多的供应商渠道来源，从而实现与供应商商议价格能力的博弈优化。在与供应商博弈的过程中，既能够实现进货成本的不断压低，也能够通过定期集中支付货款来获得资金流动利用期限的延长，达到融资目的。

在苏宁实施其规模扩张的过程中，供应商融资模式的使用，促使苏宁形成了一种循环、促进的融资流程：在销售阶段，消费者在购买过程中的支付行为让苏宁获得充足的现金流；在采购阶段，苏宁依靠市场占有率所占有的市场地位来拖延支付供应商货款的时间；延期支付的货款将作为苏宁的短期流动资金进行销售渠道与规模的扩张；市场地位的提升又会提高苏宁云商在与供应商进行价格、付款期限等方面的交涉能力。通过不断地往复循环，苏宁销售规模实现快速扩张。此外，随着规模不断扩张，市场份额的扩大，进货量需求增加，可以借由市场地位向供应商要求延期支付或者给予更大的折扣，从而在实现供应商融资的过程中，降低了采购成本，获取高额利润，实现了商业运作的良性循环。

4.2.2 股权再融资偏好

西方较为成熟的资本市场中的上市公司在面对自身融资需求时，首先会选择内源融资，其次是债务融资，最后考虑股权融资，这是由于上市公司一旦采用股权融资模式进行筹措资金，即为向社会传递公司运营不佳的信号，对公司产生重大利空影响。但由于制度背景和股市现状等因素的影响，中国上市公司在面对融资需求时一般会表现出明显的股权融资偏好，苏宁云商也不例外。

自上市以来，苏宁云商通过非公开发行的定向增发形式来进行股权融资，股权融资填补了苏宁发展过程当中不小的资金缺口，此外也对过度依赖供应商融资模式的现状起到一定的缓释作用。但是考虑到股权融资对市场投资者传递不良信息的影响，苏宁不应当盲目扩大股权融资规模。面对家电行业资产负债率都较高的行业状况，苏宁每年的资产负债率保持在60%～70%，因此，苏宁云商的偿债能力值得信任，采用其他的外源融资模式，比如发行公司债券，既能够保障资金的筹集速度，也能让市场投资者对苏宁云商拥有较高的信赖度。

4.2.3 间接融资利用不足

苏宁云商一直不偏好采用银行借款等间接融资模式。从表5中可以看出，苏宁云商在企业成长过程中，只是保持着非常少量的银行短期借款，长期借款一直到2012年才出现。这主要也是因为苏宁所倾向的供应商融资模式对银行借款模式具有很大的替代性，并且可以具有不用支付贷款利息的巨大优势，所以苏宁云商对银行借款模式的舍弃也就顺理成章了，但是对供应商融资模式的过度依赖，会使苏宁资产负债率较高，企业所面临的财务风险、破产风险较大,所以银行贷款的利用程度还有待提升。2013年,随着互联网购物模式不断完善与发展,苏宁迫切需要资金来通过其他途径拓宽市场规模。各家电销售商使用的低价销售策略,让苏宁在供应商融资中的谈判地位产生动荡,为了在激烈的行业竞争环境中实现规模扩张与设施建设,苏宁在2013年以后向银行申请了抵押贷款项目,这是苏宁随着市场、行业变化而对于自身融资模式选择的转变之举。

表5　　　　　苏宁云商2007—2014年的融资模式变化　　　单位:万元

年份	2007	2008	2009	2010	2011	2012	2013	2014
股权融资	482788	911232	1492498	1884539	2303054	2911154	2870291	2953680
债券融资	986900	1088586	1900231	2143413	3080914	4090548	4541700	4158145
银行融资	14000	15600	0	31779	166569	175249	170373	275074
供应商融资	972900	1072986	1900231	2111654	2914345	3468759	3576734	3086953
长期借款	0	0	0	0	0	446541	794593	796118

数据来源:Wind 资讯。

4.3　苏宁云商的外部融资环境分析

4.3.1　经济环境分析

从国际角度看,世界经济发展速度不断回升,美国、日本、欧洲等发达经济体都表现出对未来经济发展的良好势头的肯定,但是也存在一些亟待解决的社会问题,存在部分地区动荡不安以及通胀率居高不下、证券二级市场发展曲折等阻碍问题。

从国内方面看,我国经济水平一直处于平稳增长之中。随着居民收入水平的提升,人们对于生活的追求实现从求量到求质的转变,对于家电类生活用品的需求持续走高。

4.3.2　金融环境分析

4.3.2.1　货币政策调整

2015年10月24日,我国央行再次下调"两率",即贷款存款基准利率和存款准备金率,一系列降息降准的行为,是央行为了使我国的货币市场能够保持稳定、宽松的市场环境而作出的政策调整。双降政策的出台起到减少企业融资成本的目的,稳定经济增长的趋势,同时也为动荡的中国股市回暖起到政策导向作用。

对于债券市场来说，我国的货币政策调整使债券市场的传导效果得到改善，在中国面对利率市场化、经济增长模式变革等经济环境的影响下，我国的货币政策分析变得更加复杂多变。货币政策的变化趋势一直都是债券市场的晴雨表，这也说明我国的债券市场也会经历更加复杂的方式变革，单一的债券规模、走势分析已经无法满足日新月异的货币市场变化。

4.3.2.2　商业银行战略转型

随着我国经济体制的不断变革与完善，银行不再是全行业当中盈利能力最高的领军者，商业银行通过高成本高投入来换取收益的经营模式已经无法满足行业发展的需求。互联网时代的到来为银行发展带来新挑战，我国商业领域在经营业务范围、服务质量等多方面进行着多角度的变革，商行的变革也会对苏宁云商等企业产生影响，商行产品与客户的定制性发展，提高了我国企业获得银行贷款的难度。但是这也为苏宁跳出传统融资模式，不断采取新模式创新型融资的方式提供了探索与尝试的机会。

4.3.2.3　股票市场整体上涨

2015 年，我国股票市场既经历了 7 年以来的最强牛市，也经受了 2000 点断崖式下跌。沪指大盘用半年时间在 2015 年 6 月突破 5000 点；紧接着出现千股跌停的情况，沪指大盘在两个月的时间里下落 2300 点。资本市场应该作为企业融资的重要努力方向，但限于股票市场现状，加大了苏宁在股票市场筹集资金的难度。

4.3.2.4　债券市场发展迅猛

目前我国的债券市场发展势头较好，在国家大力弘扬发展金融市场的政策支持下，债券的发行数量不断增加，债券产品创新不断涌现，品种丰富。私募债券发展迅速，为债券市场的发展带来了新的活力。债券市场的迅猛发展对于偿债能力较好的苏宁云商来说，提供了融资契机，苏宁云商应当合理使用债券融资来缓解对供应商融资模式的依赖，完善其融资结构。

4.3.3　行业环境分析

2014 年，面对互联网销售模式的冲击，我国家电行业产品销量增速下降，但却依旧保持着增长的势头，尤其是与环保相关的电器类产品销量增速迅猛。根据我国家电协会公布的年度运营数据，2014 年我国家电行业依然保持着稳定增长，居民家电消费重点逐渐向智能化、环保型的家电转变。这说明家电行业需要在今后发展当中不断优化产品结构，大力发展环保型、智能化的家用电器。

苏宁云商作为家电行业，其企业产品库存一直处于高位，产成品占用资金较大，企业的发展需要稳定的现金流作为基础。由于家电行业资产负债率普遍较高，所以只有在保证长期偿债能力的前提下获得充足的资金流，才能获得发展的机会与空间。

4.4 苏宁云商内部融资环境与融资需求分析

4.4.1 债务结构不合理

根据表6苏宁云商债务构成的数据，可以看出在苏宁云商债务结构中非流动负债占比很小，主要由流动负债构成。苏宁云商在发展的过程中一直将销售市场的扩大作为重要目标，拓展市场规模需要大量资金的投入，苏宁云商一直依赖供应商融资来填补资金缺口。这种融资模式对于苏宁的财务数据影响是很大的，苏宁云商的账面上存在大量的应付账款，也造成了较高的资产负债率。

表6 苏宁云商 2010—2014 年主要债务构成 单位：万元,%

年份	2010	2011	2012	2013	2014
短期借款	31778.90	166568.60	175249.20	110989.30	183652.90
应付票据	1427732.00	2061759.30	2422985.20	2523584.90	2244213.20
应付账款	683902.40	852585.70	1045773.30	1053149.30	842739.70
其他应付款	153902.00	274392.50	334699.20	493121.00	544203.70
流动负债占总负债比重	97.89	96.96	87.66	81.07	79.98
长期借款	0.00	0.00	0.00	59383.80	91421.40
应付债券	0.00	0.00	446540.50	794592.50	796117.70

数据来源：Wind 资讯。

4.4.2 股权融资遭遇"瓶颈"

根据融资优序理论，股权融资并非是企业在传统融资方式中的首选，但自从苏宁上市以来，不同规模的股权融资一直在持续进行。根据再融资法律的相关规定，苏宁的经营情况、盈利能力也可以达到股权再融资的标准。但是，当下苏宁在股权融资模式的使用上也遭遇到一些"瓶颈"。

2012 年 7 月，苏宁进行一次定向增发，原本定向增发的对象是董事长张近东、弘毅投资与新华保险。苏宁 7 月 9 日股票价格收盘价是 8.4 元，定向增发的认购价格是每股 12.15 元，这表明此次定向增发的价格制定不合理，本质上会直接造成增发对象的亏损，最终原定的 3 名增发对象中，只有公司控制人张近东、弘毅投资分别出资 35 亿元与 12 亿元进行定向增发的认购，另外的一名定向增发对象新华人寿则选择了违约，退出认购。

4.5 苏宁云商的商业模式转变与资产证券化融资需求

苏宁能够顺利地通过供应商渠道获得资金，这正是苏宁在家电行业市场地位的有力体现。苏宁在发展的过程中除了扩大销售规模之外，也十分注重对于配套物流、客户管理、售后服务等多方面的发展方向。苏宁通过融资筹集的资金，大部分也被苏宁云商用于对其未来发展规划的领域中。

企业快递发展需要有与自身相匹配的商业模式。针对家电零售行业的特殊性，并不需要进行产品生产，主要以服务至上。苏宁在对轻资产与重资产的商业模式选择上比较自由，既可以选择自己构建商场的重资产模式进行运营，也可以选择依靠租赁进行零售店店面扩张的轻资产模式运营。

随着互联网对商业、消费的影响与日俱增，苏宁在商业模式上逐渐从重资产模式向轻资产模式转变。采用轻资产商业模式可使苏宁云商拥有更高的边际贡献率，更小的经营杠杆系数，同时加快资产周转效率，提升苏宁整体盈利能力。面对家电零售行业瞬息万变的发展动态，采取轻资产模式的苏宁能对行业变化作出快速反应，保证现金流充分性与盈利持续性。

总的来说，外部环境的影响使得苏宁云商需要通过扩大规模和拓展业务链条来保证其发展可续性，传统融资模式已经无法提供苏宁云商未来发展规划对现金流的巨大需求，再加之苏宁云商对轻资产商业模式的转型，多方面背景与原因使资产证券化成为苏宁融资最可行的选择渠道。

5 苏宁云商证券化模式与风险分析

5.1 苏宁云商资产证券化模式设计

5.1.1 参与主体

苏宁云商作为此次资产证券化项目的发起机构，以旗下 1 家门店的房屋所有权与土地使用权分别出资设立 11 家全资子公司，每家子公司的注册资本均为人民币 500 万元，11 家子公司的主要经营范围是家电销售、自有房屋出租、日常物业管理。

苏宁以共计 43.42 亿元的价格将 11 家全资子公司的包括所有权、运营权获利权在内的全部权益转让给中信金石基金管理有限公司，其中 A 类证券规模约为 20.85 亿元，期限为 18 年，每 3 年开放申购/回售。类证券规模约为 23.1 亿元，期限为 3 + 1 年。A 类的预期收益率为 7.0% ~ 8.5%，B 类的是固定 + 浮动收益，固定部分为 8.0% ~ 9.5%。中信基石基金管理公司以此设立私募基金以开展创新资产运作模式。根据创新资产运作计划，中信金石的相关机构中信证券、华夏基金进行了中信华夏苏宁云创资产支持专项计划的一系列工作，同时签订了为本次专项计划采取智能新措施的协议，同时公司为此次资产证券化产品制定增信方案并采取措施，以此来提高此次专项计划的投资信用水平与流动性支持程度。该计划将以深交所作为平台进行挂牌交易。

该款产品主要参与机构如表 7 所示：苏宁云商负责产品运营过程中基础资产的重组工作以及对其他相关方的协调工作；华夏资本负责对此产品的日常管理，主要包括计划备案、项目推广、份额出售等工作；中信金石是专门成立负责管理私募基金的机构，其主要职能是产品设计与流通、监管备案、项目实际运作、投资者接洽等；中信证券主要负责产品的前期推广与出售，同时直接与购买的机构投资者接洽；中国工商银行南京分行负责此项目的资金托管；中证登作为登记托管机构负责相关受益凭证的登记托管、份额转让、收益过户等工作。

表7　　　　中信华夏苏宁云创二期资产支持专项计划参与方情况

相关方	机构名称
资产原持有人	苏宁云商
计划管理人	华夏资本
基金管理人	中信金石基金
财务顾问及推广机构	中信证券
托管人/流动性支持准备金监管银行	中国工商银行南京分行
资金收入监管银行	中国工商银行上海分行
法律顾问	北京市金杜律师事务所

相关方	机构名称
信用评级机构	中诚信证券评估有限公司
会计师事务所	普华永道
评估机构/市调机构	深圳市戴德梁行
登记托管机构/支付代理机构	中证登深圳公司

5.1.2 基础资产池的构建

此次专项计划的基础资产并非苏宁自身所拥有 11 家门店的资产，而是在经过持有人与相关机构一系列的设置后，所产生的基础资产的未来现金收益权。

根据苏宁云商发布的公告，11 家门店分别是北京通州世纪联华店、北京刘家窑店、常州南大街店、武汉唐家墩店、重庆观音桥步行街店、重庆解放碑店、昆明小花园店、成都春熙路店、成都万年场店、成都西大街店和西安金花路店等自有门店，目前已经用门店的地面房屋所有权与土地使用权分别设立了 11 家全资子公司来持有资产。

完成私募基金的设立后，中信金石以私募基金的名义出资收购了苏宁云商旗下 11 家子公司全部的股权来实现控制权的转移，同时发放优先级和次级两种类型的委托贷款，将前 18 年持有优先级贷款债券的利息收益权采用实物分配的形式使其所有权转让给苏宁云商。

这就说明通过收购股权和发放债券组合相结合的运作模式，中信金石获得其 11 家门店的实际控制权。苏宁云商经历出售门店所有权、认购私募基金份额的方式后，再次拥有这 11 家门店日常经营的控制权利，苏宁通过资产证券化的技术操作实现了"自买自卖"。这种交易结构的设计，能够将此次专项计划基础资产从 11 家门店的物业等非流动资产变成可以分配的基金份额。

5.1.3 产品交易结构

华夏资本按照相关规定的要求，作为该专项计划的管理机构与利益代表，按照苏宁云商所持占全收益权的份额与其签订管理与受让协议，从而获得此次专项计划通过设立私募基金原本持有基础资产的所有权。在经过此步骤以后，基础资产的原始持有人苏宁云商将对资产池的基础资产不再享有任何所有权利，资产池资产与苏宁云商其他资产实现了风险隔离。至此，专项计划便可以通过私募基金的形式将所持有标的资产的现金流收入权益通过分割发售资产支持证券。

此专项计划的收益主要来源于资产池内资产出租产生的租金收入、苏宁集团或指定其他机构通过优先购买权实现收购的权利对价价款、苏宁云商在实施此次计划中的流动性支持款项、资产池标的资产通过其他投资方式产生的投资收益、计划管理机构对资产进行合理投资产生的投资收益等。

5.2　苏宁云商资产证券化风险分析

5.2.1　宏观风险

在专项计划进行过程中，会遇到一些无法避免的宏观风险，主要包括利率风险、法律风险、税务风险等。

投资者在对专项计划进行投资之前，已将未来的利率走势纳入其定价的考量范围内，另外投转让专项计划资产支持证券可以规避未来利率预期上升的风险。针对税务风险，本计划在实施过程中遵循税收中性原则的相关规定，既是我国的税法内容发生变化，由产品购买者来承担税收损失的可能性很小。

5.2.2　租金收益波动风险

本专项计划中标的资产的部分现金流的来源是租金收入。在资产证券化存续期间内，如果苏宁云商出现终止租约、拒付租金等行为使得数家门店的物业管理无法进行日常工作正常运转时，可能会对标的资产预期现金流收入造成不利影响。

根据规定，租金的支付是由苏宁云商大区销售公司日常执行。在协议规定的回租期限（20年不可撤销租用权）内，如果出现大区销售公司未能按时按期支付租金、拖欠租金等行为，在发生延期支付十日后，苏宁云商将取代所在大区的销售公司成为租金的支付方，并需要替代其履行协议中的权利与义务，补交延期租金等价款。根据中诚信证评给予苏宁 AAA 级的信用等级，苏宁云商具有很高的信用水平，出现违约的可能性很小，这种流程的设计能够为标的资产所产生的租金收入提供高诚信、低风险的保障。

5.2.3　目标资产公允价值变动风险

标的资产的公允价值可能受到不动产市场价格下跌的影响，产生市价变动，致使苏宁集团停止对 B 类产品以票面价值优先收购，进而影响 B 类产品在项目中回购规划与退出路径。

标的资产分别位于北京市、常州市、成都市、昆明市、西安市、重庆市和武汉市，均属于发展水平较高的现代化城市，地区经济发展出现极端阻碍情况的可能性很小。同时，B 类产品在其存续期 3 年内，如果苏宁集团放弃对 B 类产品的优先收购权，苏宁必须支付购买 B 类产品投资者出资金额总额的 87% 作为权利对价，该权利兜底的方式设置很好地保障了 B 类产品投资者在需要处置资产时 B 类产品本金及预期收益时的到期偿付。

5.2.4 专项计划管理风险

专项计划的管理人华夏资本在管理账户期间沉积基础资产池，一旦出现严重的违法违规操作的投资行为，就会面临着取消资格、终止受益凭证转让服务的风险。

对此，苏宁的专项计划将中国工商银行南京分行和中国工商银行上海分行作为流动性支持准备金和资金收入监管银行，进行专项计划资金划付使用监督，由于选取的分行实施监管的经验丰富，指定的风险控制措施全面可行，所以监管能力较强。同时，此专项计划所聘请的管理人经验丰富，已经在实现合规性的基础上，不断规范运作模式，深化其对专项计划的管理体制，所以运作本专项计划的风险较低。

5.2.5 融资主体和计划信用风险

对于融资主体和项目的信用风险分析，应当从执行期和存续期两个阶段进行考察。

在进行资产证券化融资时，苏宁云商最近一期会计报表所列示净资产是 124 亿元，当年中诚信证评对其外部评级为 AAA，具有较高的信用水平。此外，在该专项计划运转过程中，全程由苏宁云商母公司苏宁电器集团提供连带担保责任，该公司资信状况良好。中诚信评估公司将本次专项计划的 A 类证券评级为 AAA，B 类证券评级为 AA，体现了本项目的融资履约能力和信用水平。为提供增信保障，苏宁集团具有优先购买 B 类证券的"优先购买权"，事实上这是本次专项计划建议结构设计中的一次增信措施。最后，证券公司、托管机构、管理机构、评级单位等各方参与者每季度需要进行一次信息披露，及时发现更新和控制项目风险。

6 苏宁云商资产证券化实施效果评价

6.1 资产证券化实施的市场绩效——事件研究法

6.1.1 研究方法与数据来源

在企业融资活动中，一般可选用事件研究法来测试市场对于企业作出融资决策对其持有股票财富变化的影响程度。根据模型可有效地推算出企业在融资事件期发生前后的一段时间内（窗口期）其获得实际收益与假设未发生此事件预期收益之间存在的差额，来研究由于企业发布融资模式公告对股票市场反应的影响。本文通过事件研究法对苏宁云商发布资产证券化消息公告日前后证券市场收益率变化的市场反应建立模型，考察苏宁云商通过实施资产证券化这一融资模式的信息公布是否能够在短期内给股东带来超额回报。本文事件研究法中所使用的苏宁云商的原始数据均来源于 Wind 资讯。

6.1.1.1 确定事件期

"中信华夏苏宁云创二期资产支持计划"的发行起始日为 2015 年 6 月 29 日，本文选择发布公告后的首个交易日即 2015 年 6 月 30 日作为事件发生日，记为 0 天，事件期为 $[-10, 10]$。为确保交易数据的数量及持续程度，获得拟合程度高的苏宁云商股票收益率市场模型，本文选取了苏宁云商发布资产证券化公告事件发生期前一个日历年度为作为模型的估计期。

6.1.1.2 计算正常收益率

正常收益率是指假设当企业未出现此事件的情况下预期的收益值，本文选取对预期收益拟合度好的市场模式来计算正常收益率，即 $R_t = \alpha + \beta_{mt}$，其中 R_t 是苏宁云商在第 t 日考虑现金红利再投资行为后的日个股回报率，R_{mt} 是股票综合市场第 t 日考虑现金红利再投资行为后的日市场回报率，α 和 β 作为回归参数，根据估计期数据里的 R_t 值和 R_{mt} 值，通过 SAS9.4 软件进行线性回归，得到苏宁云商在此事件期内的拟合模型：$R_t = 10.0025 + 1.2175\beta_{mt}$，可决系数 $R^2 = 0.32038$，因此模型拟合有效。

6.1.1.3 计算资产证券化公告事件期内的超常收益率和累计超常收益率

计算苏宁云商发布开展资产证券化信息的公告时间窗口期内的超常收益率和累计超常收益率，使用超常收益率 AR_t 以及累计超常收益率 CAR_{ts} 来表示苏宁云商股东财富价值变动情况的指标。设 AR_t 表示第 t 日苏宁云商的超常收益率，即苏宁云商实际收益率（R_t）与其假设未发生事件的情况下预期收益率估计值（$\hat{R}_t$）之差。CAR_{ts} 表示苏宁云商第 t 日至第 s 日的累计超常收益率，计算方法是第 t 日至第 s 日的日超常收益率的加总，则有 $AR_t = R_t - \hat{R}_t$ 和 $CAR_{ts} = \sum AR_t$。把整个时间窗口期对应的数据代入拟合模型计算得到预期收益率估计值 $\hat{R}_t$（详见表8）。

表8　　　苏宁云商市场反应异常收益率与累计异常收益率数据

日期	市场收益率	实际收益率	预估收益率	超常收益率	累计超常收益率
2015 – 06 – 22	0.0146	0.0346	0.0153	0.0193	0.0193
2015 – 06 – 23	0.0004	– 0.0140	– 0.0020	– 0.0121	0.0072
2015 – 06 – 24	– 0.0122	0.0252	– 0.0174	0.0426	0.0498
2015 – 06 – 25	– 0.0015	– 0.0214	– 0.0043	– 0.0171	0.0327
2015 – 06 – 26	– 0.0090	– 0.0142	– 0.0134	– 0.0007	0.0320
2015 – 06 – 29	– 0.0435	– 0.0022	– 0.0554	0.0532	0.0852
2015 – 06 – 30	– 0.0155	– 0.0067	– 0.0214	0.0147	0.0999
2015 – 07 – 01	0.0178	0.0279	0.0192	0.0087	0.1086
2015 – 07 – 02	0.0370	0.0011	0.0182	– 0.0171	0.0915
2015 – 07 – 03	0.0080	0.0098	0.0072	0.0026	0.0941
2015 – 07 – 06	– 0.0134	0.0140	– 0.0188	0.0328	0.1269

数据来源：Wind 资讯。

6.1.1.4 显著性检验

若 AR_t 和 AR_{ts} 在显著性测试中显著为正，则说明苏宁云商资产证券化公告的发布增加了市场投资者的股东财富，否则就说明资产证券化公告的发布并未引起市场投资者的重视。

6.1.2 实证结果与分析

苏宁云商在发布资产证券化信息的事件期内超常收益率均值为 1.15%，累计超常收益率为 12.69%。在对二者进行显著性检验时，累计超常收益率自 2015 年 6 月 22 日起均显著为正，这说明，苏宁云商在发布资产证券化融资公告的这段事件期，其股东的收益水平超过 AB 股综合市场的整体收益，该项资产证券化公告的发布为苏宁云商股东的投资者带来了财富正效应。

值得注意的是，在对单日的超常收益率进行显著性检验时，只有 2015 年 6 月 24 日和 2015 年 12 月 29 日的超常收益率在 5% 水平上显著。事件窗口期，超常收益率未能一直保持正向波动，也存在负向波动的情况，但累计超常收益率呈现出累计增长趋势，一直保持着正相关性。由此可见，市场投资者总体上将苏宁云商公布的资产证券化融资公告信息视为利好消息，给出积极正面的反应，也支持了有关企业实施资产证券化是在向市场传递积极信号的观点。

6.2 资产证券化实施的财务绩效分析

本节进一步运用 Z 值模型对苏宁云商实施资产证券化财务风险进行预警分析，也是为了对上文中提及的融资主体风险进行检验。

Z 值模型通过设置多变量来建立多元线性函数公式，即综合具有不同分析价值的财务指标加权求和得到总分（Z 值）来实现对企业财务风险的预测。Z 值模型理论的创立者 Altman 通过对美国 1945—1965 年 33 家破产企业和 33 家正常经营的企业进行了充分的财务报表分析、运营情况分析、成本收入分析后，得出研究结论。Z 值越低，表示目前企业存在潜在财务风险的可能性越大，也越有可能会面临破产危机。Z 值的计算公式为

$$Z = 1.2X_1 + I4X_2 + 3.3X_3 + 0.6X_4 + 1.0X_5$$

式中，X_1 = 营运资金/总资产，X_2 = 留存收益/总资产，X_3 = 息税前利润/总资产，X_4 = 资本市值/总负债，X_5 = 主营业务收入/总资产。

计算指标如表 9 所示。

表9 苏宁云商资产证券化前后 Z 值

报告期	X_1 营运资本/总资产（%）	X_2 留存收益/总资产（%）	X_3 息税前利润/总资产（%）	X_4 股东权益合计（含少数）当日总市值/负债总计（%）	X_5 营业收入/总资产（%）	Z 值分数	Z 值－同比增减	Z 值结果描述
2017－09－30	12.2812	11.4343	1.7149	118.4009	113.1893	2.5191	0.0840	不稳定
2017－06－30	13.7306	11.8581	0.9332	116.6786	110.9384	2.4049	－0.1139	不稳定
2017－03－31	17.3259	12.9489	1.3804	116.0934	111.0639	2.4837	－0.3013	不稳定
2016－12－31	15.2577	13.0716	0.5985	103.9805	108.3242	2.4311	－0.6373	不稳定
2016－09－30	21.8261	12.7361	0.3885	96.8897	109.1177	2.4351	－0.3675	不稳定
2016－06－30	21.5507	13.6815	－0.0260	93.7721	112.4255	2.5188	－0.5615	不稳定
2016－03－31	11.5703	19.0371	1.1709	51.9192	150.3001	2.7851	－0.0778	良好
2015－12－31	12.5088	20.1782	0.6592	56.8561	153.8991	3.0684	0.5266	良好
2015－09－30	10.0481	19.1876	2.8344	53.3804	138.9668	2.8026	0.6823	良好
2015－06－30	10.2016	19.7457	2.4999	55.1388	138.2342	3.0802	0.9798	良好
2015－03－31	10.3084	19.8941	1.4054	56.0677	135.5335	2.8629	0.5674	良好

数据来源：Wind 资讯。

通过对苏宁云商 2015—2017 年度 11 个报告期的年报、中报、季报中的指标测算，我们发现，经过 2015 年 6 月的二期资产支持计划之后，苏宁云商的 Z 值总体呈下降趋势，说明企业资产证券化后潜在财务风险的可能性逐年增大。根据 Z 值模型的描述结果，我们发现进入 2016 年之后，苏宁云商的 Z 值的评级开始由"良好"转入"不稳定"，说明企业的经营风险随资产证券化的进程逐渐积累，企业内部的不稳定因素逐渐聚集。

观察 $X_1 \sim X_5$ 值的变化趋势，我们发现 Z 值下降的趋势与 X_1 的变动趋势一致性最强，说明苏宁云商财务风险的集聚与营运资本在总资产的占比下降有关。企业变现性较强（属于流动资产，而非速动资产）的资产打包出售，使得 X_1 的值逐渐下降，企业资产变现能力变差，财务风险逐年集聚，Z 值模型的检验结果趋向于"不稳定"。

7 结论与建议

7.1 结论

本文以企业资产证券化融资模式与风险为研究对象，在进行资产证券化融资文件综述、理论模型与基本流程研习的基础上，以苏宁云商的资产证券化融资模式为例，对苏宁云商现有融资模式进行分析，并对苏宁云商资产证券化融资效果进行反映、财务绩效等多角度分析，进而研究苏宁云商资产支持计划的融资效率。本文通过结合理论分析通过对苏宁云商资产证券化融资模式的案例研究得出了如下结论：

第一，企业资产证券化是适应新制度环境、经济背景与商业模式的创新性融资举措。对于本文案例研究对象苏宁云商来说，实施资产证券化融资是苏宁云商在现有传统融资结构的基础上一次创新性举措，能够使苏宁云商以更低的融资成本获得发展中所需的资金，使苏宁云商自身的融资模式不断优化与整合。

第二，企业资产证券化融资是对传统融资模式的补充与改进。资产证券化是通过对标的资产的合理运作与流程设计来获取资金的新型融资方式。一方面，能够为融资方带来低成本的资金回报；另一方面，能够提高融资方的资金流动性。

第三，企业资产证券化的成功实施需要进行全面的、全过程的风险识别与风险管理。资产证券化行为是需要各个机构、不同主体通过不同环节相互配合协调，对资产证券化中的每一个环节进行精心的设计与安排来实现的，然而风险却始终贯穿其中。以苏宁云商的 REITs 二期资产支持计划为例，由于营运资本在总资产的占比下降，财务风险集聚，企业的财务状况越发不稳定。

第四，资产证券化实施效果需要科学、综合的评价体系。资产证券化作为新型的融资模式，能够为融资公司带来巨大的收益，在财务报表中可以得到明显体现，这与其会计处理方式密切相关。其具体的实施效果可以通过市场反应、财务指标分析、风险指标分析进行综合考察，目前，资产证券化的融资效果分析尚未有体系化操作模式，这与我国资产证券化相关法律法规与制度建设不完善具有重要因果关系。

7.2 建议与展望

7.2.1 实施资产证券化全过程风险管理

以苏宁云商为例，在苏宁云商实施资产证券化融资过程中，所面临的主要风险包括融资主体信用风险、租金收益波动风险、资产池资产公允价值变动风险、专项计划管理风险、宏观风险等。为了有效地规避风险，需要苏宁云商在事前、事中、事后不同阶段进行全过程风险管理。

7.2.2 注重存续期内可持续信息披露

在资产证券化的存续期间，由于基础资产池的原始资产存在公允价值变动的可能性，使资产证券化在存续期内存在信息不对称的问题。例如，苏宁云商需要在资产证券化存续期内进行可持续的信息披露，披露内容应当包括基础资产池原始资产的公允价值变动情况、收益情况、存续期后续操作等内容，从而尽可能保障资产证券化存续期内外部信息对称，提高存续期的融资效率。

7.2.3 规划融资资金用途，规避财务风险

企业资产证券户的专项计划是为特定的企业资产证券化业务量身设立，并在托管银行设立了该计划的专用账户，一定程度上实现了风险隔离与掌控。以苏宁云商为例，为了规避苏宁本身的财务风险，仅仅从资产证券化自身操作流程上进行严格规范是不够的。也就是说，资产证券化本身不具备规避财务风险的能力。根据对苏宁云商财务风险的分析，规避风险必须在获得融资的同时，合理规划融资资金的用途，保持营运资本在总资产中的占比。同时，关注 Z 值模型中的营业收入、留存收益、息税前利润、股东权益等指标的变动，上述各值由资产证券化所导致的异常变动或持续走低，会给企业财务状况的稳定性造成不利影响。

参考文献

[1] 何小锋. 资产证券化理论与突例 [M]. 北京：中国发展出版社，2007.

[2] 田蓉. SPV 模式选择与资产证券化风险研究 [D]. 成都：西南财经大学硕士学位论文，2008.

［3］黄晓娟．我国证券公司资产证券化产品设计研究［D］．厦门：厦门大学硕士学位论文，2014.

［4］黄佳．基础设施 ABS 融资模式研究［J］．国际经济合作，2007（7）.

［5］徐东．基础设施资产证券化［M］．北京：中国社会科学出版社，2010.

［6］陈洪．资产证券化的运行机制及风险防范［J］．商业时代，2007（2）：75－77.

［7］胡志成．我国企业集团财务公司开展资产证券化业务可行性研究［J］．上海金融，2010（7）：52－54.

［8］邱成梅，赵茹．企业资产证券化融资的财富效应——基于浦东建设资产证券化研究［J］．财经理论与实践，2013（2）：53－57.

［9］王英杰．中国的资产证券化业务浅析［J］．时代金融，2014（2）：120－127.

［10］王华．经济体框架下我国资产证券化外部环境分析［J］．商业时代，2014（2）：72－73.

［11］唐时达．REITs 的国际比较及启示［J］．全球瞭望，2014（13）：74－77.

［12］张保国．REITs 迎来快速发展机遇期［J］．金融地产：2015（2）：76－77.

［13］张悦．我国资产证券化现有模式分析［J］．时代金融，2014（9）：134－138.

［14］沈炳熙．从投融资角度看资产证券化［J］．中国货币市场，2007（5）：4－7.

［15］李韵．风险视角下中小企业资产证券化的贷款池研究［D］．上海：东华大学硕士学位论文，2014.

［16］严瑾．我国资产证券化财务效应分析［D］．合肥：合肥工业大学硕士学位论文，2016.

［17］张春红．企业资产证券化的财务效应研究［D］．重庆：重庆大学硕士学位论文，2016.

［18］苏宁云商 2007—2016 年年度报告。

［19］C Mei, M Neamtiu. Asset Securitization, Securitization Recourse and Information Uncertainty［J］. Accounting Review, 2011（2）：541－568.

［20］ Hu, C Joseph. Necessary Ingredients and Benefits of Asset Securitization ［M］. John Wiley & Sons (Asia) Pte. Ltd. , 2012: 39 – 47.

［21］ J C Hu. Originators and Investors of the Asset Securitization Market ［M］. John Wiley & Sons (Asia) Pte. Ltd. , 2012: 19 – 28.

［22］ John D, Martin. A Primer on the Role of Securitization in the Credit Market Crisis of 2007 ［J］. Baylor University, 2009 (11): 1 – 15.

［23］ P De Jager. For Banks Fair Value Adjustments Do Influence Dividend Policy ［J］. Social Science Electronic Publishing, 2015 (19): 157 – 190.

［24］ Y Dou, Y Liu, G Richardson, D V yas. The risk – relevance of securitizations during the recent financial crisis ［J］. Review of Accounting Studies, 2013 (2): 1 – 38.

［25］ Viral V. Acharya, PhilippSchnabl, Gustavo Suarez. Securitization without risk transfer ［J］. Journal of Financial Economics, 2013 (3): 515 – 536.